AS **PROPRIEDADES CURATIVAS** DOS CRISTAIS E DAS PEDRAS PRECIOSAS

Katrina Raphaell

AS **PROPRIEDADES CURATIVAS** DOS CRISTAIS E DAS PEDRAS PRECIOSAS

Um Manual de Estudos Introdutórios e Aplicações Práticas sobre Cura Energética

Tradução
Sonia Midori Yamamoto
Aldona Lucia Boguslauskas

Editora
Pensamento
SÃO PAULO

Títulos dos originais: *Crystal Enlightenment – The Transforming Properties of Crystals and Healing Stones* e *Crystal Healing – The Therapeutic Applications of Cristals and Stones*.

Crystal Enlightnement – copyright © 1985 Aurora Press, Inc.

Crystal Healing – copyright © 1987 Aurora Press, Inc.

Publicado pela primeira vez nos Estados Unidos por Aurora Press, P. O. Box 573, Santa Fé, N.M 87504 USA, www.AuroraPress.com.

Copyright da edição brasileira © 2021 Editora Pensamento-Cultrix Ltda.

1ª edição 2021.

Todos os direitos reservados. Nenhuma parte deste livro pode ser reproduzida ou usada de qualquer forma ou por qualquer meio, eletrônico ou mecânico, inclusive fotocópias, gravações ou sistema de armazenamento em banco de dados, sem permissão por escrito, exceto nos casos de trechos curtos citados em resenhas críticas ou artigos de revista.

A Editora Pensamento não se responsabiliza por eventuais mudanças ocorridas nos endereços convencionais ou eletrônicos citados neste livro.

Obs.: Originalmente publicado com os títulos *As Propriedades Curativas dos Cristais e das Pedras Preciosas* e *A Cura pelos Cristais: Como Aplicar as Propriedades Terapêuticas dos Cristais e das Pedras Preciosas*.

Editor: Adilson Silva Ramachandra
Gerente editorial: Roseli de S. Ferraz
Preparação de originais: Alessandra Miranda de Sá
Gerente de produção editorial: Indiara Faria Kayo
Editoração eletrônica: Join Bureau
Revisão: Luciane H. Gomide

Dados Internacionais de Catalogação na Publicação (CIP)
(Câmara Brasileira do Livro, SP, Brasil)

Raphaell, Katrina
   As propriedades curativas dos cristais e das pedras preciosas: um manual de estudos introdutórios e aplicações práticas sobre cura energética / Katrina Raphaell; tradução Sonia Midori Yamamoto, Aldona Lucia Boguslauskas. – 1. ed. – São Paulo: Editora Pensamento, 2021.

   Título original: Crystal enlightenment: the transforming properties of crystals and healing
   ISBN 978-85-315-2154-6

   1. Cristais – Aspectos psíquicos I. Título.

21-77364   CDD-133

Índices para catálogo sistemático:
1. Cristais: Energia: Esoterismo   133
Cibele Maria Dias – Bibliotecária – CRB-8/9427

Direitos de tradução para a língua portuguesa adquiridos com exclusividade pela
EDITORA PENSAMENTO-CULTRIX LTDA., que se reserva a
propriedade literária desta tradução.
Rua Dr. Mário Vicente, 368 – 04270-000 – São Paulo – SP – Fone: (11) 2066-9000
http://www.editorapensamento.com.br
E-mail: atendimento@editorapensamento.com.br
Foi feito o depósito legal.

Sumário

Prefácio 13

Introdução 17

PARTE I – Manual de Estudos Introdutórios

Capítulo 1 – Introdução ao Reino dos Minerais e dos Cristais 25
    O que são cristais em termos físicos e esotéricos? 26
    Como se formam os cristais? 27
    Como se extraem os cristais? 29
    A arte de talhar cristais e pedras preciosas 30
    A história do cristal: usos passados, presentes e futuros de
        cristais e pedras curativas 31

Capítulo 2 – Manipulação de Cristais 37
    Em sintonia com cristais e pedras curativas 37
    Como usar cristais e pedras curativas 39
        Joias 40
        Remédios 42

    Presentes de amor 43

    Uso pessoal das pedras 43

    Meditações com cristais 45

    Programação 46

    Meditação avançada 47

    Meditação curativa em grupo 48

Cuidado e limpeza de pedras e cristais 49

Reenergização 50

Capítulo 3 – A Antiga Arte de Disposição das Pedras **55**

Preparação 58

Disposições para cura pelos cristais 59

    Disposição geral 60

    Carga de energia básica 61

    Disposição para o equilíbrio dos chakras 62

    Disposição para a carga dos chakras 63

    Espiral de turmalina rosa 64

    Disposição do octaedro de fluorita 65

Capítulo 4 – As Pedras da Nova Era **67**

A família do quartzo 69

    Cristais de quartzo transparente 70

    Cristais geradores 74

    Agregados de cristais 75

    Cristais de dupla terminação 76

    Aprimoramento da telepatia 78

    Grandes cristais geradores 79

    Cristais tabulares 82

    O cristal arquivista 84

    Cristais mestres 87

    Cristais arco-íris 89

    Cristais projetores programados 90

    Bolas de cristal 92

    Cristais-fantasmas 94

    Cristais caixa de luz 95

Ametista 96

Quartzo rosa 100

Quartzo-citrino 104

Quartzo enfumaçado 107

Obsidiana negra 111

Sílica-gema (crisocola) 117

Fluorita (agregados, octaedros, pirâmides) 122

Kunzita 129

Rodocrosita 132

Sugilita (também conhecida como luvulita e royal lazel) 137

Turmalina 141

    Bastões de turmalina 143

    Turmalina verde (verdelita) 144

    Turmalina rosa (rubelita) 145

    Turmalina negra (conhecida como escorlo) 146

    Turmalina bi, tri e multicolorida 147

Capítulo 5 – Resumo das Energias de Outras Importantes Pedras Curativas **149**

Âmbar 150

Azurita 151

Cornalina 152

Hematita 154

Lápis-lazúli 154

Malaquita 156

Malaquita-azurita 159

Malaquita-crisocola 161

Pedra da lua 162

Peridoto 163

Selenita 164

Sodalita 166

Capítulo 6 – Quadros e Esquema 169

Quadro 6.1. Trindades astrológicas 170

Quadro 6.2. Resumo das pedras curativas restantes 172

Quadro 6.3. Cores das pedras dos chakras 173

Esquema 6.1. Principais pontos para disposição de pedras 174

Parte II – Aplicações Práticas sobre Cura Energética com Cristais

Capítulo 7 – Práticas Avançadas de Cura pelos Cristais 177

Capítulo 8 – Preparação 181

Preparando o ambiente 182

Percepção do tempo presente 186

O poder da respiração 187

O foco da linha central 189

Modos de dispor as pedras 193

Proteção e orientação 195

Capítulo 9 – A Terapia 197

Conexão com a alma 197

O símbolo da alma 198

Visão alterada 199

Os cristais despertadores do terceiro olho 200

O corpo visto de cima 203

Bolha de proteção 204

A preparação do cenário 206

Cuidados com a criança 208

    Liberação emocional 209
    Cristais expurgadores do plexo solar 211

Capítulo 10 – A Travessia do Tempo **215**
    Terapia de vidas passadas e futuras 217
    Disposições avançadas dos cristais para cura 218
    Os cristais despertadores do terceiro olho 219
    Os comunicadores 228
    Cristais do coração 228
    Cristais expurgadores do plexo solar 229
    A conexão do umbigo 229
    Pedras energizantes e fixadoras 229
    Disposição dos cristais no corpo inteiro 230
    Reevocação de vidas passadas e futuras 231
    Remontando às origens 234
    Reversão do tempo 235
    O propósito pré-natal 237
    Rastreamento 238

Capítulo 11 – A Cura **239**
    Exorcismo – a liberação de energias negativas 239
    Correlação entre mente, corpo, coração e alma 243
    Pedras curativas do coração 245
    Liberação, purificação e desprendimento 246
    Conclusão da cura 248

Capítulo 12 – Manutenção: Responsabilidade Pessoal pelo Progresso da Cura **251**
    Meditação 252
    Afirmações 254
    O trabalho individual com cristais e pedras 254
    Reprogramação consciente 254

Parte III – Cristais Mestres

Capítulo 13 – Cristais Mestres 259

Capítulo 14 – Cristais Canalizadores 263
    Significado geométrico e numerológico 263
    O uso e o potencial mau uso da canalização 264
    A arte de usar cristais canalizadores 266

Capítulo 15 – Cristais Transmissores 271
    Simbologia geométrica e numerológica 271
    Aperfeiçoando a comunicação 272
    Como usar os cristais transmissores 273
    Polaridades equilibradas 275

Capítulo 16 – Cristais Polidos Naturalmente 277
    Como identificar o verdadeiro cristal polido naturalmente 277
    Mestres da reflexão 278
    Como usar os cristais polidos naturalmente 280

Capítulo 17 – Os Elestiais 283
    Uma dádiva dos anjos 283
    Características elestiais 284
    Como iniciar a purificação 286
    Como equilibrar mente e coração 288
    Como aplicar as energias elestiais 289

Capítulo 18 – Bastões de *Laser* 293
    O ressurgimento dos bastões de *laser* 293
    Como identificar bastões de *laser* 294
    Como usar o poder do *laser* 296
    Instrumentos cirúrgicos 297

Capítulo 19 – Cristais Guardiães da Terra **301**
    Gigantes emergentes 301
    A lenda histórica dos cristais guardiães da Terra 302
    Ativação... 305
    Como despertar a consciência de grupo 306

Parte IV – Novidades Variadas

Capítulo 20 – Novidades Variadas **311**
    Como renovar conceitos evolutivos 311
    O surgimento do cristal arquivista 312
    Desmaterialização 313
    Cristais polidos e feitos pelo homem 314
    Outras técnicas de limpeza e reenergização 316
    Como escolher geradores singulares para a prática da cura pessoal.... 317
    O raio do arco-íris 318
    Cristais empáticos 319
    Cristais autocurados 321
    A força estriada – delineando os traços da turmalina, do topázio
        dourado, da kunzita e da água-marinha 322
    A trindade mental: fluorita, calcita e pirita 323
    A conexão do umbigo: o topázio dourado e o quartzo-rutilado 324

Capítulo 21 – Mais Pedras de Cura **327**
    Pedras preciosas 327
    Indicolita – turmalina azul 329
    Granada 330
    Aventurina verde 331
    Calcita verde e calcita dourada 332
    Olho de tigre 334
    Olho de falcão 335

Diamantes Herkimer 336
Opala 337

Capítulo 22 – Não Leve Isto Tão a Sério! 339
Perspectivas 339
Origens 341
Alterações 343
Avanços 345
Paz 347

Glossário 351

Agradecimentos 355

Recursos 357

Prefácio

A história dos cristais tem muitas versões e numerosos autores. Lendas e tradições que datam dos primórdios da raça humana, quando se acreditava que as forças dos cristais regulavam o campo eletromagnético da Terra para que espíritos humanos pudessem encarnar. Lendas do antigo continente de Atlântida nos contam que os cristais geravam energia para cidades inteiras; o mau uso de tais energias resultou na eventual aniquilação total daquela civilização. Alguns egiptólogos defendem a teoria de que as magníficas pirâmides egípcias eram encimadas por cristais, para canalizar forças cósmicas para essas estruturas geometricamente perfeitas. Muitas civilizações, culturas e povos têm usado cristais e pedras com inúmeras finalidades – desde cura e proteção até as mais poderosas iniciações espirituais.

O propósito deste livro é transmitir uma pequena parte desse conhecimento sagrado de modo que a beleza e a luz inerentes ao reino dos cristais continuem a ser compartilhadas e utilizadas por aqueles que são instintivamente atraídos por ele.

As informações nele contidas foram captadas por sintonia e meditação pessoal com as pedras, por um período de vários anos em que trabalhei em contato íntimo com minha querida e maravilhosa amiga, JaneAnn Dow. Durante mais de um ano, nos encontramos uma vez por semana em sua casa e meditamos no escritório que abrigava centenas de belos cristais e pedras curativas. Escolhíamos as pedras com as quais queríamos travar conhecimento, fechávamos os olhos e nos sintonizávamos com as energias e informações à nossa disposição. Nossas sessões foram gravadas e mais tarde transcritas por JaneAnn. Depois dos trabalhos, íamos para a cozinha tomar sorvete ou nos deleitar com algum outro hábito decadente do gênero. Então, eu voltava para casa. Só depois que revisava nossas transcrições para preparar uma aula sobre a cura pelos cristais é que tomava consciência das valiosas informações extraídas dos cristais. Ficou evidente que qualquer um que quisesse poderia ter acesso ao conhecimento que havíamos tido a bênção de receber, tornando-se capaz de utilizá-lo. Assim, concordamos em escrever um livro que abrangeria por completo a maior parte do material. Sou muito grata a JaneAnn pelo constante apoio, amor, amizade e colaboração, que ajudaram na criação e conclusão deste livro.

Empreender tal projeto foi penoso, e cheguei a duvidar de que meu tempo e energia conseguissem acomodar um compromisso tão grande. Entregando-me à vontade divina, ousadamente declarei ao Universo: "Se este livro está destinado a existir, dê-me um sinal e deixe-me saber que o mundo deseja e necessita dessas informações". Menos de uma semana depois, Barbara Somerfield, da Aurora Press, veio à minha casa comprar um cristal e acabou assegurando-me de que financiaria e publicaria meu livro. Era o sinal que eu esperava. Comecei a escrever de imediato. Traduzir o material das transcrições originais para uma linguagem de mais fácil leitura e interpretação constituiu uma longa (seis rascunhos rudimentares), porém compensadora tarefa que contribuiu imensamente para o meu próprio crescimento. Um ano e muitas alterações depois, tenho o privilégio de divulgar esse conhecimento.

Portanto, este livro não pretende ser absolutamente o único caminho ou a palavra final no que diz respeito a cristais. Permanecerá sempre aberto a revisões de maior veracidade. Dessa forma, a presente obra destina-se àqueles que se interessam pelo assunto, em cujos corações ele se revele autêntico à pedra de toque interior. Que o conhecimento contido neste trabalho seja usado para o aperfeiçoamento pessoal e planetário, e que a luz dos cristais e das pedras preciosas sirva para aproximar cada um da própria fonte interior de luz.

As propriedades curativas dos cristais e das pedras preciosas destina-se a leigos, bem como a profissionais, tendo como objetivo a compreensão básica necessária ao uso das propriedades curativas inerentes ao reino mineral. Haverá sempre mais a aprender e a experimentar, uma vez que alguém explore esse incrível mundo de luz. Aprecie a leitura e receba alguns dos segredos que obtivemos das pedras; aceite e integre a seu ser aquilo que lhe parecer verdadeiro. O que assim não parecer, descarte sem crítica. Lembre-se de que, se em algum momento quiser conhecer a verdade, ou adquirir uma perspectiva mais clara, pode colocar um cristal na testa; fechar os olhos; desejar; e saber. Que este livro seja proveitoso, e o leve a perceber a riqueza interior que existe no reino mineral como uma abundante fonte de saúde e cura.

Introdução

O poder dos cristais está diante de nós e não pode ser negado. Hoje, eles são utilizados no mundo para muitas finalidades. Os *chips* de memória, a vida dos computadores responsáveis por nos impelir à era tecnológica, são produzidos a partir de dióxido de silicone puro: ou cristais de quartzo. Instrumentos de ultrassom, osciladores para controle de frequências de rádio em equipamentos eletrônicos, capacitores para modificar a capacidade energética em circuitos, transdutores para transmitir a energia de um sistema a outro, condensadores para armazenagem da energia, todos eles dependem do quartzo para funcionar. Os cristais e as pedras preciosas, sem sombra de dúvida, estão em crescente demanda. Agora, depois de milhares de anos, seus poderes mais antigos, bem como os mais recentes, encontram-se à disposição para elevação pessoal e a evolução do planeta.

Até o início da década de 1980, havia pouca informação no que diz respeito aos aspectos esotéricos e curativos dos cristais e a sua parca utilização nas civilizações antigas. Atualmente, a informação disponível é abundante em todos os aspectos das mais diferentes perspectivas sobre o poder, o potencial e o uso dos cristais, para os milhares de pessoas que estão se sentindo instintivamente atraídas para sua utilização, quer no desenvolvimento pessoal, quer em práticas curativas.

Meu conselho a todos os que estão em busca do que, intimamente, já pensam a respeito dos cristais é usar a própria intuição à medida que forem explorando os recursos desse fenomenal mundo de luz, reconhecendo o que lhes soa verdadeiro em sua "pedra de toque" interior. As informações contidas na Primeira Parte deste livro são o acervo que pessoalmente recebi, vivenciei e testemunhei no meu trabalho e nas minhas pesquisas com cristais durante as últimas décadas. Sua experiência vai pertencer tão somente a você. O desenvolvimento pessoal com cristais depende intrinsecamente da vontade que cada indivíduo tem de se sentar, de se manter quieto, de desbloquear a mente, de abrir o coração e perceber o discernimento interior que nos harmoniza com nosso próprio comando.

Cristais e pedras preciosas são manifestações puras na forma material e nas variadas frequências de cores que surgem no espectro luminoso, mostrando-nos a realidade da claridade, da estabilidade, da beleza, da lei divina e da perfeição espiritual. Os cristais estão entrando em cena no tempo certo, para nos ensinar como ativar e irradiar todo o potencial de nossa energia interior. Eles podem servir de ferramentas poderosas, ensinando-nos como nos curar das feridas de existências anteriores, uma vez que levam a mente a um estado de paz no momento presente. Dessa forma, o poder do eu superior pode se ligar de modo consciente ao espírito infinito da criação, do qual emergem todo o bem-estar, abundância e alegria do céu e da terra.

As últimas décadas têm se configurado como momentos de transição importantes na história do nosso planeta. Estamos passando por um processo de transformação. Os cristais e as pedras preciosas são parte substancial das iniciações pessoais e planetárias que vêm ocorrendo e servem para acelerar nossa cura e nosso crescimento. O trabalho que está sendo desenvolvido com os cristais continuará se expandindo em cada aspecto de nossa vida, com o merecido reconhecimento do mundo médico – em anos recentes, os cristais vêm sendo empregados em cirurgias microscópicas a *laser*. Séculos atrás, o conceito de acupuntura e de energia sutil foi refutado até que o sucesso da técnica provasse sua validade. O trabalho com os cristais renasceu e, conforme determinado pelo destino, provou ser um método poderoso de cura, não apenas para o corpo, mas também para o alívio das doenças da mente e do coração que causam mal-estar físico.

Quando a luz, a frequência de cor, a energia e a radiação dos cristais se infiltram na aura, as sombras da dúvida clareiam-se na mente, os traços de medo dissolvem-se no coração, libertando o corpo para manifestar um estado de harmonia com o espírito. A Crystal Academy of Advanced Healing Arts dedica-se à arte e à prática de cura pelos cristais. A Academia está à disposição de qualquer estudante que deseje um treinamento mais profundo no posicionamento e estudos sobre as pedras preciosas e que pretenda conhecer os fundamentos terapêuticos associados (veja – Para Mais Informações – p. 357).

As Partes II, III e IV deste livro têm a finalidade de dar tanto aos leigos como aos profissionais informações adequadas para incluir o poder dos cristais e das pedras na vida pessoal ou na prática da cura. São ensinadas técnicas avançadas bastante específicas e terapias que permitem (com as informações contidas na Parte I) entrar conscientemente em contato com a fonte interior da sabedoria, obtendo assim grande quantidade de luz e energia com o objetivo da cura. Isso permitirá que a verdadeira expressão do eu superior se manifeste em nossa vida.

Acho fascinante e muito promissor o fato de muitas pessoas já saberem de modo subconsciente (ou consciente) a respeito do poder e do potencial da cura pelos cristais. O véu da memória do passado vai se erguendo à medida que a pesquisa pessoal e a experiência individual com cristais e pedras preciosas formam um lastro para o verdadeiro conhecimento. É inspirador saber que as forças da luz vêm se cristalizando e se materializando para serem usadas ativamente em nossa vida com inúmeros propósitos, desde fazer funcionar apropriadamente um relógio até curar o que há de mais íntimo em nosso coração.

A receptividade para as informações contidas neste livro foi um indício positivo de que muitas pessoas se identificam com o conjunto de conhecimentos nele apresentados e que juntos estão evoluindo e se aproximando da luz por meio dos cristais. O poder do cristal vem aumentando em força e continuará assim após cruzarmos o limiar da Nova Era de Aquário. Em essência, os cristais e as pedras preciosas são nossos mestres e guias, que, indubitavelmente, refletem e manifestam a luz, o denominador comum de toda a criação.

Para mim, os cristais são o último degrau de uma longa escada das artes de cura mais avançadas. Representam a fase final no desenvolvimento de uma energia curativa pura que resulta no que se costuma definir como "milagrosa". No entanto, é importante também compreender, ao trabalhar com cristais tão maravilhosos e atraentes, que estes são apenas instrumentos; assim, conceder-lhes um grau maior de poder do que atribuímos a nós mesmos é perder de vista a verdadeira lição. Os cristais não são "a coisa"; a luz é "a coisa", nós somos "a coisa". Usar os cristais com eficiência em seu propósito mais elevado é aprender e crescer em nossa habilidade de usar a própria luz e nossos recursos interiores como meta final. Os cristais são instrumentos de cura que poderão, sucessivamente, nos apontar a direção certa para reivindicar, desenvolver, abraçar e manifestar em nós mesmos essa luz que eles refletem com tanta clareza.

As Partes II, III e IV desta obra dedica-se àqueles que curam com os cristais, que estão audaciosamente dando um passo à frente, e também àqueles que estão precisando de cura. Destina-se às crianças e à Terra. O conteúdo das páginas seguintes permanece para sempre aberto à revisão da verdade superior à medida que for se desenvolvendo por meio da experiência pessoal. Minha prece e intenção consciente são no sentido de que o conhecimento aqui contido seja usado apenas para propósitos positivos e, por meio destes, que muitas pessoas sejam conduzidas para mais perto do próprio centro iluminado de verdade e poder.

    Grata.

Katrina Raphael

PARTE I

Manual de Estudos Introdutórios

Capítulo 1

Introdução ao Reino dos Minerais e dos Cristais

Minerais e cristais representam coisas diferentes para pessoas diferentes. Podem ser uma fonte de renda, um presente para uma pessoa amada, um adorno, uma forma de apreciar a natureza, um instrumento de cura, um símbolo de perfeição ou um professor em matéria de consciência. O reino mineral servirá a cada necessidade individual da maneira que melhor convier a cada indivíduo. Para alguns, cristais e pedras são objetos inanimados, a forma de vida mais inferior do planeta. Para outros, trata-se de grandes fontes de luz e de energia. Qualquer que seja o propósito a que se destinam, essas belas dádivas da Terra trazem prazer aos olhos do observador ao exibirem cores extraordinárias, formas geométricas perfeitas e esplendor na vida de milhões. Antes de decidir o que os cristais representam para você, vamos examiná-los com atenção e descobrir mais sobre eles. (Quando falamos em cristais, não nos referimos aos cristais artificiais produzidos pelo homem que, em geral, preenchem caixilhos de janelas e criam arcos-íris nas paredes, e sim às formas cristalinas naturais que se desenvolvem no interior da Mãe Terra.)

O que são cristais em termos físicos e esotéricos?

Como toda matéria, os cristais compõem-se de minúsculas partículas chamadas átomos. Esses blocos de construção do plano físico constituem-se de partículas ainda menores, conhecidas como prótons, nêutrons e elétrons. Quando examinadas bem atentamente, essas unidades básicas não se revelam em absoluto como matéria de fato, mas como vibrações sutis, cada qual sintonizada com a energia cósmica. Todo o mundo físico é criado com base em diferentes variações e combinações desses átomos. O modo como os átomos vão se juntar determina que moléculas formarão e que matérias surgirão. Na formação de estruturas cristalinas, como o quartzo transparente, os átomos associam-se em perfeita unidade e harmonia, como se se dessem as mãos ou se se encaixassem um no outro tal qual em um quebra-cabeça. Essa integridade primordial também se manifesta em nível molecular quando todas as moléculas pulsantes vibram na mesma frequência. Essa microestrutura (ou gelosia) determina as propriedades físicas do cristal: formato exterior, dureza, clivagem, tipo de fratura, gravidade específica e propriedades ópticas.

No reino dos cristais, existem sete famílias. Cada uma possui a própria estrutura geométrica e semelhança molecular, além da própria linhagem de cristais formados a partir da gelosia geométrica comum. Cristais específicos revelarão a olho nu, em seu exterior, a composição molecular interna e o desenho geométrico cósmico. Cada formação cristalina possui o próprio eixo imaginário de rotação e diversos ângulos em que os eixos se cruzam. O comprimento dos eixos e os ângulos entre eles definem a forma do cristal. As sete categorias do reino dos cristais são: Sistema Isométrico (cúbico, como a fluorita), Tetragonal (de quatro faces, como a wulfenita), Hexagonal (de seis faces, como a esmeralda), Trigonal (de três faces, como o quartzo), Ortorrômbica (do formato de um losango, como o topázio), Monoclínica (de inclinação única, como a azurita) e Triclínica (de inclinação tripla, como a turquesa). Essas sete categorias cristalinas principais constituem desenhos universais naturais que se manifestam no plano terrestre através do reino dos cristais.

A forma ordenada em que os átomos se combinam em qualquer estrutura cristalina é o que torna essas formas materiais integrais e completas em si mesmas. Cada unidade individual de energia alinha-se com a força cósmica e, então, associa-se harmoniosamente com seus átomos semelhantes para criar matéria de forma bem purificada. Tal manifestação física de unidade vibra com a harmonia cósmica que a criou. Desse modo, podem se ver formas perfeitas, cores brilhantes e luz radiante. A ponta terminal do cristal liga e alinha cada molécula, átomo, próton, nêutron e elétron que o constituem com a fonte universal de energia infinita. Os cristais são capazes de receber, conter, projetar, emanar, refratar e refletir luz, a forma mais elevada de energia conhecida no universo físico.

Quando se exploram cristais, ou qualquer coisa do mundo material, em sua composição atômica, torna-se óbvio que toda a manifestação física não passa de variação vibrátil de uma essência primordial. Quando o âmbito da visão consciente se expande para enxergar a realidade dessa maneira, transcendem-se as limitações da mente, e escancaram-se as portas para dimensões superiores e planos interiores. Os cristais podem ajudar no processo ativo do despertar, mostrando e ensinando-nos como devemos nos alinhar com essa essência que cria e compreende todo o universo.

Como se formam os cristais?

Quase todos os cristais se formam a partir da contínua adição de matéria nova a uma massa cristalina em desenvolvimento. Alguns originam-se do magma ou dos gases ígneos do interior da Terra, ou dos fluxos de lava vulcânica que chegam à superfície terrestre. Esses minerais, que incluem o quartzo, chamam-se magmáticos ou ígneos. Formam-se pela solidificação desse material fundido à medida que ele esfria e endurece. Quando a massa de rocha fundida esfria, os átomos agrupam-se para formar a regularidade essencial que determina o formato e a composição do cristal.

Alguns cristais desenvolvem-se de gases em cavidades nas regiões vulcânicas. Esse tipo de cristal inclui o enxofre e condensa-se de gases mineralizados quentes para um estado sólido à medida que escapam do interior da Terra.

Outros cristais formam-se de soluções aquosas ou com a ajuda de organismos na (ou próximos da) superfície da Terra. Esses cristais são conhecidos como minerais sedimentares e formam-se pelo processo de desgaste mecânico ou químico. Ar, água, vento e gelo constituem os principais fatores de erosão envolvidos na decomposição de materiais terrestres que serão por fim agregados e ocasionalmente cristalizados. Trata-se do caso da calcita.

Finalmente, novos minerais surgem da recristalização dos existentes sob grande pressão e elevadas temperaturas nas regiões inferiores da crosta terrestre. Esses minerais metamórficos sofrem alterações estruturais e químicas após a formação original. Tais alterações reorganizarão os átomos, criando diferentes texturas, composições e cristais. Um exemplo de mineral metamórfico é a granada.

Ninguém sabe de fato quanto tempo a maioria dos cristais leva para se formar. Alguns falam em milhares de anos; outros dizem que, com os elementos certos, os cristais podem se desenvolver em um instante. Qualquer que seja o segredo da Mãe Natureza, ela concebe, incuba e dá à luz uma ampla variedade de formas cristalinas extraordinariamente belas.

Como se extraem os cristais?

Há dois tipos principais de depósitos minerais em que se encontram e de onde se extraem cristais. O primeiro constitui-se de ricos veios na terra, que são canais ou espaços em outras rochas ao longo dos quais soluções carregadas de minério são depositadas e se cristalizam. Os cristais que se desenvolvem em veios podem ser extraídos por amadores com ferramentas simples como martelo e cinzel ou, em operações de grande escala, recorrendo-se a explosivos e equipamentos caros. Em geral, encontram-se grandes quantidades de cristal em áreas ocas dentro da terra, que proporcionem liberdade e espaço para o crescimento. Às vezes, é necessário seguir um veio até as profundezas da terra, perfurando-a e dinamitando-a a fim de retirar centenas de quilos de cristal. O quartzo é extraído dessa maneira.

O segundo método de mineração consiste em recuperar cristais concentrados em depósitos de praias e leitos fluviais. Esses depósitos aluvionais compõem-se de fragmentos de veios decompostos que podem conter deslumbrantes cristais como o topázio ou o diamante. O método mais comum de mineração em depósitos aluvionais é sacudir bateias cheias de cascalho sob a água, o que permite separar os pedregulhos mais pesados dos cristais. Uma vez separados, podem ser facilmente identificados e selecionados. Esse tipo de extração costuma ser realizado em pequena escala, embora seja possível duplicar o processo para acomodar também operações em grande escala.

Para conseguir obter a beleza inata dos cristais, logo após a extração, é preciso submetê-los a uma limpeza, efetuada com substâncias químicas. Depois de devidamente preparados, os cristais chegam às lojas ou exposições do ramo atraindo, então, a pessoa certa.

A arte de talhar cristais e pedras preciosas

Algumas formas cristalinas são cortadas, talhadas e polidas por lapidadores especializados em extrair o máximo de qualidade, brilho e cor do cristal ou pedra. A maioria das gemas transparentes, como rubi, esmeralda ou diamante, é facetada. O corte deve ser feito em ângulos diferentes visando aperfeiçoar e acentuar suas propriedades físicas e ópticas. Cada face permite à pedra captar mais luz, que será refletida internamente, permitindo-lhe exibir sua profundidade e cor naturais. Esse processo envolve tempo, treinamento e maquinaria, propiciando o aumento da beleza e do valor da gema.

Algumas pedras são cortadas em formato simples, abobadado, de base achatada, chamado cabochão. Tal processo permite que muitas pedras semipreciosas ou falhas (como a granada) tenham a cor realçada e o valor aumentado, podendo assim ser usadas como joias ou pedras curativas.

As pedras brutas menores podem ser limpas e polidas em um tambor rotativo até ficarem lisas e livres de imperfeições superficiais. O tambor rotativo é uma máquina simples que gira movida por um motor de aproximadamente quarenta rotações por minuto. O processo total de limpeza e polimento no tambor leva de cinco a oito semanas, dependendo da dureza dos materiais a serem polidos. O polimento é dado pela fricção entre as pedras e um tipo de areia, substituído gradativamente por grãos cada vez mais finos. Essa técnica aumenta a beleza e o brilho de pedras que, de outra forma, passariam despercebidas ou seriam desprezadas. As pedras submetidas a esse processo, como o quartzo rosa, são pequenas o bastante para serem energizadas, belas para serem usadas ou se presentear alguém, poderosas para aplicações em curas; além disso, seu preço as coloca ao alcance de todos.

Quando tratadas com qualquer um desses meios artificiais, as pedras acabam refletindo mais luz e cor. Assim, nós, seres humanos, assistimos ao processo evolutivo do reino mineral. Um lapidador sintonizado com as pedras com as quais lida pode criar entidades capazes de herdar uma essência e uma beleza curativas que honrarão tanto o artista quanto a pedra. Um artista hábil consegue transformar uma pedra bruta, sem atrativo nenhum, em uma joia preciosa capaz de refletir grande quantidade de luz e energia curativa, contribuindo para o processo de crescimento da pedra e das pessoas que a usam.

A história do cristal: usos passados, presentes e futuros de cristais e pedras curativas

No decorrer dos séculos, civilizações têm usado o poder dos cristais e pedras para muitas finalidades. As mais antigas lendas e tradições sobre a mágica dos cristais nos levam de volta à antiga Atlântida. Supõe-se que os evoluídos habitantes daquele continente utilizassem os cristais para canalizar e aproveitar a energia cósmica. Junto a essa lendária civilização de avançados conhecimentos, os cristais teriam sido empregados como sinais de luz que serviriam como comunicador telepático para com seus antepassados universais. Além disso, o povo de Atlântida teria utilizado o poder dos cristais para muitos objetivos físicos e práticos. Acredita-se que um dos motivos da destruição desse grande continente tenha sido o abuso do conhecimento sagrado e o mau emprego do temível poder para fins egocêntricos. A tradição diz que, antes da destruição de Atlântida, os sábios incorruptos desejaram preservar o conhecimento herdado pela raça. Não ousaram transcrevê-lo em livros com receio de que, durante as mudanças cataclísmicas da Terra, os registros fossem destruídos. Em sua prudência, programaram determinados cristais com as informações e os rematerializaram na Terra, confiantes de que, na hora certa, tais cristais viriam à tona no planeta sendo atraídos por pessoas capazes de sintonizar a mente, para receber a sabedoria ali armazenada (veja no Capítulo 4 o item "O cristal arquivista").

Os sobreviventes de Atlântida recomeçaram e perpetuaram o conhecimento dos cristais no Egito, na América do Sul e no Tibete. Construíram pirâmides baseando-se em teorias cristalinas e seguindo o modelo dos grandes templos de Atlântida. A forma geométrica perfeita das pirâmides reproduz com exatidão as leis físicas dos cristais e canaliza energia universal de alta frequência para o planeta. Acredita-se que a Grande Pirâmide do Egito era originariamente encimada por um gigantesco cristal, que possibilitaria a atração para a Terra dessa força cósmica bem como sua utilização.

Enquanto as civilizações anteriores surgiam e ruíam, ocultou-se o conhecimento latente do poder e potencial da energia dos cristais daqueles que eram corruptos em suas motivações. Muito da sabedoria se perdeu, mas algumas informações sobreviveram e brotaram em diversas culturas e civilizações no decorrer da história.

No livro do *Êxodo,* na Bíblia, fala-se que um peitoral composto de doze pedras preciosas, combinadas de forma específica em quatro fileiras e usado sobre o coração, daria a Aarão o poder de Deus. Embora não se saiba exatamente que pedras foram utilizadas na confecção do peitoral, há registro de que possuíam inspiração divina e incríveis poderes espirituais.

Os reis na Índia antiga eram aconselhados a colecionar as melhores pedras preciosas para se protegerem do mal. Antigos trabalhos sobre astrologia, escritos em sânscrito e datados de 400 a.C., tecem observações minuciosas sobre a origem e o poder das pedras. Naquela época, os astrólogos aconselhavam as pessoas atingidas pelo infortúnio a usarem vários tipos de pedra, a fim de neutralizar o efeito negativo dos planetas. (Essa filosofia serviu de base para a criação do Quadro 6.1. Trindades astrológicas, Capítulo 6.)

Práticas médicas de muitas culturas antigas incluíam o uso de talismãs e amuletos ao redor do pescoço. Dependendo da doença, empregavam-se pedras específicas para provocar o efeito desejado. Na antiga Roma, acreditava-se que objetos externos, como pedras, exerciam uma influência direta e positiva sobre o corpo. Referências remotas em escritos gregos e romanos indicam que as pedras eram utilizadas como talismãs de saúde e proteção, bem como para atrair virtudes.

Por toda a história, gemas e pedras têm sido associadas com sangue real e elegantemente usadas em coroas e joias, engastadas em tronos, colocadas em espadas e utilizadas como adornos em outros tesouros. Muitos membros da nobreza foram enterrados com ricas coleções de gemas e pedras. Quando foi descoberta a tumba do faraó Tutancâmon em 1922, no Egito, a quantidade de riquezas ali acumuladas surpreendeu o mundo!

Índios maias e americanos têm empregado cristais no diagnóstico e mesmo no tratamento de doenças. Grandes cristais de quartzo transparente eram utilizados em cerimônias especiais por anciãos das aldeias de índios americanos como "cristais que veem". Neles era possível enxergar imagens do futuro ou eventos distantes. Em algumas tribos de índios mexicanos era comum a crença de que quem levasse uma vida boa teria a alma encerrada dentro de um cristal logo depois da morte. Se alguém tivesse a sorte de encontrar tal cristal, este falaria diretamente ao seu coração, o curaria, guiaria e tornaria os sonhos realidade.

Várias culturas e povos têm utilizado o poder inerente a cristais e pedras desde que o homem habita a Terra. Eles foram usados de inúmeras maneiras e para inúmeros fins. Hoje, com o rápido avanço da tecnologia, empregam-se cristais para transmitir e ampliar energias de diversas maneiras. Cristais de rubi, tanto de formação natural quanto artificial, estão sendo aplicados em aparelhos a *laser* para cirurgia microscópica. Todo ano, extraem-se e trituram-se centenas de quilos de cristais de quartzo para fins tecnológicos. Eles são aproveitados em aparelhos de ultrassom, relógios e computadores, neste caso como *chips* de memória. O quartzo serve como oscilador para controlar frequências de rádio em equipamentos eletrônicos; como capacitor para modificar a capacidade de energia em circuitos; como transdutor para transmitir energia de um sistema a outro; e como condensador para armazenar energia.

No nível esotérico, pedras e cristais são utilizados em meditação para desenvolver a intuição e a aprendizagem por meio dos sentidos mais elevados. Pode-se colocá-los debaixo do travesseiro durante o sono, para inspirar sonhos sublimes ou proféticos. Pode-se usá-los em práticas de cura para estabilizar emoções erráticas, acalmar mentes perturbadas e ajudar a sanar desequilíbrios físicos. Pode-se, ainda, segurá-los durante o trabalho de parto e nascimento, para obtenção de força adicional, empregá-los em rituais ou dispô-los ao redor de plantas, animais ou crianças necessitadas de equilíbrio ou cura.

Não há como superestimar o poder e o potencial dos cristais. Trata-se de uma das maiores contribuições na área de estudos da medicina alternativa e vibracional, que pode e será usado de muitas maneiras para as mais diversas finalidades. O material contido neste livro é parte de um conhecimento sagrado sobre o uso de cristais e pedras para a cura e o progresso da consciência. Tais ensinamentos destinam-se a todos e podem ser aplicados por qualquer um que seja intuitivamente atraído para tal informação. Deve-se tomar cuidado ao utilizar o poder de cristais e pedras. Somente agora, depois de centenas de anos, esse saber está sendo novamente colocado à disposição da humanidade. As intenções precisam ser humanitariamente puras ou os poderes poderão voltar-se com grande perigo contra quem deles estiver abusando. Devem-se empregar as informações contidas nesta obra (ou em qualquer outra sobre o assunto) apenas de acordo com a lei divina e como meio para transformar a condição humana e conduzir à Era Dourada de Aquário.

É chegada a hora em que mais uma vez aqueles encarregados de curar e trabalhar pela iluminação avançarão e usarão os cristais e as pedras como recursos para trazer à Terra um novo raio, um novo caminho e uma nova raça. Os cristais e as pedras fazem, em grande medida, parte da transformação planetária da qual *todos* nós participamos. Seja qual for o meio escolhido para utilizá-los, faça-o de modo ético e consciente.

Capítulo 2

Manipulação de Cristais

Em sintonia com cristais e pedras curativas

A arte de se sintonizar com um cristal, consigo mesmo, com outras pessoas ou com qualquer aspecto da vida constitui um dos recursos mais valiosos que podem ser aprendidos. Sintonizar-se consiste na habilidade de neutralizar a mente e tornar-se tão calmo que o eu interior possa perceber a verdade. Ao aprendermos a arte da sintonização, desenvolvemos a sensibilidade necessária para não só obtermos valiosas informações interiores, mas também para treinarmos a mente para a comunicação em níveis muito mais sutis com diferentes formas de vida. Quando alguém se sintoniza com um cristal, este se torna um espelho que refletirá a luz interna de volta para a consciência. Podem-se empregar meditação, visualização, exercício físico, yoga, oração ou técnicas pessoais para acalmar a mente a fim de alcançar uma percepção mais clara. Seja qual for a abordagem, os resultados falam por si mesmos: maior autocontrole, mais paz interior, conexão pessoal com a fonte da verdade e habilidade para ter acesso a informações que, de outra forma, seriam inatingíveis. Os cristais podem se revelar poderosos recursos e professores no processo de sintonização. Eles falam a própria linguagem especial, que pode ser interpretada caso o ouvinte possua uma mente clara e um coração em prontidão. O processo evolutivo dos cristais difere muito do humano, mas é possível partilhar dos segredos de sua criação e realidade.

Os cristais estarão ao alcance de todos que optarem por lidar com eles. Tornam-se com facilidade professores e amigos ao compartilharem seu conhecimento e segredos, emprestando sua luz e brilho para nossa cura. Tudo o que é necessário é sinceridade e disposição para ouvir a voz silenciosa que fala diretamente a nossa compreensão interior. Os cristais representam a luz e, desde que sintonizados corretamente, podem nos ensinar a ter acesso a nossa luz e a utilizá-la mais.

Você já ouviu com atenção um segredo especial de um amigo muito importante? É assim que se abrem a mente e o coração para a comunicação com cristais e pedras curativas. Abandone quaisquer ideias, expectativas ou temores preconcebidos de que isso não possa ser feito e permita que a mente interior receba as impressões sutis que os cristais emanarão. Abra-se à possibilidade de que essas formas cristalinas de vida desejam compartilhar seus segredos e sabedoria com você. Aceite, sem dúvidas, as imagens espontâneas que lhe vêm à consciência. Quando a mente estiver treinada a ouvir e comunicar-se em silêncio, as respostas virão rápida e nitidamente, uma vez que a luz e a energia das pedras com que está lidando refletem sua própria sabedoria de volta para você.

Um método que sempre funcionou comigo é praticar yoga e meditação durante pelo menos uma hora. Depois, eu me deito com o rosto voltado para cima e coloco um cristal na posição do meu terceiro olho. À medida que o relaxamento ocorre e a mente se torna receptiva, é possível sentir as vibrações sutis do cristal. A essa altura, você poderá perguntar a ele se há alguma coisa que lhe possa ser mostrada para ajudar em sua compreensão, ou poderá fazer uma pergunta pessoal referente a algum aspecto da sua vida. Peça ao cristal que reflita, a partir de sua verdade interior, as respostas para sua percepção consciente. Então, abra a mente e receba a resposta. Ela poderá vir em forma de símbolos, imagens, visões ou conhecimento direto. Seja como vier, saiba que se trata de uma mensagem de si para si mesmo, ampliada e rearranjada com amor por meio do cristal. Por esse procedimento é possível perceber muitas coisas que escapam a sua compreensão, conhecer-se em níveis muito mais profundos e ter acesso a maiores fontes de poder e força interiores.

Passe a conhecer cada um de seus cristais e pedras curativos, descobrindo seus segredos exclusivos. Eles podem se apresentar a você de forma diferente de como o fazem com qualquer outra pessoa, já que se sintonizam para servir e responder àquele que os estiver usando. Ao ajudar suas pedras a satisfazer seus desígnios, você também as auxilia a evoluir e cumprir seu destino superior. No momento em que os homens extraem os cristais e as pedras da terra, expondo-os à luz do Sol, permitem que sua beleza e cor sejam reveladas. Em retribuição, as pedras tornam-se instrumentos de nossa cura. Lidando conscientemente com o reino mineral, você aprende a melhor expressar sua própria luz enquanto ajuda os cristais a expressar a deles. Estamos juntos na Terra para servir um ao outro, para que cada um possa crescer e assim trabalhar em maior harmonia no desenvolvimento de um mundo melhor.

Como usar cristais e pedras curativas

Há muitas maneiras de usar cristais e pedras para a cura e o despertar da consciência. Eles atuarão, não importando se você pensa ou acredita nisso. O simples fato de tê-los em sua presença já traz mais beleza e luz ao ambiente. Se os cristais forem colocados sobre uma cômoda, mesa de centro ou de cabeceira, automaticamente energizarão a área, tal qual um ionizador negativo. Se ocorreu alguma discussão em uma sala, pode-se pôr um cristal no recinto, para purificar as vibrações e restaurar a paz. Basta o cristal estar presente para trazer mais luz e energia curativa a um ambiente. Na medida em que a luz se reflete através e para fora dos cristais, cria-se a energia que serve para neutralizar quaisquer vibrações negativas e aumentar a frequência global para um nível de mais harmonia.

Mesmo que alguém não tenha ainda alcançado o estágio de desenvolvimento da sensibilidade necessária para sentir as energias curativas dos cristais, o efeito será produzido, e a mente subconsciente reagirá. A simples presença de cristais em um ambiente sugere, de modo subliminar à mente subconsciente, que a perfeição é possível. Os cristais provam aos sentidos físicos que ser límpido, bonito, focado e radiante de luz é uma realidade. Se nutridas, essas sementes plantadas no subconsciente enfim brotarão e florescerão. Assim, pode ser benéfico dar cristais e pedras mesmo àqueles que não têm consciência ou não se interessam por suas propriedades curativas.

Joias

Cristais e pedras podem ser levados consigo ou usados como joias, para ajudar a manter a clareza mental, a estabilidade emocional e o equilíbrio físico. Carregar pedras como amuletos, ou usá-las como joias, é um dos meios mais simples e eficazes de utilização de sua força curativa. Durante milhares de anos, têm-se utilizado pedras preciosas nos dedos, ao redor do punho e do pescoço, no umbigo, no terceiro olho, nos cabelos, nos dedos dos pés e no nariz. Belas pedras e cristais têm servido como joias desde que as pessoas se enfeitam. Lápis-lazúli, cornalina e malaquita foram usados pelos antigos egípcios, esmeralda pelos incas, jade pelos chineses e turquesa pelos índios americanos. Muitas dessas grandes culturas tinham consciência do poder curativo das pedras e as aplicaram conscientemente para fins específicos de cura. Coroas de pedras preciosas sagradas foram usadas por soberanos de grandes impérios, para ajudá-los a governar o povo com sabedoria. Pedras foram colocadas em determinados dedos, para canalizar certas energias e influências à vida das pessoas. Rubis e pedras de um vermelho intenso foram exibidos no umbigo de dançarinas do ventre, a fim de ativar o interesse sexual dos espectadores. Têm se usado pedras no centro do terceiro olho, para auxiliar a consciência asceta a se manter sintonizada com Deus; colares dependurados sobre o peito, para estimular os pontos do chakra do coração, a fim de ativar mais amor e compaixão; e pedras ostentadas nos lóbulos das orelhas, para estimular pontos de reflexo que afetam outras partes do corpo.

Muito da sabedoria relativa ao verdadeiro objetivo da criação de joias se perdeu. Originariamente, as pedras que se supunha possuírem determinadas energias eram portadas e mantidas próximas da pessoa que desejava receber sua influência específica. Por fim, elas foram amarradas com fio ou cordão, penduradas ao redor do pescoço, punhos, cabeça ou tornozelo e usadas em contato com o corpo para a recepção de efeitos em tempo integral. Em épocas mais recentes, muitas mentes passaram a se conscientizar das energias específicas inerentes à natureza das pedras, que, combinadas de certas formas e assim usadas, produzem resultados curativos e rejuvenescedores.

Ao se desenhar e usar conscientemente uma joia com finalidades curativas, as criações tornam-se obras de arte que propiciam poderes a quem as utiliza. Quando se usam cristais e pedras, a energia deles se mistura ao campo ou à aura eletromagnética humana. Na medida em que a luz reage às pedras e as vibrações de cor se refletem de volta à aura, as frequências intensificadas da cor servem para dissipar e neutralizar as tensões física e emocional. Ao aumentar as sutis energias curativas e a força de luz ao redor do corpo, obtêm-se mais poder e equilíbrio pessoal.

Aliada à perfeição plástica, também é possível criar joias que utilizem conscientemente as propriedades curativas e os dons especiais que as pedras têm a oferecer. Tais criações, com desenho exclusivo, tornam-se, então, peças de poder pessoal que ajudarão aqueles que as usam a atingir certos estados de conscientização ou a alcançar metas específicas.

Remédios

É muito fácil preparar remédios à base de cristal, e eles podem ser tomados quando não for possível levar ou usar as pedras necessárias para resultados específicos, ou quando se torna imprescindível reforçar os efeitos das pedras que estão sendo usadas ou com as quais se lida. Coloque as pedras ou os cristais limpos em um copo imaculado de vidro, cheio até a metade com água destilada, e exponha-o ao sol da manhã por três horas, de preferência das oito às onze horas, quando o dia está fresco. Enquanto o sol se reflete através do líquido e nas pedras, a água torna-se energizada com a força vibrátil e a frequência de cor das pedras. Esse poderoso elixir pode, então, ser guardado em recipientes com conta-gotas, esterilizados e rotulados, para uso quando necessário. Para obtenção de melhores resultados, pingue cinco gotas em um copo d'água ou diretamente sob a língua várias vezes ao dia, enquanto visualiza as pedras e pensa positivamente em suas propriedades curativas. Para manter um estoque permanente e preservar os remédios por tempo indefinido, recomenda-se encher os recipientes pela metade com álcool. (Conhaque de boa qualidade, de preferência.) As melhores pedras para uso em remédios pertencem à família do quartzo multicolorido: límpido, ametista, rosa, citrino e enfumaçado. O quartzo reage favoravelmente à luz e ao método de remédio líquido, além de oferecer um completo espectro colorido de efeitos. Deve-se tomar cuidado ao escolher pedras e cristais para remédios de uso interno. Algumas pedras, como o realgar, por exemplo, contêm alto teor de arsênico.

Os cristais ou as pedras curativas podem ser colocados em óleos de massagem ou unguentos tópicos. Um grande amigo meu, que pratica massoterapia há vários anos, há muito tempo guarda uma bela turmalina bacilar verde em seu óleo de massagem, para reforçar o efeito curativo de seus tratamentos.

Presentes de amor

Cristais e pedras são um dos presentes mais especiais que se podem dar. Quando ofertados com amor, tornam-se eternos "cristais de amor" e símbolos desse interesse especial. Podem ainda ser usados como cristais curativos – de fato, eles foram energizados com a própria força de cura. Antes de oferecer o cristal, segure-o perto do coração. Faça uma meditação e visualize a pessoa que o receberá satisfeita, equilibrada, sadia e feliz. Essa impressão será programada na pedra, que emanará essa energia enquanto estiver com o recebedor.

Uso pessoal das pedras

À medida que sua amizade e seu amor pelos cristais aumentarem, você tenderá a frequentar os lugares especiais onde eles são vendidos. Fique de olho naquele que lhe enviar um raio de luz especial, que lhe comunicar através da psique que se destina a ser usado especialmente por você, para fins pessoais. Essa pedra pode se tornar uma companheira constante de viagem ou ser usada ou levada com você; pode até se tornar uma assistente em práticas curativas ou parceira de meditação. Somente um cristal muito especial e único pode ser utilizado dessa maneira, e deve-se mantê-lo como pedra particular, se possível intocada por outras pessoas. Esse tipo de cristal personalizado em geral lhe chegará de forma tal que você saberá, sem sombra de dúvida, que se trata de um poderoso recurso pessoal. Quando seu cristal-talismã surgir, você terá certeza de que é ele. Contudo, mesmo então, não exija nenhum direito sobre ele. Oportunamente, depois que esses cristais tiverem servido a seu propósito, chegará a hora de passá-los adiante – para outros lugares e outras pessoas, a fim de compartilharem sua luz e energia curativa. Torna-se, assim, necessário deixá-los ir e aprender a lidar telepaticamente com eles. Gostaria de relatar uma experiência que me ensinou essa importante lição.

Um dia, ao chegar em casa, descobri que ela havia sido invadida e saqueada. Entre os objetos roubados estavam algumas das minhas melhores pedras curativas. Eu as usava todos os dias para fins de cura e não conseguia aceitar o fato de que haviam sido tiradas de mim, quando eram de fato amadas e úteis. Com raiva por minhas pedras terem sido levadas de mim, fiquei tentada a programá-las de imediato e, telepaticamente, para que causassem destruição na vida de quem as roubara. Entretanto, eu sabia que as repercussões kármicas por realizar uma coisa daquelas não se harmonizavam com as vibrações curativas das pedras. Durante uma meditação, sentei-me tendo à frente um grande cristal de selenita e uma bola de obsidiana negra, e pedi que me revelassem por que aquele fato ocorrera e quais eram as minhas lições pessoais ao sofrer tamanha perda. A resposta veio com rapidez e foi muito clara: as pedras haviam sido energizadas com a energia curativa do trabalho que fora feito com elas e estavam prontas para sair pelo mundo a fim de se juntarem a pessoas realmente necessitadas de sua luz. Mostraram-me, então, que elas se achariam na vida de pessoas que reconheceriam seu poder e força de cura – provavelmente crianças. Qualquer um que entrasse em contato com as pedras seria, de forma sutil, afetado e curado. Era a minha oportunidade de continuar a trabalhar com elas ligando-me mentalmente a sua energia e enviando mensagens de paz e preces de amor à pessoa que porventura estivesse com elas. Desse modo, uma ponte de luz poderia ocorrer, e as pedras serviriam como pontos de interligação. Elas seriam mais bem energizadas com minha sintonia consciente. As pedras possuíam um objetivo mais elevado e o cumpriam. Eu cumpriria o meu irradiando-lhes pensamentos positivos de paz. Quando a meditação terminou, agradeci muito respeitosamente à selenita e à bola de obsidiana. Assim, percebi que nossa realidade é criada pela interpretação que damos aos acontecimentos em nossa vida. Mesmo uma ocorrência potencialmente negativa pode ser alterada para servir à luz. Agora, durante minhas meditações e preces, sintonizo-me com aquelas pedras que amo e tão bem conheço, tendo a confiança de que minhas projeções estão sendo recebidas e colocadas em bom uso.

Meditações com cristais

Qualquer pedra ou cristal pode servir como parceiro de meditação. Eles podem ser mantidos na mão ou usados durante a meditação, para se absorver suas propriedades específicas. É possível também colocá-los no raio de visão para aproveitamento no enfoque mental. Neste caso, funcionam como simbólicos objetos de concentração. Pode-se dispô-los sobre o chakra do coração para obtenção de equilíbrio emocional ou junto à testa para clareza mental. Talvez você encontre um cristal que expresse especificamente seu propósito de aprofundar e fortalecer suas meditações. Ou pode desejar experimentar as várias formas pelas quais as diversas pedras afetam suas meditações.

O quartzo transparente é um dos cristais usados para estimular o chakra da coroa (a energia mais elevada do corpo, localizada no alto da cabeça). Deitando-se com o rosto voltado para cima e colocando a ponta terminal de um cristal de quartzo transparente (onde as facetas se juntaram naturalmente para formar uma ponta) no topo da cabeça, fazem-se vibrar os centros mais elevados da consciência, atingindo-se um estado de grande conscientização. Essa meditação surtirá maior efeito se um cristal de ametista for disposto na testa, para acalmar a mente, e um citrino no umbigo, para assentar a experiência na realidade física.

Programação

Para efeito de qualquer meditação, um quartzo transparente pode ser programado projetando-se nele um pensamento e segurando-o durante a meditação. Por exemplo, se estiver sofrendo de ansiedade por uma entrevista ou um exame, segure a ponta terminal de um quartzo transparente no centro do terceiro olho e visualize-se calmo, seguro, confiante e lidando espontaneamente com a situação. Projete essa forma de pensamento no cristal e, então, sente-se com calma, segurando-o enquanto ratifica mentalmente a si mesmo a realidade positiva que criou. Você pode levar o cristal com você, segurá-lo, olhá-lo ou mentalizá-lo durante o evento para o qual se preparou. O cristal retém a forma programada de pensamento e emanará essa visão de volta para você, agindo como um assistente ou amigo.

Se você tiver motivo para solicitar uma resposta a uma pergunta específica, faça-o e, então, coloque um cristal de quartzo transparente, singular, de dupla terminação (ambas as extremidades formando naturalmente uma ponta), no centro do terceiro olho e veja a solução através do olho de sua mente. Se houver necessidade de enviar mensagens de amor ou preces a outra pessoa, coloque o cristal apontando o chakra do coração, visualize o efeito desejado e projete a imagem através do cristal para que seja recebida pela pessoa por quem você reza. Se essa pessoa for muito sensitiva, ela sentirá as vibrações que você está enviando. Dessa maneira, pode-se estabelecer um elo telepático consciente. Mesmo que a pessoa não tome consciência das vibrações curativas enviadas por você, ainda assim os efeitos serão recebidos e utilizados pela mente subconsciente. Para o caso de querer empregar o mesmo cristal para programar pensamentos diferentes, é melhor limpá-lo depois de cada projeção (veja no Capítulo 2 o item "Cuidado e limpeza de pedras e cristais").

Meditação avançada

Há uma meditação avançada que pode ser realizada com quartzo transparente; ela exige tranquilidade mental e foco concentrado para a obtenção de plenos resultados. Nesse tipo de meditação, você percebe o que é se sentir como um cristal. Comece por sentar-se com a coluna ereta, segurando um de seus cristais favoritos de meditação na mão esquerda durante vários minutos. Feche os olhos e procure ficar completamente receptivo aos impulsos enviados pelo cristal. Coloque-o perto do umbigo, do coração e da fronte para sentir as vibrações; depois, ponha-o dentro de um raio próximo de visão. Olhe fixamente para ele durante vários minutos, feche os olhos e leve a imagem do cristal para a mente. Enquanto sua consciência se desloca para o cristal, observe a estrutura molecular. O cristal é uma forma purificada de matéria. Note que todas as moléculas se combinam em construções absolutamente geométricas (ou seja, não há ordenação fortuita). Todas as moléculas vibram na mesma frequência. Com uma prática avançada de meditação, é possível expandir sua conscientização de modo a abarcar cada molécula, cada átomo dentro da molécula e cada elétron dentro do átomo. Observe que cada componente material vibra em uníssono com todo o restante e expressa uma harmonia que transcende a própria vontade individual. Permita-se render-se e experimentar dentro do próprio ser a frequência e a sintonia cósmicas em que os cristais existem. Ao fundir-se nessa beatitude, você experimentará uma harmonia e paz consigo mesmo e com toda a criação. Será como se o tempo e o espaço tivessem sido suspensos. Você estará simplesmente harmonizando-se com a ressonância cósmica e continuando a pulsar em um estado de unidade com o universo. Nesse núcleo de si mesmo, a verdade ressoa. A verdade de todo e qualquer assunto pode ser conhecida aprendendo como acomodar sua consciência nos próprios núcleos, em seu centro, no silêncio. Uma vez estabelecida, essa realidade torna-se, então, sua pedra de toque e santuário sagrado – acessível a qualquer hora.

Nesse estágio da meditação, é importante respirar fundo a fim de manter uma ligação consciente com o corpo físico e canalizar seu estado de paz e sintonia para a realidade material. Para completar a meditação, imagine o cristal com os raios dourados de sol passando e irradiando através dele. Agora, veja-se como o cristal, sincronizando-se com a harmonia cósmica. Assim, você também pode se tornar um instrumento da luz do universo. Sinta-se totalmente límpido e luminescente, capacitado por sua própria fonte de luz. Ao praticar essa meditação, é bom ter à mão um quartzo enfumaçado ou um pedaço de turmalina negra para segurar no momento em que abrir os olhos. Essas pedras assentarão a experiência de consciência expandida no corpo. Talvez também seja bom levar consigo essas pedras escuras por várias horas depois dessa meditação, a fim de garantir a devida integração das energias.

Meditação curativa em grupo

Meditações curativas em grupo podem ser realizadas com um grande cristal gerador de quartzo singular (de vinte centímetros a um metro). Esses grandes e límpidos cristais geradores são raros e geralmente muito caros. Costumam ser colocados em ambientes onde possam ser utilizados por pessoas conscientes em círculos de cura. O melhor é ter pelo menos três pessoas capazes de realizar esse tipo de meditação. Ponha o cristal em posição vertical no centro do círculo; cada membro precisa apontar um pequeno cristal de quartzo para o grande gerador. A essa altura, projete com a mente ou expresse verbalmente afirmações positivas para cura pessoal, interpessoal ou planetária. Tais projeções são intensificadas pelo cristal apontado na direção do grande cristal gerador, que irradia projeções conscientes no éter, visando afetar o plano causal (consulte o Glossário). Uma vez enviadas as preces e projeções, vire a ponta terminal do cristal em sua mão para o centro do coração, a fim de receber informações pessoais ou energia curativa. Termine essa meditação compartilhando com o grupo respostas e sensações pessoais vivenciadas ao lidar com tão poderoso gerador de energia.

Cuidado e limpeza de pedras e cristais

Como qualquer outra coisa, cristais e pedras gostam de ser tratados de maneira respeitosa e amorosa. Eles apreciam estar com um aspecto claro que lhes permita refletir sua luz e irradiar sua beleza. Houve um tempo em que eu guardava os cristais que vendia debaixo de uma mesa coberta em minha casa. Quando puxava a bandeja de cristais de seu "esconderijo", tinha a impressão de que as pedras não estavam felizes por serem mantidas em um lugar escuro, no chão. Em certa ocasião, quando as tirei para fora, recebi a mensagem direta de que desejavam ser colocadas na luz, onde pudessem ser vistas, apreciadas e de onde seriam capazes de realizar seu trabalho. Em resposta, coloquei-as em cada canto e fenda que pude encontrar. Ao fazer isso, enchi meu ambiente com mais luz, e elas foram vendidas com muito mais rapidez, pois sua energia vibrante era evidente a todos os que entravam em minha casa. Desde aquela época, nunca mais pensei em manter cristais ou pedras curativas em um espaço que não fosse digno de sua presença. Eles adoram ficar em peitoris de janela, sobre prateleiras, em mesinhas de cabeceira, balcões, escrivaninhas, altares de meditação, mesas, lareiras, plantas ou qualquer lugar onde possam cumprir seu objetivo.

Ao transportar pedras ou viajar com elas, é melhor embrulhá-las individualmente para que não se danifiquem ou lasquem (a menos que sejam pequenas pedras limpas e polidas em tambores). Bolsinhas de cetim, seda, couro, veludo ou algodão constituem excelentes estojos para o transporte de pedras.

Exceto nos casos em que estão sendo usados diretamente em práticas de cura, cristais e pedras não costumam precisar de limpeza. Entretanto, ao comprar ou receber cristais pela primeira vez, sugere-se limpá-los a fim de retirar quaisquer vibrações porventura acumuladas em sua trajetória. A limpeza também reajusta sua vibração para que se tornem receptivos ao novo lar e proprietário. O melhor é limpar pedras novas mergulhando-as em sal marinho por pelo menos três horas, antes de usá-las para fins curativos ou pessoais.

Reenergização

Quando cristais e pedras são utilizados para fins curativos, tornam-se bastante receptivos às vibrações dos indivíduos com quem trabalham. Podem assimilar e reter suas energias, por isso, devem ser limpos após cada tratamento. Muitas vezes, porém, quando o indivíduo receptor da cura através do cristal está participando de modo consciente de seu processo curativo, as pedras tendem a tornar-se efetivamente energizadas, não necessitando de limpeza especial. Nesses casos, pode-se manter as pedras em uma sala bem iluminada (de preferência com luz solar) ou sobre um grande agregado de quartzo, para receber ampla limpeza e reenergização. Contudo, se um indivíduo que necessita de cura profunda reluta ou é incapaz de participar ativamente do próprio processo curativo, é provável que as pedras deem muito da própria luz e energia para ajudar na cura. Ao contribuir tanto, elas podem esgotar as próprias forças vitais e, nesses casos, devem ser limpas e reenergizadas antes de serem usadas novamente. Quando cristais ou pedras necessitam de purificação, costumam perder o brilho, tornando-se opacos e nebulosos. À medida que alguém lida com a cura através de cristais e passa a conhecer a energia única de cada uma de suas pedras curativas, consegue dizer com facilidade quais precisam de limpeza mais profunda.

Há vários meios de efetivamente limpar e reenergizar cristais e pedras curativas. Um dos métodos mais simples consiste em aplicar as forças curativas da natureza por meio das propriedades rejuvenescedoras do sol e da água. Nesse método, seguram-se as pedras ou os cristais na mão enquanto se despeja água fria sobre eles (também pode-se colocá-los sob a água corrente de uma torneira). Então, exponha-os ao sol (de preferência ao ar livre) e deixe os raios solares brilharem através deles, no mínimo por trinta minutos. Depois, lustre gentilmente as pedras com um pano limpo e branco de algodão. Se tiver a sorte de morar perto do mar, de um lago ou rio de águas frescas, pode-se aplicar esse método com o movimento ativo das águas naturais correndo sobre elas, purificando-as e reenergizando-as. Daí, prossiga com o banho de luz solar e o polimento. Cristais e pedras adoram ambientes naturais e água. Portanto, é aconselhável segurá-los com firmeza ao lavá-los em correnteza rápida de água, pois não é improvável que eles prefiram ficar ali e pulem da sua mão, para nunca mais serem vistos outra vez!

Para limpeza e reenergização geral, pode-se empregar um agregado de quartzo transparente e quatro cristais de terminação única. Colocam-se as pedras necessitadas de limpeza sobre o agregado com os quatro quartzos singulares dispostos com o ápice apontando na direção do agregado. Crie uma formação em cruz ao redor do agregado arranjando os cristais singulares nas direções norte, sul, leste e oeste. Dessa maneira, as pontas únicas energizam o agregado, que, por sua vez, reenergiza as pedras. Estas podem ser deixadas por um período indefinido de tempo sobre o agregado, que pode até se tornar o lugar para se manter as pedras nos intervalos das curas. Os agregados de quartzo raramente requerem limpeza, devido ao intenso reflexo de luz que emana das pontas de terminação múltipla, criando um campo de força autoenergizante. Se, no entanto, você sentir que o agregado necessita de limpeza, o método água-sol é o melhor a ser usado.

Se quiser reenergizar pessoalmente suas pedras especiais ou aquelas que exijam mais atenção de sua parte, segure-as com a mão direita, feche os olhos e envie a elas sua própria energia curativa. Imagine um raio de luz branca brilhante penetrando pelo topo de sua cabeça, ligando-se ao amor no chakra do coração e, então, estendendo-se pelo seu braço até a mão e a pedra. Se quiser, você pode visualizar uma escala do tipo de um termômetro, numerada de um a dez. Enquanto se concentra em canalizar a luz curativa para a pedra, veja a luz atingir o grau dez da escala e a mantenha lá no mínimo por trinta minutos. Dessa maneira, você pode reenergizar as pedras com as quais lida frequentemente com a própria energia curativa. Energizar pedras desse modo vai programá-las não só com sua essência pessoal, mas também com o poder da luz branca universal. As pedras que costumam ser tratadas dessa maneira têm condições de aumentar seu poder de cura em até dez vezes, tornando-se mais belas e brilhantes do que originalmente.

Pedras e cristais excepcionalmente exauridos ou mal utilizados podem ser purificados mergulhando-os em sal (de preferência, marinho). Encha uma tigela transparente de vidro ou cristal com sal, mergulhe a pedra por completo e deixe-a ali por três dias. O sal neutralizará a carga negativa e retirará as impurezas, restaurando a harmonia e o equilíbrio à pedra. Ao remover a pedra do sal, enxágue-a com água fria e deixe-a secar ao sol. Deve-se jogar o sal fora e não reutilizá-lo. Às vezes, pode ser necessária a limpeza das pedras de maneira diferente, caso estejam muito poluídas ou exauridas.

Por exemplo, uma amiga torceu o tornozelo, e colocamos uma pequena pedra de malaquita sob a bandagem aplicada por um especialista, para tirar a dor. Após doze horas, o tornozelo estava quase curado, mas a malaquita praticamente morta, por absorver tanto trauma. Tornou-se opaca e sem vida, tendo perdido toda a capacidade de refletir luz. A pequena malaquita passou imediatamente por um cuidado intensivo e levou vários meses para se recuperar. Em primeiro lugar, ficou imersa em sal durante três dias, sendo então purificada pelo método de água-sol, energizada pessoalmente e, enfim, foi colocada sobre um belo agregado de quartzo transparente. A pedra não está tão vibrante quanto era, e provavelmente nunca mais ficará assim, mas serviu para me ensinar a lição de que é impossível uma pequena pedra de malaquita empreender uma cura tão grande e sobreviver ao desafio.

Capítulo 3

A Antiga Arte de Disposição das Pedras

Quando o corpo mostra sinais de doença, as verdadeiras causas muitas vezes permanecem ocultas. Conflitos mentais e emocionais reprimidos ou não resolvidos podem aflorar e manifestar-se no corpo físico. Essas sementes de distúrbio emocional e tensão mental são comumente plantadas muito antes de o corpo revelar sintomas de desequilíbrio.

Durante o desenvolvimento das crianças, muitas experiências podem causar confusão e mágoa. Incapaz de processar ou compreender as causas dos fatos da vida, uma criança muitas vezes reprimirá e armazenará sensações desagradáveis em algum lugar dentro de si. Mais cedo ou mais tarde, esses conflitos não resolvidos vão se manifestar em atitudes, conjunto de crenças, hábitos destrutivos e desequilíbrios físicos. O corpo torna-se um depósito de ocorrências ultrapassadas, equivocadas e não resolvidas. As várias partes do corpo tendem a reter tipos específicos de emoção: o coração e os pulmões acumulam tristeza e mágoa; o fígado, raiva; o estômago, ansiedade e medo. Tais impressões também se registram no campo áurico de energia que cerca o corpo. Quando antigas formas de pensamento ou conflitos emocionais passados anuviam a aura, torna-se difícil para a luz interna irradiar e expressar-se. Isso pode deixar uma pessoa muito mais vulnerável a influências negativas internas ou ambientais.

No processo de cura da doença, é importante considerar não só os sintomas físicos, mas também as causas mentais e emocionais subjacentes. Até agora, surgiram apenas poucos métodos capazes de efetivamente tratar dos bloqueios mais sutis de mente/coração. Agora, com o conhecimento do poder de cura das pedras, os corpos físico, psíquico e emocional podem ser curados e alinhados com a fonte de energia-espírito da vida.

A cura pelos cristais, por meio da arte de dispor pedras, consiste em um dos métodos mais avançados e eficazes de purificar a aura, liberar traumas reprimidos e ligar uma pessoa à própria fonte de verdade e poder. O poder de mudar, curar e aprender as lições inerentes aos fatos da vida; o poder de perdoar, ceder e tomar decisões conscientes; o poder de exercer a compaixão e a paciência; e, acima de tudo, o poder de amar a si próprio: tudo isso pode ser reivindicado e conquistado, uma vez liberados os padrões antigos. Cristais e pedras ajudam nesse processo de autocapacitação, aumentando a quantidade de luz presente na aura, que estimula e ativa as esferas sutis mais poderosas do ser.

Na prática da cura pelos cristais, as pedras tornam-se formas cristalizadas de luz, sendo colocadas em centros nervosos vitais, áreas dos chakras e pontos dos plexos do corpo. As pedras atuam como um catalisador para perpetuar e integrar mais cor e luz às energias sutis da aura humana. Essa frequência ampliada de energia serve para dissolver e dissipar as sombras escuras de dor reprimida ou não liberada que anuviam a aura, confundem a mente e infectam o corpo. Os cristais podem neutralizar essa carga negativa liberando energia dos bloqueios físico-mentais. O poder transformador das pedras leva de volta essa energia a sua fonte, para ser usada com propósito consciente. Trata-se, pois, de responsabilidade do indivíduo receptor da cura liberar a antiga energia e receber a nova, utilizando-a na recriação de uma identidade positiva baseada em amor-próprio e verdade interior. Isso, então, constitui o fundamento sobre o qual constroem-se sonhos e vivem-se fantasias.

Quando se dispõem as pedras sobre o corpo, torna-se possível o afloramento e a manifestação de antigas lembranças e sensações. Ao tratar a verdadeira causa da doença, traumas de infância, nascimento, pré-nascimento ou vidas passadas provavelmente serão lembrados, uma vez que tais experiências voltam a aflorar para ensinar sua lição e ser neutralizadas. No processo de rastreamento dos sentimentos a sua origem, é importante ajudar o receptor a respirar profundamente enquanto ele é orientado na visualização da imagem de luz e energia curativa penetrando na inalação, e a tensão e a dor sendo liberadas na expiração. Concentrar-se na luz de forma consciente possibilita à intuição da alma comunicar à mente por que aquelas experiências foram necessárias e escolhidas, bem como quais as lições envolvidas. Com maior perspectiva e compreensão, pode-se, assim, desvencilhar-se de antigos padrões, substituindo-os por afirmações e visualizações positivas que, por sua vez, criarão uma nova realidade física. Tal processo de reprogramação consciente constitui um dos recursos mais poderosos para a automudança e a capacitação pessoal.

Nem todas as curas pelos cristais são purificantes por natureza. Quando a aura se infunde de luz e da cor das pedras, pessoas receptivas e sensíveis podem experimentar os mais diversos estados de conscientização. Visões, cores, lembranças de vidas passadas ou acontecimentos futuros tendem a ser vistos quando os cristais e as energias humanas combinam-se, e a consciência se expande. Para pessoas que não estejam sobrecarregadas emocionalmente, a cura pelos cristais proporciona uma oportunidade de utilização da energia das pedras em benefício de um objetivo consciente de criação.

A finalidade e a intenção da prática de cura pelos cristais são auxiliar aqueles com quem se trabalha a neutralizar, equilibrar e alinhar os corpos físico, mental e emocional, permitindo-lhes penetrar na própria fonte interior de poder e verdade. A cura autêntica ocorre quando se assume plena responsabilidade por si mesmo, reivindicando assim o poder de cura. Aqueles que curam com cristais e pedras trabalham pela iluminação, colaborando no processo por meio do compartilhamento de sua sintonia, amor e energia curativa. A função dos que se propõem a curar pelos cristais consiste em ajudar os outros a desobstruir e abrir seus canais para, com consciência, conhecer seu eu mais elevado.

Preparação

Recomenda-se que, antes de realizar curas pelos cristais e aplicar as pedras, o praticante se prepare, sintonizando-se com as pedras e os cristais em uma meditação. Alinhe-se com as energias curativas das pedras e torne-se receptivo à frequência delas. Deve-se sempre manipular cristais e pedras com respeito e reconhecimento de suas forças. Pode se gerar um enorme poder ao combinar pedras e cristais com a aura humana, acarretando uma troca de energia. (Na primeira vez que realizei uma cura por cristais em uma pessoa, estava despreparada para o influxo de frequência ampliada de energia e quase perdi a consciência. Tive de deixar meu cliente sozinho por vários minutos, até recuperar minha tranquilidade.) É importante cercar-se visualmente de luz e ratificar mentalmente que se está trabalhando em sintonia com as energias das pedras para harmonizar, equilibrar e curar.

A cura pelos cristais exige constante e consciente concentração. Várias mudanças sutis ocorrem no campo áurico quando as pedras desobstruem bloqueios e dissolvem entulhos emocionais. É essencial permanecer sensível a (e consciente de) respostas que o receptor possa manifestar. Atente para os batimentos cardíacos, observando a pulsação no pescoço. A pulsação pode se intensificar à medida que o metabolismo do corpo se ajusta à maior energia áurica. Caso a respiração se torne superficial, oriente seu cliente a respirar fundo a fim de integrar maior quantidade de energia ao organismo. Desenvolva a visão de seu terceiro olho para poder perceber a aura, o sistema de chakras e as frequências mais elevadas de energia sutil.

Às vezes, pode ser necessário retirar algumas pedras, caso o cliente se mostre incapaz de integrar as energias de maior frequência a sua aura. Portanto, é importante também manter-se em sintonia com as pedras. Se não estiver atento para removê-las, não se surpreenda se elas pularem por si mesmas. Saiba quanto suas pedras podem dar sem se exaurirem e prepare-se para tirá-las quando começarem a se esgotar. Esteja preparado para reagir com espontaneidade às mensagens que as pedras transmitirem. Se a pessoa que você está tratando estiver participando ativamente do processo de cura, as pedras em geral vão se energizar no decorrer da operação. Entretanto, se ela não assumir a responsabilidade pelo próprio processo de cura, as pedras podem esgotar suas forças vitais, tornando-se opacas e nebulosas. Pedras como a malaquita, que absorve energias negativas, tendem a necessitar de purificação após cada uso. Sua sintonização pessoal com quem você está lidando e com as pedras curativas garantirão um tratamento bem-sucedido e resultados positivos.

Disposições para cura pelos cristais

Eu e meus colegas temos empregado as seguintes disposições com muito sucesso em sessões de cura pelos cristais. Tais disposições podem parecer razoavelmente novas e revolucionárias, embora sejam antigas em termos de práticas evolucionárias. Ao longo de cada sessão, recomenda-se o fornecimento de um espelho para que o receptor possa ver a disposição e ratificar visualmente as belas energias das pedras.

Disposição geral

Esse tipo de disposição admite o uso de qualquer número e espécie de cristais ou pedras curativas. Pode-se colocá-los sobre os centros dos chakras ou de outra região porventura congestionada ou em desequilíbrio. A abordagem a esse tratamento é livre, devendo corresponder às necessidades específicas do cliente. Houve ocasiões em que eu formava imagens preconcebidas quanto à disposição de pedras para uma pessoa em particular antes de uma sessão. Contudo, uma vez efetivamente sintonizada com a pessoa e as pedras, o que eu imaginara antes revelava-se com frequência incorreto. Tornou-se, assim, necessário desvencilhar-me de quaisquer expectativas e apresentar-me aberta e intuitiva ao momento, para satisfazer plenamente as carências de meu cliente.

Até cem pedras diferentes podem ser utilizadas em uma cura com cristais, caso sejam dispostas de modo apropriado, de forma a equilibrar e alinhar as energias sutis e físicas. Podem-se criar belos padrões e desenhos, para direcionar o fluxo das energias.

Em termos gerais, coloca-se pelo menos uma pedra correspondente sobre pontos dos chakras, com outras pedras a cercá-la, para produzir os efeitos e o fluxo de energia desejados. Entretanto, haverá ocasiões em que se deverá lidar com apenas uma região ou chakra. Seja criativo na satisfação da necessidade do momento.

O tipo de resultado que se pretende obter determinará as pedras que devem ser aplicadas em cada área específica. Por exemplo, se um cliente é meditativo, porém não muito assentado ou capaz de atuar bem no plano físico, pode-se colocar pedras do espectro vermelho-alaranjado sobre a região do umbigo com outras escuras ou pretas sobre a região púbica e as pernas. Com o equilíbrio adequado de pedras azul-violeta na testa, gera-se um fluxo de energia que ajuda a integrar o pacífico estado meditativo à manifestação física. É também benéfico trabalhar acima do corpo, com um pequeno cristal (de cinco a quinze centímetros) gerador de quartzo, para dirigir a energia para baixo, da coroa à virilha. Por outro lado, se alguém é egocêntrico e mundano, pode-se dispor uma grande variedade de pedras límpidas, douradas, azuis, violeta e rosa sobre seu peito e sua fronte superior, para estimular os centros superiores de consciência. Assente esses efeitos no plano físico colocando pelo menos uma pedra dourado-alaranjada no umbigo e outra escura no osso púbico. Novamente, dirija o fluxo de energia através da aura com um cristal de quartzo de terminação única.

Esse tipo de tratamento permite plena criatividade e espontânea ação intuitiva. Mantenha todas as suas pedras e cristais curativos à vista e fique atento àqueles que vibrarem ou cintilarem para avisar quando se deve usá-los. Permaneça em sintonia com seus clientes e oriente-os a conduzir sua respiração e energia curativa às partes que necessitam de equilíbrio. Mantenha uma comunicação ativa, encorajando a expressão verbal e o compartilhamento.

A remoção das pedras não costuma seguir a mesma ordem da colocação. Aja em sintonia com elas, retirando-as segundo sua intuição. Passe um pano de algodão molhado em cada uma à medida que as for retirando e separe aquelas que possam precisar de limpeza.

Carga de energia básica

Trata-se de uma das disposições mais simples. Compõe-se de três pequenos agregados de quartzo transparente e dois pequenos cristais geradores de quartzo com terminação única. Mantendo a pessoa que você está tratando deitada com o rosto voltado para cima, coloca-se um pequeno agregado sobre o centro de sua testa, outro no centro do peito e o último no umbigo. Isso energizará a consciência, ativará o chakra do coração e estimulará o organismo. Segure um dos cristais geradores simples no alto da cabeça enquanto lentamente desloca o outro em linha reta, a partir do osso púbico, para enfim se encontrar com aquele mantido sobre a coroa. Enquanto o cristal em movimento passa através da aura (de cinco a quinze centímetros acima do corpo), esteja alerta para qualquer acúmulo ou bloqueio de energia. Conscientemente, dirija a energia de luz branca do gerador na coroa de modo a encontrar-se com o cristal móvel; mantenha-o energizado com força de luz suficiente para dissolver qualquer entulho áurico. Então, visualize um fluxo de energia deslocando-se do cristal na coroa para todas as outras partes dos corpos físico e áurico. À medida que o cristal em movimento passa sobre os agregados no umbigo, no coração e na testa, envia um raio de energia curativa através do gerador para energizar mais esses centros. Quando o cristal móvel conseguir passar pela aura sem perceber nenhum bloqueio ou acúmulo de energia, a sessão de cura cumpriu seu objetivo. Podem-se remover os cristais na ordem em que foram colocados.

Disposição para o equilíbrio dos chakras

Essa disposição pode se compor de qualquer grupo de sete pedras que correspondam às frequências de cor dos sete chakras (veja no Capítulo 6 o Quadro 6.1. Trindades astrológicas). Os cristais da família do quartzo mostram-se muito eficazes nessa disposição, pois manifestam as cores de vários chakras. Eis um exemplo: aponte um cristal de quartzo simples para o topo da cabeça, coloque uma ametista no terceiro olho, uma água-marinha na garganta, um quartzo rosa no coração, uma malaquita no plexo solar, um quartzo-citrino no umbigo e um quartzo enfumaçado no osso púbico. Deve-se dispô-las em linha reta e passar um quartzo gerador simples de cinco a quinze centímetros acima das pedras, para equilibrar e alinhar os chakras. Esteja atento e alerta para sentir onde ocorre desequilíbrio de energia, criando excesso em um chakra e insuficiência em outro. Projete sua força curativa através do cristal gerador, de modo a dirigir o excesso de energia para alimentar a depleção. Se quiser, coloque outras pedras ao redor daquelas nos chakras principais, para acentuar a força curativa. Por exemplo, se o chakra do coração foi bloqueado devido a um trauma emocional, podem se dispor pedras verdes de aventurina acima e abaixo do quartzo rosa, com turmalinas rosa/verdes dos lados. Se o objetivo da cura consiste em conduzir a emoção reprimida à expressão verbal, a fim de que seja liberada, cristais de quartzo transparente com terminação única podem ser postos sobre o esterno, apontando para a garganta e guiando a energia do coração à garganta, para que seja expressa. Podem-se utilizar quantas pedras forem necessárias na disposição para o equilíbrio dos chakras. Estude os efeitos de cada uma e selecione as que produzirão os resultados que cada caso exige.

Disposição para a carga dos chakras

Essa disposição destina-se especificamente a energizar um chakra em particular. Empregam-se nove cristais de quartzo transparente e singular. Para começar, coloque um quartzo transparente em cada mão do receptor (a terminação voltada para os ombros). Coloque outros dois, cada um apontando para o dorso de cada pé, e mais um para o topo da cabeça. Esses cinco cristais formam a figura de uma estrela ao redor do corpo, que gerará um campo de força protetor e permitirá à energia intensificada recircular no campo áurico da pessoa. Os outros quatro cristais de quartzo (de preferência menores) são colocados sobre o corpo, com as terminações voltadas para dentro, em direção ao chakra que precisa de energização. Pode-se ordená-las nas posições norte, sul, leste e oeste, criando a configuração de uma cruz.

Um método avançado dessa disposição incorporaria uma pedra correspondente ao chakra. Deve-se colocar a pedra do chakra no centro da cruz. Por exemplo, para energizar o chakra do coração, coloca-se um quartzo rosa ou uma peça de turmalina rosa no centro do peito, com os cristais de quartzo apontando em sua direção. Ocorrerá maior energização se um cristal gerador for mantido sobre a pedra do centro, com a energia curativa projetada e emitida através dele. Caso as pedras de centro utilizadas sejam ametista (para o terceiro olho), citrino (para o umbigo) ou quartzo enfumaçado (para o primeiro chakra), pode-se manipular um cristal simples do mesmo tipo no campo áurico sobre a pedra do chakra. Vários chakras podem ser energizados durante uma sessão com o simples ato de mudar as pedras de centro e substituir os quatro quartzos simples circundantes. Trata-se de uma disposição poderosa que deve ser praticada somente se um indivíduo necessitar carregar seus centros de energia.

Espiral de turmalina rosa

Essa disposição destina-se em particular àqueles que desejam liberar dores emocionais intensas. Sua aplicação revela-se especialmente benéfica quando o corpo físico já manifestou a dor sob a forma de doenças como câncer, asma, bronquite e outras do gênero. Colocam-se no mínimo seis peças de turmalina verde em rotação espiralada no sentido horário ao redor do chakra do coração. Se forem utilizadas turmalinas bacilares, viram-se as terminações para fora, em direção aos braços. Necessita-se de pelo menos um bastão de turmalina para segurar e fazer um movimento de espiral sobre as pedras dispostas. Enquanto o bastão desloca-se em sentido horário, espiralando para cima através da aura ao redor do chakra do coração, as energias emocionais reprimidas são liberadas. Tal disposição pode também provocar desabafos emocionais (choro, raiva etc.), e cabe ao praticante estar preparado para aconselhar ou cuidar do receptor da cura. Para equilibrar tal estado, coloque peças de turmalina negra sobre os chakras inferiores ou na região da virilha. A maioria das doenças físicas tem origem em profunda dor emocional. As propriedades curativas elétricas da turmalina rosa/verde fazem essas dores vibrar em uma frequência que as libera. A verde inicia a cura, enquanto a rosa introduz amor em substituição à antiga dor.

Disposição do octaedro de fluorita

A presente disposição compõe-se de sete octaedros de fluorita, três maiores e os outros quatro menores, estes de preferência do mesmo tamanho. Coloque um dos maiores no centro da testa com a ponta do triângulo tocando a raiz dos cabelos e a base voltada para as sobrancelhas. Ponha dois dos menores sobre o centro de cada sobrancelha, os triângulos apontando em direção ao octaedro maior no centro da testa. Disponha outro dos maiores na garganta, o triângulo apontando para a cabeça, e mais um dos maiores no umbigo, o triângulo apontando para os pés. Coloque os octaedros menores restantes no centro de cada virilha (onde as pernas se encontram com o baixo-ventre), os triângulos apontando para os pés. Deixe as pedras nessa posição por, no mínimo, onze minutos enquanto o receptor respira profundamente, tentando acalmar a mente e liberar cada pensamento que penetre na consciência, levando assim a mente a um estado de neutralidade e paz.

Essa disposição destina-se a canalizar e assentar a energia cósmica nos centros criativos do corpo humano. O octaedro grande na raiz dos cabelos emite maiores frequências de energia aos centros de consciência do cérebro, enquanto os menores, nas sobrancelhas, equilibram os hemisférios do cérebro, permitindo que isso ocorra. O octaedro grande na garganta ativa o centro criativo verbal, possibilitando que a consciência mais elevada seja expressa por meio da palavra falada. O outro grande, no umbigo, dirige tais forças maiores ao corpo físico para integração com as ações da vida diária. Os pequenos octaedros de fluorita na virilha assentam e estabilizam ainda mais essas forças no corpo físico.

Tal disposição, se praticada com regularidade, neutralizará os processos do pensamento, capacitando a mente a atingir com consciência a fonte de toda a sabedoria, que é o espírito. Quando a mente se rende e cede, pode, então, fundir-se em uma forma mais elevada e tornar-se a pura força criativa que constitui a essência de todo pensamento. Ao penetrar nesse reservatório infinito de energia criativa, é possível criar conscientemente os pensamentos que produzirão os resultados desejados na vida de uma pessoa. Isso ocorre apenas quando a mente resigna-se e se torna verdadeiramente humilde para cruzar o limiar do desconhecido, do inconcebível. Ao realizar isso, os recursos para o pensamento criativo consciente serão abundantes. A disposição do octaedro de fluorita, se praticada uma ou duas vezes por semana durante seis semanas consecutivas, dará início e continuidade ao desenvolvimento dessas faculdades mentais avançadas.

Capítulo 4

As Pedras da Nova Era

Estamos vivenciando muitas mudanças, que já têm a energia sintonizada com a futura Nova Era, a Era de Aquário. As decisões tomadas hoje determinarão a herança do amanhã de nossas crianças. Aproximadamente desde o ano 2000, a história futura da Terra vem sendo escrita etereamente. Cada habitante da Terra tem, no momento, a responsabilidade de tomar uma decisão – provavelmente a escolha mais importante da vida.

As perguntas que se apresentam a todos nós são: "Você está disposto a desvencilhar-se de ultrapassados sistemas de crença, programação, conceitos e ideologias que não mais servem à força da vida e ao crescimento, para entender, incorporar e integrar as leis do amor na própria fibra de seu ser?"; "Você está disposto a vivenciar essas leis com coragem em todos os aspectos de sua vida?". Se um número suficiente de pessoas demonstrarem integridade de caráter para comprometer-se e dedicar-se plenamente a viver e partilhar mais amor, então nossa Terra poderá reverter a probabilidade destrutiva que aguarda a raça humana se essa escolha não for feita.

Como auxílio para os anos potencialmente turbulentos e determinantes à frente, as pedras da Nova Era, aliadas ao conhecimento de como empregar seus poderes com êxito, surgiram para ajudar a reverter o curso da autodestruição humana e assegurar a paz planetária. As pedras da Nova Era dispõem-se a contribuir com sua força de luz e refletir sua beleza para nos auxiliar a dar o passo mais importante de toda a história humana, que nos permitirá cruzar com segurança o processo de mudança energética ligado à Era de Aquário.

Ao aprendermos a nos sintonizar com os efeitos sutis e poderosos que a luz e a cor exercem sobre a psique humana e os sistemas energéticos do corpo, progrediremos para um novo e mais avançado complexo de assistência à saúde. Farão parte de tal abordagem de cura da Nova Era as influências mentais, emocionais, espirituais e de vidas passadas da doença de um indivíduo, sendo tratados com êxito os focos da enfermidade humana. Esse método resultará no completo equilíbrio e bem-estar da pessoa sadia. Conforme avançamos na Nova Era, cristais e pedras curativos serão usados com mais frequência e sucesso na cura das causas de todos os tipos de males.

Essas pedras especiais da Nova Era destinam-se especificamente à época presente bem como às pessoas que sofrem com os inúmeros problemas mentais, emocionais e físicos herdados de influências e energias típicas de nossos tempos. As pedras da Nova Era vieram para refletir possibilidades em termos de consciência e estilo de vida, dando-nos uma alternativa ao propiciarem cor, luz e beleza às quais a alma intuitivamente reage. Ao alimentar e desenvolver a força espiritual, nos tornaremos imunes às muitas influências negativas que invadem nossa mente e nosso corpo, sendo capazes de concentrar toda a atenção na paz, no amor, no crescimento, na prosperidade e na felicidade de todos.

Muitas das pedras da Nova Era refletem cores que só agora nossa mente está preparada e capacitada a perceber. Algumas delas têm descoberta recente, e outras somente hoje, após centenas de anos, se dispõem a revelar seus segredos e oferecer sua energia curativa ao mundo. Trata-se de um momento especial e abençoado a ser vivido, abrindo a oportunidade de se aliar com essas pedras para criar um mundo habitado por seres conscientes, amorosos, sadios e exuberantes.

O capítulo seguinte relata histórias que testemunhei e vivenciei pessoalmente enquanto lidava com as doze pedras da Nova Era. Ao manipular e aproveitar as forças dessas pedras especiais, você também notará a influência curativa e transformadora que elas terão em sua vida, assim como na vida daqueles que compartilharem de suas vibrações curativas.

A família do quartzo

O quartzo é um dos minerais mais comuns da Terra e conta com a maior variedade de exemplares que exibem um espectro panorâmico completo de cores. Nem todas essas diversas formas serão exploradas neste livro, mas gostaria de mencionar e reconhecer sua existência como valiosos membros da família do quartzo e, talvez, como um convite a um estudo complementar de sua parte.

Ágata	várias cores, pode ser formada por faixas ou camadas
Ágata dendítrica	branco-acinzentado e translúcido com imagens semelhantes a samambaias
Ágata musgo	incolor com inclusões verdes
Ametista	violeta, vermelho-violeta pálido
Aventurina	verde, dourado-castanho, iridescente
Basanita	preto aveludado
Calcedônia	azulado, branco, cinza
Citrino	amarelo-claro a dourado-castanho
Crisópraso	verde, verde-maçã

Cristal de rocha	branco a incolor
Cornalina	vermelho-carne a vermelho-acastanhado
Cornalina	ônix – base vermelha com uma camada superior branca
Heliotrópio, hematita	verde-escuro com pontos vermelhos
Jaspe	todas as cores, principalmente listrado ou salpicado
Madeira fossilizada	cinza, castanho ou vermelho
Olho de falcão	azul-acinzentado a azul-esverdeado
Olho de tigre	dourado-amarelado a dourado-acastanhado
Ônix	base preta com uma camada superior branca
Opala	pode ser preciosa, opalescente, cor de fogo, amarelo-avermelhado e comum
Prásio	verde-claro
Prasiólito	verde-claro
Quartzo azul	azul fosco
Quartzo enfumaçado	castanho a preto, cinza enfumaçado
Quartzo estrela	cristal de rocha que revela uma estrela quando polido
Quartzo olho de gato	branco, cinza, verde, amarelo, castanho
Quartzo rosa	rosa forte a pálido
Sárdio	vermelho-acastanhado
Sárdonix	base castanha com uma camada superior branca
Sílex	cores opacas e foscas

Cristais de quartzo transparente

Quando a maioria das pessoas fala de cristais, geralmente refere-se ao quartzo transparente. Esse tipo de cristal é o mais comum e conhecido, podendo-se denominá-lo "o avô" do reino mineral. De modo geral, é possível utilizá-lo para todos os fins, uma vez que vibra a pura luz branca que contém todas as outras cores.

O quartzo é o sal da Terra, nativo deste planeta. Contém dióxido de silício, um dos compostos minerais mais comuns da Terra. É interessante notar que os seres humanos também constituem-se, em grande parte, de dióxido de silício. Isso nos tornaria parentes de reinos diferentes na família da Terra?

Os cristais de quartzo representam a soma total da evolução no plano material. Suas seis faces simbolizam os seis chakras, com a terminação sendo a coroa; aquilo que liga o indivíduo ao infinito. A maioria desses cristais possui uma base achatada que foi sua raiz na Terra. Muitas vezes, o quartzo apresenta-se nebuloso ou leitoso na base e ganha mais claridade ao alcançar o ápice. Isso também simboliza um padrão similar de desenvolvimento em que a nebulosidade e o embaçamento da consciência desanuviam-se quanto mais nos aproximamos do ponto de união com nosso eu infinito. Os cristais de quartzo transparente provam que o plano material pode e efetivamente atinge um estado de perfeição física capaz de conter e refletir a pura luz branca. Eles constituem um símbolo do alinhamento com a harmonia cósmica e demonstram essa pureza e unidade em cada molécula e átomo de sua constituição. O quartzo transparente cintila com a divina luz branca e, ao ver esses cristais, tocá-los, usá-los, utilizá-los ou meditar com eles, pode-se realmente lidar com essa luz em uma forma física.

Os cristais de quartzo transparente que um indivíduo atrai para sua vida de algum modo facilitarão o desenvolvimento da conscientização dessa pessoa em particular. Em mentes ainda adormecidas, agirão de modo subliminar, por meio do subconsciente. Aos espíritos conscientes que habitam este planeta, parecerão sinais que trarão mais luz e energia positiva para aplicar em sua vida e se integrar à Terra. Os cristais de quartzo representam uma forma material perfeita, alinhada e harmonizada com a força cósmica. Assemelham-se muito às pirâmides pelo fato de canalizarem energia de alta frequência para o plano físico terreno. Esses cristais refletem a pura luz branca que se pode canalizar para pensamentos, sensações, palavras e ações diárias. Eles estimulam as esferas mais puras e sutis de nosso ser, que podem, então, ser integradas e manifestadas em nossa vida.

A evolução do cristal de quartzo difere muito da nossa, sob vários aspectos, e assemelha-se muito, em outros. Os cristais de quartzo são concebidos nas entranhas da Terra e lá se desenvolvem, até aflorarem à superfície, da mesma forma que os humanos formam-se no útero materno enquanto assentam o espírito em um corpo físico, antes de penetrarem no mundo material. Cada cristal é único e diferente de qualquer outro, com sua própria personalidade, lições e experiências (como no caso dos homens). O propósito e o destino de ambos consistem em se unir com a consciência cósmica e expressar isso no plano material. Cristais e homens podem se tornar parceiros de trabalho nesse processo e ser úteis na evolução um do outro. Quando o reino mineral une suas forças com o humano, novos mundos de consciência são revelados. Quando a essência curativa dos cristais de quartzo faz vibrar a alma da humanidade, surgem vastos horizontes de esperança e alegria.

O quartzo detém a admirável habilidade de fazer vibrar sua energia em todas as frequências de cor, do preto ao amarelo, do verde ao rosa, e ainda no espectro do azul e do púrpura. Assim, ele demonstra como manifestar a claridade e a pureza da luz branca em frequências mais densas e menores. Essa propriedade de multicoloração pode nos ensinar como fazer vibrar todos os sete centros de chakra simultaneamente, enquanto mantemos perfeito alinhamento com a luz. Trata-se do derradeiro desafio de se apresentar em uma forma física, utilizar plenamente todos os centros criativos, enquanto se expressa de modo consciente o multifacetado uso da luz.

Todas as coisas são luz e graus variados de luz manifestos em cor. Nos cristais de quartzo, a força da luz funde-se com os elementos do plano físico, combinando tons e vibrações diferentes, criando belas cores. A luz e a cor permitem a ocorrência do processo de cura. Os cristais de quartzo fazem a aura vibrar em uma frequência tão alta, que possibilitam a dissolução e liberação dos tons mais escuros das sementes kármicas. Então, devolvem essa energia à sua fonte para gerar maiores vibrações e cores mais cintilantes, a serem recirculadas na aura. Esse tipo de cura da alma fortalece a profundidade interior de um ser e constrói uma base sólida sobre a qual ele se assenta e vive.

Em geral, dentro dos cristais de quartzo transparente, encontram-se áreas nebulosas ou inclusões. Às vezes, assemelham-se a galáxias, o que de fato são. Tais cristais nos mostram que existem mundos dentro de mundos e que a criação é ilimitada e incomensurável. Tal percepção inspira imediato temor e respeito pela infinita força criativa diante da qual todas as formas de vida se curvam.

Muitos cristais de quartzo atingiram a plenitude da evolução e não mudarão muito uma vez trazidos à luz da superfície do planeta. Eles carregam dentro de si marcas próprias e singulares que relatam sua identidade, histórias, registros e informações. Entretanto, alguns contêm manchas que podem clarear à medida que o cristal evolui e transcende suas limitações. Esses, depois de aplicados em sessões de cura e meditação ou usados continuamente, podem se tornar perfeitamente límpidos, modificando-se tanto que às vezes ficam irreconhecíveis. Eles mudarão à medida que a pessoa que os manipula for dissipando a nebulosidade de sua consciência, transformando-a em claridade. Esses cristais apresentam lições paralelas e refletirão as alterações ocorridas dentro de si e do indivíduo que trabalha com eles. Ao lidar e sintonizar-se com cristais, será possível conhecer as marcas internas que cada um contém, bem como seu potencial e suas possibilidades.

Há diversas maneiras de manifestação do quartzo transparente, através das quais se pode manipulá-lo. Isso se aplica a toda a família do quartzo. Os resumos a seguir descrevem algumas das formas singulares e fascinantes por meio das quais esses cristais revelam sua natureza.

Cristais geradores

Trata-se de cristais de quartzo singulares e límpidos que podem ser aplicados na canalização e no assentamento da pura energia de cura. Seis facetas naturais unem-se com precisão para formar o ápice. O cristal apresenta seis lados e acomoda a força da luz na base. Esses cristais podem mostrar-se nebulosos na base e límpidos no topo, refletindo o arco-íris, exibindo espectros e intrincadas inclusões ou apresentando-se completamente puros. Cada cristal gerador singular possui identidade própria, carregando história, experiências e lições próprias. Têm grande personalidade individual e se convertem facilmente em bons amigos e aliados na cura. Podem nos ensinar a concentrar, focar e ampliar nossa energia curativa. Eles demonstram com seu exemplo como canalizar a radiante força de luz para nosso ser e nosso mundo.

Os cristais geradores constituem exemplo de uma estrutura física pura o bastante para irradiar luz branca ao plano físico. Eles são apenas isso – geradores de força cósmica. Sua forma geométrica perfeita permite a concentração e a devida distribuição dessa energia na vida das pessoas que os manipulam e recebem sua energia curativa. Esses cristais também intensificam e dirigem a energia daquele que cura durante sua canalização através dos cristais. São ideais para aplicação em meditações e sessões de cura. Podem ser usados em disposições que conduzam o fluxo de energia de um chakra a outro. Basta voltar a terminação do cristal na direção em que se deseja que a energia flua. Pode-se também segurá-los diretamente acima dos pontos de chakra para purificar e recarregar os centros de energia (veja no Capítulo 3 o item "Disposições para cura pelos cristais").

O tamanho dos cristais geradores pode variar de 6 milímetros a 91 centímetros. Pode-se levá-los consigo ou colocá-los nos locais mais evidentes ou sagrados. Trata-se de peças poderosas a serem sempre usadas com respeito e sabedoria.

Os cristais geradores de quartzo transparente e singular são os mais comuns e expressam claramente com sua presença a habilidade que todos nós possuímos de ser claros, concentrados e orientados para a expressão da luz. Ametistas, citrinos e quartzos enfumaçados de terminação única também formam cristais geradores, cada qual canalizando a própria essência particular. Por exemplo, a ametista canaliza o raio violeta da devoção e revela-se ideal para aplicação sobre o centro do terceiro olho.

Esses cristais também se encontram em processo de evolução. Quando sintonizados e manipulados, é bem possível que se tornem mais límpidos, mais radiantes e capazes de conter maior quantidade de luz.

Agregados de cristais

Os agregados formam-se de cristais com terminação única que compartilham uma base comum. Trata-se de vários cristais singulares que vivem todos juntos em harmonia e paz. Representam uma comunidade evoluída, em que cada membro é individualmente perfeito e único, mas possui uma base comum, uma verdade comum, com todos os outros. Nos agregados, todas as unidades associam-se para colher os benefícios de viver, aprender e compartilhar uma sociedade avançada. Os cristais singulares refletem luz de um para o outro, e todos banham-se no fulgor coletivo. A luz áurica que cerca o agregado de quartzo é muito radiante e forte.

Pode-se deixar esses cristais em locais em que se queira criar uma vibração curativa mais forte ou purificar a atmosfera. Por exemplo, se ocorreu uma discussão em certo recinto, agregados de quartzo podem ser colocados no ambiente para purificá-lo de energias e sentimentos negativos. Pode-se também colocá-los entre duas pessoas em meditação para gerar mais harmonia entre elas.

Para purificar e energizar pedras curativas, cristais ou joias, ponha-os sobre agregados grandes por, no mínimo, três horas. Fotografias de amigos ou da família podem ser colocadas sobre ou próximo a agregados de quartzo, a fim de direcionar um raio de energia positiva a entes queridos por todo um dia e noite. É possível aplicar os agregados diretamente sobre os centros de chakra, para dissolver quaisquer influências negativas ou indesejáveis. Isso permite a um indivíduo ligar-se à própria fonte de luz e equilibrar-se.

Pode haver centenas de pontas terminais em um agregado de quartzo ou apenas dois. Os menores são ideais para aplicação em disposições para cura pelos cristais (veja no Capítulo 3 o item "Carga de energia básica"), ao passo que os maiores costumam ser colocados em altares, escrivaninhas, balcões, parapeitos, mesinhas de cabeceira ou qualquer lugar onde possam refletir seu brilho. Os agregados constituem presentes maravilhosos para lares cujos ocupantes precisam se harmonizar e cooperar entre si.

Os mais populares e acessíveis são os agregados de quartzo transparente, embora os dos demais membros da família do quartzo sejam igualmente belos. Outros minerais como a fluorita ou a wulfenita também formam agregados primorosos. No mínimo, os agregados apresentam-se como um incrível trabalho de beleza natural, proporcionando um extremo prazer aos sentidos, bem como à alma, quando contemplados.

Cristais de dupla terminação

Quando as seis faces de um quartzo unem-se para formar uma ponta, nasce um cristal terminado. Quando ambas as extremidades apresentam-se dessa maneira, formam-se os cristais de dupla terminação. Essas formações especiais possuem a capacidade de atrair, bem como emanar energia de qualquer uma de suas pontas. Reunindo as energias em seu corpo central, um cristal de dupla terminação pode, assim, projetar essa essência unificada por ambas as pontas. Essa combinação de forças permite a aplicação desse tipo de cristal em meditações especiais e práticas telepáticas avançadas.

Esses cristais são completos em si mesmos. Atingiram uma ponta terminal perfeita em ambas as extremidades. Em vez de se desenvolverem em uma superfície rochosa dura, como as terminações singulares, os cristais de terminação dupla formam-se em meio à argila mais macia. Não conhecem limites nem fronteiras e alcançaram a plenitude em cada uma de suas extremidades polares. Eles nos ensinam que é possível atingirmos o equilíbrio em nossa expressão dual de espírito e matéria. Simbolizam a integração de ambos os mundos em uma única forma e nos mostram que todas as polaridades se encontram no centro. Os cristais de dupla terminação emanam um senso de unidade pessoal e são ideais para aplicação em pessoas mental ou emocionalmente desequilibradas. Ao segurar um desses cristais em cada mão, mesmo que por cinco minutos, um indivíduo vai se acalmar e passar a um estado de maior estabilidade mental e emocional.

Quando ocorre bloqueio de energia negativa em tecidos, órgãos ou aura do corpo, os cristais de dupla terminação podem ser colocados ou suspensos sobre as áreas afetadas. Isso criará um vórtice de energia que vai desanuviar e dissolver energias estagnadas ou inúteis. Podem ser aplicados nos centros da cabeça (como o terceiro olho ou o topo da coroa) para expandir a consciência e combinar de modo harmônico o lógico e o intuitivo, o físico e o espiritual. É possível também segurá-los diretamente sobre diferentes regiões do cérebro para estimular aspectos não desenvolvidos da personalidade ou da consciência. Talvez esse tipo de tratamento possa evoluir para uma cirurgia cerebral futurista a *laser* com cristal. Ao lidar assim com cristais de dupla terminação, é possível romper bloqueios mentais renitentes que criam comportamentos viciosos e atitudes doentias. Apagando-se esses antigos programas, torna-se possível, então, recriar conscientemente uma perspectiva positiva do mundo e da vida de um indivíduo.

Os cristais de dupla terminação podem ser suspensos sobre os pontos de chakra e girados em sentido horário para desobstruir e abrir esses centros. É aconselhável empregar uma ametista de dupla terminação sobre o terceiro olho, um citrina de dupla terminação sobre o umbigo e um quartzo enfumaçado de dupla terminação sobre o chakra da base. Os cristais de dupla terminação são ideais para colocação entre os chakras em disposições de cura para integrar e harmonizar os centros de energia. Eles ajudam a dissolver bloqueios que porventura impeçam o devido fluxo de energia pelo corpo. Também se revelam maravilhosos para aplicação nos pontos abaixo dos olhos e no rosto, onde aparecerem linhas de tensão. Esse tipo de procedimento facial da Nova Era pode reverter o processo de envelhecimento ao liberar a tensão que o gera, rejuvenescendo os tecidos sensíveis da face.

Aprimoramento da telepatia

Outra aplicação fascinante dos cristais de terminação dupla consiste em aguçar e aprimorar poderes telepáticos. Trabalhando com um parceiro com quem se harmonize bem, esses cristais podem ser usados para unir mentes e pensamentos individuais, estabelecendo uma conexão mais forte com a mente universal. Exercícios de meditação como esse devem sempre suceder afirmações positivas, para cercar os praticantes de uma protetora luz branca. Para realizar tal prática mental, decidam quem receberá ou projetará os pensamentos primeiro. Cada um vai segurar um cristal de dupla terminação. Sentem-se de pernas cruzadas, com a coluna ereta, bem à frente um do outro. O emissor do pensamento vai segurar o cristal com a mão direita e colocará uma das extremidades no centro do terceiro olho, com a outra ponta voltada para o terceiro olho do parceiro. O receptor terá o cristal na mão esquerda, com as terminações na mesma posição da do emissor. O receptor deve, então, manter-se bem calmo, atento e alerta aos pensamentos que estão sendo focados, visualizados e projetados pelo emissor. Comecem primeiro a focar e emitir a imagem de uma cor; a seguir, a de um número, e avancem depois enviando pensamentos mais específicos e mensagens pessoais. Ambos devem agir como emissor e receptor para desenvolver tanto os aspectos passivos quanto os ativos da comunicação psíquica. Com a prática regular, essa meditação pode estabelecer um forte elo telepático entre duas pessoas, permitindo-lhes se comunicarem mesmo a quilômetros de distância. Os cristais de dupla terminação servem também para orações e meditações pessoais, para emitir pensamentos de paz ou ratificar positivamente metas pessoais.

Grandes cristais geradores

Os grandes cristais geradores constituem instrumentos de vasto poder e devem ser utilizados com sabedoria e cautela. Ajustados de modo adequado, tornam-se um sinal de luz que concentra e projeta um *laser* de alta potência capaz de abrir passagens no plano etérico para o plano material. Deve-se tomar cuidado ao lidar com esses cristais. É muito importante projetar neles apenas os mais positivos pensamentos humanitários, pois ampliam e intensificam conceitos em até mil vezes. Por isso, são ideais para uso em meditações em grupo e círculos de prece para a paz mundial. O emprego de grandes geradores consiste em uma das técnicas mais poderosas para a geração de uma transformação no mundo. A aura planetária é extremamente suscetível aos nossos pensamentos e projeções. Essas formas mentais criam a realidade física em que vivemos. Se conseguirmos encher a atmosfera terrena com pensamentos de paz e amor, a Terra não terá outra escolha a não ser manifestar esses pensamentos na vida e no coração das pessoas em toda parte. Os grandes cristais geradores constituem uma dádiva inestimável ofertada a este planeta como instrumento de transformação planetária. Se tais peças de poder forem alguma vez mal-empregadas para fins egocêntricos e interesseiros, as ramificações kármicas poderão se revelar bastante prejudiciais a quem delas abusar. Use-as com sabedoria.

Os grandes cristais geradores existem em pequeno número. Alguns chegam a um 1,30 metro e são perfeitamente límpidos. Outros apresentam-se menores (de doze centímetros a um metro), todos com sua própria personalidade e aspecto. Esses cristais podem servir para práticas pessoais de meditação ou, em sessões de cura, para ratificar afirmações positivas (veja no Capítulo 2 o item "Meditação curativa em grupo"). Eles devem ficar a prumo, com a terminação voltada para o céu, quando aplicados em curas ou meditações. Em alguns casos, um suporte de madeira pode ser providenciado, para ajudar a manter a posição. Ao se lidar com grandes cristais geradores, outros menores de quartzo transparente (de cinco a quinze centímetros) podem ser mantidos junto ao coração ou ao terceiro olho (com as terminações voltadas para fora, em direção ao gerador maior), para projetar pensamentos, preces ou afirmações positivas no cristal grande. Quando o gerador maior recebe essas impressões psíquicas, às quais é tão suscetível, amplia esses pensamentos e dirige suas intenções para o plano etéreo. Através da penetração do raio *laser* do gerador maior na esfera mental mais sutil, podem se alterar os padrões existentes. Isso, por sua vez, vai se manifestar no mundo físico. Por exemplo, se alguém está tentando deixar de fumar, a ideia e a visualização de estar completamente livre do vício podem ser projetadas em um gerador grande. O cristal semeará essa impressão a fundo no plano mental, que, se nutrida, germinará na realidade desejada.

Quando se lida com grandes cristais geradores, o éter torna-se muito aberto e um grande poder, acessível. Tais cristais servem como um circuito desimpedido de comunicação em duas vias, emitindo projeções bem como recebendo e assentando energias mais elevadas na Terra. Para obter informações ou conhecimentos do cristal e de esferas mais sutis, devem se apontar as terminações de geradores menores mantidos na mão para o terceiro olho. Tais impressões são sutis, e a mente talvez necessite de treinamento para percebê-las e interpretá-las.

Os grandes cristais geradores podem servir a uma variedade de finalidades. É possível aplicá-los de muitas maneiras. Eles conduzem mensagens telepáticas, livram a atmosfera de energias negativas, energizam a aura ou são usados em práticas tântricas brancas especiais entre duas pessoas de disposição semelhante. Para praticar esse tipo específico de meditação, sente-se diante de seu parceiro com as palmas das mãos unidas e o grande cristal gerador em posição vertical entre vocês. Uma vez sentados de olhos fechados, respirem fundo e concentrem-se na energia que se forma entre vocês. O grande cristal gerador aumentará o campo de força de ambos os praticantes e fundirá essas energias. Deve-se praticar tal meditação apenas quando duas pessoas optam por se unir nos níveis físico, mental e espiritual. Pode-se praticá-la todos os dias, embora cada sessão não deva ultrapassar onze minutos. Trabalhar desse modo com o grande cristal gerador fortalece o sistema nervoso, capacitando-o a conduzir uma voltagem elétrica maior ao longo de todos os nervos do corpo. Isso permite trazer maior quantidade de força de luz para dentro das estruturas físicas. Além disso, purifica e revigora a aura. Tais efeitos também podem resultar da prática solitária de uma meditação semelhante. Para isso, sente-se à frente do grande cristal gerador e coloque as mãos sobre as laterais do cristal. Respire longa e profundamente enquanto se abre à essência do cristal e se torna bastante receptivo a sua luz. Novamente, não ultrapasse onze minutos e, caso se sinta atordoado, tire as mãos do cristal, afaste-se dele, coloque a testa no chão e respire fundo. Essas meditações específicas levam a luz e a energia do cristal para o seu próprio campo eletromagnético. Um poderoso vórtice de energia desce em forma de espiral até o gerador e irradia-se de modo a ser recebido pelo mediador. Essa luz, então, dispersa-se nas multicores do espectro, que, por sua vez, atingem diretamente a coluna vertebral central enquanto purificam, estimulam e equilibram todos os chakras. Ao lidar com esse tipo de fonte energética poderosa, é importante estar física, mental e emocionalmente equilibrado. As meditações antes mencionadas farão vibrar os núcleos dos átomos que compõem o corpo físico e, assim, purificarão o veículo material para capacitá-lo a acomodar quantidades cada vez maiores de luz pura.

Por favor, use esses cristais com respeito e o máximo discernimento, não expondo suas energias a pessoas que não saibam como aplicá-las.

Cristais tabulares

Trata-se de um cristal de vibração muito alta, raramente reconhecido pelo poder incutido em seu interior. Ele possui uma frequência de energia diferente da de qualquer outra configuração de quartzo. Até hoje, todo o seu potencial não foi devidamente reconhecido nem utilizado. Esse tipo de quartzo não se encontra em todas as minas de cristal e tende a ser uma especialidade rara, digna de celebração quando encontrada. Os tabulares são cristais muito fortes e poderosos. Em termos simples, trata-se de cristais de quartzo achatados, com dois dos seis lados opostos maiores e mais largos. Em geral, apresentam-se com dupla terminação e, em ocasiões especiais, vivem juntos em agregados.

Os cristais tabulares servem como ponte ou elo entre dois pontos quaisquer. Seu poder reside na habilidade de transmissão de um lado a outro, mantendo um equilíbrio perfeito. Trata-se de um comunicador de ligação que sempre se esforça para equiparar energias unindo os polos com uma base comum. Revelam-se excelentes no equilíbrio de energias entre duas pessoas, dois chakras ou dois elementos quaisquer. Quando utilizados em disposições de cura pelos cristais, pode-se colocá-los entre dois pontos de chakra para estabelecer um elo e integrar as energias. Por exemplo, pode-se interpor um tabular entre os centros do coração e da garganta a fim de permitir maior expressão verbal do amor. Ou então dispor outro entre o coração e o plexo solar para equilibrar os corpos superior e inferior, liberando assim emoções negativas. Também é possível direcioná-los para os centros cerebrais a fim de equilibrar os hemisférios do cérebro e alinhar o intelecto com a intuição. Os tabulares podem ser mantidos nas mãos ou colocados entre duas pessoas que optem por alinhar e harmonizar suas energias. Constituem maravilhosos conselheiros matrimoniais, uma vez que ajudam a estabelecer pontes sobre quaisquer brechas em comunicação ou compartilhamento. Os de dupla terminação podem ser programados e usados em comunicação telepática entre duas pessoas quaisquer de disposição semelhante. Um indivíduo programaria o cristal e o outro reaveria as informações sintonizando-se psiquicamente com o cristal. Essa forma avançada de correspondência pode evoluir, consistindo em um dos métodos de comunicação da Nova Era.

Em casos de histeria emocional ou extrema angústia mental, pode-se segurar um cristal tabular em cada mão para equilibrar os fluxos de energia no corpo e ajudar a pessoa a estabelecer comunicação com seu eu superior. Notam-se os resultados quase de imediato quando uma cura ocorre em nível mental, permitindo que se estabeleça o vínculo entre a força da alma e a personalidade. Os tabulares não quebram velhos padrões mentais; em vez disso, servem como ponte entre os eus superior e inferior, exterior e interior. É aconselhável carregar alguns em um estojo de primeiros socorros ou no próprio corpo para casos de emergência.

Em meditações avançadas, podem-se utilizar cristais tabulares para estabelecer uma comunicação consciente com entidades desencarnadas, seres extraterrenos ou relações pessoais de vidas passadas. Essa comunicação em nível espiritual requer uma mente em tranquilo repouso bem como afinidade e relacionamento pessoais com o cristal tabular em uso. Tais meditações exigem uma mente treinada, não se devendo empreendê--las sob a influência de qualquer substância externa (drogas ou álcool). Para praticar esse tipo de meditação, sintonize-se com o cristal segurando-o com a mão esquerda e colocando-o junto a cada ponto de chakra durante vários minutos, para formar uma ligação entre todos os seus centros de energia e o tabular. Por fim, assente o cristal no topo da cabeça enquanto se concentra nessa área. Visualize um vórtice de energia descendo em forma de espiral através do chakra da coroa e deixe-o pousar sobre o terceiro olho. Use o sexto sentido e permita à mente interior interpretar símbolos, imagens, impressões ou mensagens recebidos. Confie sem hesitação nas lições obtidas ao praticar tais meditações e empenhe-se em integrar essa nova informação à vida diária.

Os cristais tabulares comumente tornam-se peças pessoais de meditação ou professores particulares por estabelecerem um elo tão forte entre você e seu eu superior. Eles serão atraídos por pessoas capazes de sintonizar melhor sua frequência e beneficiar-se de seu poder. Em geral, aparecerão em cena nos estágios cruciais de desenvolvimento, quando se estiver avançando para o próximo passo ou nível de conscientização e se necessite de um amigo para ajudar a cruzar esse limiar.

O cristal arquivista

Trata-se de um dos cristais mais sagrados já vistos ou manipulados. Podem armazenar éons de sabedoria e, quando apropriadamente sintonizados, revelam conhecimentos antigos e segredos profundos do universo. Tais cristais foram consciente e intencionalmente programados por seres de espírito mais elevado, criadores das frequências vibracionais que possibilitam à vida humana evoluir na Terra, ou por sua linhagem direta – relacionada aos atlantes ou lemurianos. Eram essas as raças que a princípio habitavam nosso planeta. Esses seres evoluídos vieram de muito além do sistema solar e, enquanto viajavam e evoluíam, guardaram na memória padrões de todas as lições e experiências de outros mundos e universos. Quando chegaram à Terra, deram origem à primeira raça-raiz, que agora está prestes a atingir a maioridade e o topo da evolução, permitindo acesso a esse inestimável conhecimento. Esses seres desejavam preservar os segredos do universo para que a alma humana, quando preparada, pudesse herdar uma fortuna de saber cósmico. Para isso, foram escolhidos cristais especiais. Estes foram programados com galáxias de informações e enterrados nas profundezas da Terra. No momento oportuno, viriam à superfície do planeta para serem usados pelas pessoas certas. Acredita-se, também, que os arquivistas simplesmente irão se materializar do ar quando chegar a hora de compartilhar suas experiências. Ao extrair tais informações, mundos inteiros de saber poderão ser abarcados pela alma humana.

O propósito de ter acesso às informações dos cristais arquivistas é duplo. Em primeiro lugar, saciar a sede de cada criatura pela verdade e por conhecimentos referentes à origem da raça e da alma humanas. Em segundo, quando os indivíduos vierem a conhecer essa verdade dentro de si e se sentirem ligados a sua origem, as metas humanitárias do planeta poderão ser alcançadas, pois cada pessoa se tornará um agente de cura na Terra.

Os arquivistas possuem um sistema próprio de segurança. Somente os puros de coração conseguem sintonizar sua consciência para receber os conjuntos de conhecimento contidos nesses cristais.

As almas de alta vibração têm agora a oportunidade de procurar esse conhecimento eterno e incorporá-lo a sua existência. Não se trata de informações cedidas livremente, mas de uma intensificação da luz própria de um indivíduo, um acesso mais profundo à sabedoria pessoal e a um nível maior de paz a serem aplicados em seu mundo. Não é uma energia curativa. É sabedoria.

Todos os cristais arquivistas apresentam um símbolo sagrado gravado em uma de suas facetas. Esses símbolos não são facilmente visíveis e, em geral, é preciso procurá-los colocando o cristal sob uma luz intensa e examinando com atenção todas as suas faces e facetas. Se for um arquivista, será encontrado um pequeno e perfeito triângulo equilátero em uma das seis faces que formam a terminação. Esses pequenos triângulos não constituem as facetas em si. Foram, de fato, gravados nos cristais. Ao passar o dedo sobre o triângulo, sente-se a denteação. Esse antigo símbolo universal de trindade representa o equilíbrio perfeito alcançado quando os aspectos físicos, mentais e emocionais de nosso ser alinham-se com um ponto de luz espiritual no topo. Trata-se, também, do símbolo do terceiro olho que tudo vê. O triângulo é o olho do cristal e serve como portal para a poderosa sabedoria. Esse símbolo no cristal arquivista indica vastos recursos sob sua superfície, passíveis de serem recuperados psiquicamente.

A civilização Atlântida ruiu porque houve abuso do poder cósmico, e o conhecimento universal foi mal-empregado, tendo objetivos egoístas. Vários dos atlantes que preservaram sua sabedoria programaram cristais arquivistas para recuperação em vidas futuras. Muito desse conhecimento sagrado manteve-se inacessível até agora. É de vital importância, contudo, assumir plena responsabilidade e nutrir total respeito e reverência por essa informação. Se esses cristais, ou o conhecimento que contêm, forem mais uma vez mal-empregados, pode ocorrer um dano tal que esse saber se tornará inacessível ao nosso planeta.

Lidar com um arquivista é uma responsabilidade muito grande. As informações recebidas podem diferir de tudo já visto ou experimentado. Pode haver dados armazenados em seu interior que não guardem absolutamente nenhuma relação com a vida física no planeta Terra. O receptor dos conhecimentos deve não só treinar a mente a estar aberta para captar conceitos inconcebíveis, mas também ser capaz de processá-los de algum modo em sua vida. Com treinamento avançado, esses cristais podem transportar a consciência a dimensões superiores e realidades maiores. A finalidade dessas experiências e do recebimento dessas informações extraordinárias não consiste em escapar do mundo aqui na Terra, mas incorporar o conhecimento, a sabedoria, a paz e o amor superiores ao nosso planeta. Quando a mente humana se expandir para abranger uma verdade maior e superior sobre a vida e o universo, todo o planeta evoluirá para a Era de Aquário.

Em termos gerais, os arquivistas constituem cristais pessoais de meditação, às vezes nem mesmo tocados ou vistos por outrem. Para meditar com um cristal arquivista, coloque o pequeno triângulo diretamente sobre o centro de seu terceiro olho, feche os olhos, tranquilize a mente, relaxe e se torne receptivo. Se estiver destinado a conhecer um deles, ele será atraído por você. Talvez até já possua um em sua coleção. Verifique se as inclusões brancas do cristal se assemelham a galáxias espiraladas e se alguma das facetas que formam a terminação apresentam um triângulo gravado nela. O tipo de cristal mais receptivo à programação como arquivista é o gerador de quartzo transparente e singular. Às vezes, ele também pode ser encontrado em agregados ou ametistas, citrinos e quartzos enfumaçados.

Cristais mestres

Esses cristais são completos em si mesmos, contendo vastos recursos de conhecimento pessoal e universal. Estão aqui para ensinar e não têm nada a aprender conosco, os humanos. São absolutamente únicos e não se parecem com nenhum outro. Cada um constitui seu próprio universo multidimensional. Às vezes, apresentam-se como agregados tabulares de dupla terminação ou grandes geradores perfeitamente límpidos. Podem surgir em qualquer combinação ou variedade de forma manifesta pelo quartzo. Você os reconhecerá por sua presença e autoridade, pois possuem uma essência régia que outorga respeito imediato.

Nos muitos anos em que lido com cristais, identifiquei apenas três desses magníficos professores. Pelo que sei, eles se destinam a indivíduos específicos. Quando uma dessas pessoas especiais é atraída por um deles, sabe de imediato que este se reserva ao seu uso e contém informações necessárias a seu próximo passo na evolução. Embora muitos sejam atraídos pela beleza e pelo poder dos cristais mestres, apenas pouquíssimos vão manipulá-los. Quando um cristal professor completar a transmissão de sua sabedoria a um aluno, seguirá adiante. Constitui, então, responsabilidade do aluno graduado liberá-lo para o próximo que reivindicar sua presença.

As maneiras de lidar com cristais mestres são bastante personalizadas. Eles mesmos comunicarão ao aluno a forma mais adequada de serem usados. Colocam-se alguns sob o travesseiro ou sobre a mesinha de cabeceira durante o sono, para ajudar o indivíduo em suas experiências fora do corpo. Certos cristais mestres gravam sonhos e lições da noite para posterior recuperação na manhã seguinte. Assim, auxiliam a integrar diferentes níveis de consciência. Outros são usados na meditação para iniciar experiências com a Kundalini, e outros ainda para serem utilizados em todas as ocasiões. Seja qual for o fim a que sirvam, atuarão diretamente sobre o processo do indivíduo, ajudando-o a dar o próximo passo. Esses cristais são amigos valiosos e extremamente confiáveis, pois sintonizam-se por completo com você e preocupam-se com sua satisfação.

Esses professores aparecerão em sua vida, se assim estiver determinado. Caso apareçam, aprecie sua presença, sintonize a mente para se comunicar com eles, aprenda suas inestimáveis lições, ame-os e, depois, dê-lhes liberdade para continuar sua missão com outra pessoa. Pode levar anos para se ter um, até mesmo uma vida inteira. Entretanto, se suas lições estiverem completas e alguém mais surgir em cena, ciente de que o cristal é seu professor, deve-se liberá-lo. Os cristais mestres constituem uma dádiva das mais preciosas, cujas lições finais consistem em desprendimento e compartilhamento.

Cristais arco-íris

Quando a pura luz branca difunde-se e expressa suas cores prismáticas multidimensionais, nasce o arco-íris. Cada uma das cores do arco-íris manifesta seu próprio raio único de luz com essência, vibração, presença e propósito distintos. Os arcos-íris constituem a manifestação mais próxima da pura luz branca visível no plano físico. Trata-se da segunda fase do desenvolvimento da luz pura para formas mais densas. Ao penetrar no plano físico, a luz se expressa de infinitas maneiras. Na realidade, tudo resulta do jogo dessa luz e suas cores sobre si mesma. Os arcos-íris compõem símbolos luminosos dos mais especiais, em cor panorâmica e formas multifacetadas. Representam toda a criação. Quando surgem após as chuvas, consistem em um sinal de esperança e renovação da vida. O arco-íris é um indício de que o sol está sempre atrás das nuvens da dúvida e da confusão.

Em ocasiões especiais, podem-se encontrar esses brilhantes representantes da luz em cristais de quartzo transparente. Tais arcos-íris optaram por viver dentro do santuário interno do mundo dos cristais. Os de quartzo possuem a notável capacidade de captar o raio do arco-íris e nos exibir sua glória e mágica. Esses cristais especiais de arco-íris são uma dádiva do universo para o bem-aventurado que estiver destinado a receber um.

Os arcos-íris encontrados em cristais dançam encantadoramente quando se vira e brinca com os cristais na luz. Eles nos ensinam a sermos multifacetados em nossa própria e única expressão de luz, embora ainda nos mantendo pura e coloridamente conscientes em todos os aspectos da vida.

Pode-se aplicá-los em meditação, para escoltar a consciência à esfera da cor pura. Nesse tipo de meditação, a conscientização humana é capaz de percorrer o raio do arco-íris por todo o caminho de retorno à fonte da luz pura, o grande sol central. Essa eterna fonte de luz é a base sobre a qual se constrói toda a realidade. Perceber, mesmo que de relance, ou sentir sua essência onipotente, mesmo que por um instante, basta para transformar por si só a natureza da vida de um ser. Quando se encadeia essa ligação universal, não há nada que não se possa realizar ou transformar. Quando a alma humana alinha-se com essa força cósmica, a realidade assume uma nova dimensão e o indivíduo torna-se pessoalmente capacitado. Para praticar meditações com cristais arco-íris, segure um na altura do olho e olhe fixamente para o arco-íris, permitindo que sua consciência perceba a verdadeira natureza da luz e da cor, ou feche os olhos e coloque o cristal junto ao terceiro olho, permitindo a sua essência conduzi-lo a uma viagem interior.

Os cristais arco-íris são maravilhosos para uso na cura de pessoas que sofrem de tristeza, mágoa ou depressão. Com o simples ato de se segurar um na mão esquerda e colocá-lo junto ao chakra do coração, essas sensações se neutralizam e se dissolvem, sendo substituídas por alegria, entusiasmo, confiança e amor. Quando o raio do arco-íris irradia sua mágica multicolorida para nossa vida, podemos servir melhor às forças de luz e amor. Utilize essas dádivas encantadoras com prazer e alegria.

Cristais projetores programados

Os cristais projetores podem se constituir de vários tipos de quartzo. Às vezes, trata-se de grandes geradores simples com uma base achatada sobre a qual se assentam. Outras vezes, empregam-se agregados ou cristais com dupla terminação mas que compartilham uma base achatada comum. Os pré-requisitos para qualificar um cristal projetor consistem na base achatada (e de preferência límpida) e no *mesmo* direcionamento das terminações. Isso permitirá a irradiação da projeção de maneira bem focada e concentrada. Esses projetores revelam-se ideais para uso em programação, pois conseguem emitir pensamentos e imagens que lhes são transferidos.

Para programar esses cristais, leve a terminação do cristal ao centro do terceiro olho e projete uma imagem, pensamento ou prece no cristal. Ele receberá as sutis impressões mentais e vai projetá-las no ambiente de forma a ajudar na produção dos resultados desejados. Tais projeções podem representar energia curativa enviada a outras pessoas, afirmações positivas, metas desejadas ou preces planetárias. Seja qual for a projeção, veja-a com clareza através do olho da mente e, depois, irradie-a para a base receptiva do cristal. Ao enviar energia curativa a outrem, pode-se colocar uma foto dessa pessoa sob o cristal para ampliar seu efeito. No caso de afirmação de metas pessoais, é possível escrever um breve resumo e colocar o papel debaixo do cristal. Ao enviar luz para o planeta, pode-se colocar uma pequena ilustração do mundo próximo ao projetor de modo a intensificar seus efeitos. Programando-se assim os cristais, pensamentos positivos e conscientes continuam a emanar deles durante todo o dia e à noite, quando sua atenção deve se fixar em outros lugares. Com a manutenção da ocorrência constante da projeção de um pensamento, o resultado desejado revelará uma possibilidade muito maior de se manifestar em um espaço mais breve de tempo. Esses projetores carregarão as impressões até serem limpos. O método água-sol é o melhor quando se fizer necessário cancelar a programação anterior e preparar o cristal para uma nova projeção.

Também é possível programar cristais dessa maneira quando for preciso criar determinada atmosfera ou antes de ofertá-los como presentes. Por exemplo, se você vai receber a visita de um amigo muito especial, programe um cristal projetor com imagens dessa pessoa divertindo-se plenamente, relaxando e enchendo-se de energia positiva. Ou então programe-o com pensamentos semelhantes e o dê de presente, para dar continuidade e fortalecer a amizade após a visita. Além disso, é sempre bom dar cristais programados a indivíduos internados em hospitais ou acamados. Envie sua energia curativa ao cristal e, quando for oferecê-lo, certifique-se de que as terminações estão diretamente voltadas para o receptor da energia. As sutis projeções programadas nos cristais encherão o ambiente com pensamentos positivos e energia curativa, produzindo um efeito definitivo, embora não se compreenda isso de forma consciente. As sementes serão plantadas no subconsciente e, no momento oportuno, brotarão, florescendo.

Os cristais também podem ser programados com sua presença e colocados em ambientes dos quais você gostaria de fazer parte e com os quais deseja manter uma ligação. Se um amigo vai a um lugar especial ao qual você não pode ir, projete sua essência em um cristal e peça-lhe que o leve em seu lugar. Assim, uma parte de sua presença vai acompanhá-lo. Ao deixar esses cristais em lugares especiais do planeta (pirâmides, templos, montanhas sagradas etc.), é possível estabelecer uma ligação psíquica com pontos de poder na Terra e atrair suas energias enaltecedoras.

Bolas de cristal

As bolas de cristal de quartzo puro possuem um poder com o qual devemos nos sintonizar, treinando-o antes de poder utilizá-lo. Elas sempre foram um símbolo do oculto, da sabedoria misteriosa e da adivinhação. Trata-se de objetos de domínio capazes de exercer grande influência no desenvolvimento de habilidades psíquicas. Ao olhar fixamente para dentro delas, é possível enxergar o passado e sintonizar-se com o futuro. Por isso, vêm servindo como instrumentos de predição há milhares de anos. Quando videntes utilizam bolas de cristal em suas leituras, o que fazem é ver a imagem da aura de uma pessoa refletida ali. Uma vez capacitado a interpretar tais imagens, pode-se "ver" e saber muitas coisas sobre um indivíduo.

Para praticar esse tipo de exercício mental e desenvolver essa habilidade, sente-se diretamente em frente a um parceiro, com uma bola de cristal entre os dois. Olhe para a bola com os olhos semicerrados e deixe a mente se concentrar e se acalmar. Quando a visão interior do terceiro olho se abre, é possível enxergar padrões de energia refletidos na bola. Se a mente for treinada, esses padrões vão ganhar foco e se tornar claros. Confie de imediato no que vê e não hesite em expressá-lo com espontaneidade. À medida que esse fluxo de expressão intuitiva continua, é possível tornar-se tão sintonizado com a bola que as impressões visíveis em seu interior se revelarão tão claras e definidas quanto a própria bola. O desenvolvimento da arte de olhar com atenção para os cristais consiste em um meio de abrir o terceiro olho, que tudo vê, e enxergar além da ilusão de tempo e espaço.

As bolas de cristal de quartzo puro costumam custar caro, mas valem bem o preço se forem de fato utilizadas. Sua presença durante sessões de cura ajuda quem faz o tratamento a estabelecer maior sintonia com o receptor. A maioria não se apresenta totalmente límpida, exibindo redemoinhos de galáxias, nuvens delgadas ou até mesmo arco-íris em seu interior. Cada bola possui personalidade e aparência próprias a serem compartilhadas. Algumas são perfeitamente límpidas e transparentes. Estas são as que mais se prestam a meditações pessoais com objetivo de ganhar mais clareza e introspecção espiritual. Para praticar esse tipo de meditação, segure a bola com as palmas de ambas as mãos junto do coração ou do centro do terceiro olho. Depois olhe para a bola durante três minutos e deixe a imagem da pura luz branca incorporar-se à consciência. Continue assim por até trinta minutos, concentrando-se na conscientização do exterior da bola de luz para a experiência interior dessa luz.

As bolas de cristal constituem inestimáveis objetos de poder e, como todas as peças do gênero, devem sempre ser usadas com sabedoria e a melhor das intenções.

Cristais-fantasmas

Em raras ocasiões, ao contemplar o mundo interior de um cristal, encontram-se pequenas inclusões em formato de pirâmide. Esses espelhos internos são chamados de fantasmas e assemelham-se muito aos anéis de uma árvore, porque marcam o padrão de crescimento do cristal em sua evolução. Os cristais-fantasmas passaram por várias vidas de aprendizado incorporando a mesma forma física. Os fantasmas, em seu interior, registraram um período de crescimento no qual o cristal atingiu sua plenitude, parou de crescer e, depois, retomou o crescimento, transcendendo o esperado, rumo ao desconhecido. Alguns possuem muitas linhas internas de graduação que, quando sintonizadas, podem revelar segredos de sua vida interior.

Esses cristais são raros e intrigantes. Representam as multifases de desenvolvimento que se pode experimentar em uma vida. Constituem o ápice de conhecimentos obtidos pelo cristal em seus próprios e singulares ciclos evolutivos. É possível empregar esses preciosos instrumentos em meditação, para aprender a se aprofundar nos registros da própria alma. Ao olhar fixamente para dentro do fantasma, no interior do cristal, e em seguida fechar os olhos, levando a imagem para sua mente interior, pode-se percorrer as memórias dele e rastrear a genealogia de sua alma, retornando a sua origem. Não há exagero ao se mencionar o poder de tal experiência. Trata-se de uma viagem em que se embarca após anos, se não vidas, de purificação e preparo. Os cristais-fantasmas tendem a se revelar recursos poderosos nesse processo preparatório. Sua presença simbólica fornece pistas à vida multifacetada de todos nós e pode revelar à mente purificada a verdade sobre a multiplicidade da existência.

Se usados de modo adequado, esses cristais são capazes de destrancar as portas para os santuários sagrados da alma. São os portadores da chave para dimensões superiores e planos interiores. Trate-os com respeito e humildade, e eles lhe ensinarão mais sobre si mesmo do que jamais soube. As meditações com cristais-fantasmas requerem disciplina mental e paciência. É importante lembrar, ao praticá-las, que a mente normal e consciente não está acostumada a perceber as vibrações sutis emanadas por esses cristais. Treiná-la a acalmar-se o suficiente para interpretar essas impressões exigirá certo tempo. Entretanto, com perseverança e prática, o cristal-fantasma pode se tornar um professor dos mais valiosos e importantes para o aluno sincero.

Cristais caixa de luz

São estruturas de madeira retangulares ou quadradas com um buraco no centro para a instalação de uma pequena lâmpada. Colocam-se filtros ou uma tela gelatinosa sobre o buraco através do qual a luz passa pela caixa. Dispõem-se os cristais caixas de luz sobre os filtros. Quando empregados dessa forma, eles intensificam e projetam no ambiente os raios coloridos a serem aplicados em cura e elevação espiritual. Por exemplo, desejando-se produzir energia curativa durante uma disposição de cristais, pode-se utilizar um filtro verde e colocar um cristal com a terminação voltada para si. A fim de criar uma atmosfera pacífica de meditação, pode-se usar um filtro azul com um agregado no topo, para disseminar o tranquilizante raio azul. Quando aplicados dessa maneira, os cristais tornam-se intensificadores e ampliadores de frequências específicas de cor que, por sua vez, criam determinados ânimos ou efeitos. Quando luz e cor refletem-se assim através dos cristais, os mundos e a dimensão interior destes ganham vida, podendo ser vistos e apreciados.

Os cristais caixas de luz podem ser de base achatada, geradores simples ou agregados. O único requisito para servir como tal reside na capacidade de refletir luz da base para cima, através de todo o cristal. Os de base compacta de rocha são incapazes de desempenhar essa função. Os cristais caixas de luz costumam apresentar bases cristalinas e, com frequência, terminação dupla ou natural no fundo.

Se após a utilização de um cristal em uma caixa de luz com uma cor em particular você desejar usá-lo com outra cor, é melhor limpá-lo primeiro (o método água-sol basta). Os cristais caixas de luz são em geral quartzos límpidos, mas outros, como as pirâmides de fluorita, também podem ser utilizados e experimentados (veja adiante, no item "Fluorita", informações sobre *pirâmide de fluorita*).

Ametista

A ametista reflete o raio violeta, uma das cores para o centro do terceiro olho. Trata-se da cor visível em pores do sol especiais, quando o crepúsculo transforma a luz do dia em escuridão. Essa cor simboliza a mudança da consciência de um estado desperto normal para as regiões de lusco-fusco da conscientização alterada. Nesses momentos encantados de troca de energias, o raio da ametista reflete a essência mágica e a habilidade de transformar uma realidade em outra.

A ametista constitui uma das melhores pedras para uso em meditação. Como sua cor representa a vibração máxima do terceiro olho, pode ser colocada diretamente sobre essa área (com uma pessoa deitada com o rosto voltado para cima), a fim de conduzir a um estado meditativo. A persuasão gentil de uma ametista acalma temporariamente os processos de pensamento mundano que em geral inundam a consciência, de modo a fazer com que a mente se tranquilize. Essa pedra afasta a consciência de padrões egocêntricos de pensamento, atraindo a mente para uma compreensão mais profunda. Quando a mente se rende e os pensamentos cessam, vislumbres e sugestões de um conhecimento maior penetram na consciência. A energia da ametista mostra à mente como ser humilde para abrir a porta à mente superior. A calma e a paz interiores desencadeadas por essa pedra possibilitam ao indivíduo um mergulho no fundo oceano do silêncio, além de participar da serenidade existente além da constante atividade mental.

A ametista vem nos ensinar a lição da humildade. Ela se dispõe a mostrar à mente como se resignar no altar do eu. Só então pode-se cruzar o limiar da esfera do verdadeiro conhecimento e sabedoria. Apenas quando a mente perceber que existe algo maior que ela, que há limitações a suas concepções e que os sentidos podem distinguir unicamente uma pequena porção da verdade total, começará a compreender o significado da vida e da existência. Somente desvencilhando-se de tudo o que se acreditava ser real é possível conhecer a suprema realidade. Somente curvando-se é que a circulação pode correr para a cabeça, proporcionando a experiência da consciência superior. A ametista está aqui para dizer: "Solte e confie"; "abra mão de tudo para receber mais"; "resigne-se para ver além dos ciclos e das circunstâncias que consomem sua atenção e prendem sua consciência ao mundo físico"; "curve-se para fazer parte de um todo muito maior"; "esvazie-se para fartar-se por completo"; "seja humilde para que os poderes do universo possam dirigir e guiar seu curso".

Por desencadear sabedoria e maior compreensão, a ametista é muito útil a pessoas que se afligem pela perda de um ente querido. Sua presença leva ao consolo, uma vez que, subliminarmente, revela que não há morte, apenas transição e troca de formas. Ela aconselhará em silêncio: "Comemore a liberdade que seu ente querido encontrou; alegre-se porque a alma se libertou do confinamento do corpo físico; ajude no processo livrando-se de sua tristeza e, em vez disso, envie pensamentos de alegria e preces de amor". Lamentamos a morte apenas porque não fomos educados quanto à existência eterna da alma. Pode-se chamar a ametista de "a pedra da alma" por enviar sua mensagem a esse nível de existência. Ela é fonte de profundas experiências da alma. Por se comunicar diretamente com a alma, trata-se da pedra ideal para segurar ou com a qual meditar durante a experiência da morte. Quando ocorre uma forte identificação com a força da alma, a liberação do corpo físico temporal acontece de modo mais fácil, e a transição da morte pode, então, dar-se com confiança e paz. É, portanto, a pedra ideal para oferecer a pessoas com doenças terminais ou para usar como preparação para uma experiência consciente de morte.

Devido ao efeito de tranquilização mental, a ametista aplica-se a estados de extenuação, tensão e opressão da mente. Trata-se de uma das melhores pedras para a cura de tensões ou enxaquecas, pois alivia a ansiedade mental que contribui para causar tais condições. Seu violeta compõe-se de matizes de azul e vermelho. O azul traz paz à energia ativa do vermelho. É, assim, recomendável para pessoas com tendência irascível, facilmente irritáveis (energias vermelhas). Pode-se segurá-las, usá-las ou meditar com elas quando o mau humor surgir, para recuperar o equilíbrio mental. Revela-se especialmente útil a pessoas que sofrem de pesadelos periódicos. Antes de dormir, segure um cristal de ametista junto à fronte e programe-o no sentido de guiar a mente com segurança pelo estado de sono. Depois, coloque-o debaixo do travesseiro e durma em paz. Qualquer um pode guardá-lo sob o travesseiro durante o sono para evocar sonhos agradáveis.

Cristais singulares ou pequenos agregados de ametista podem ser mantidos na mão esquerda (com a terminação voltada para o braço) durante a meditação, a fim de atrair sua energia para o corpo. Isso relaxará o organismo, tornando o indivíduo mais vulnerável e sensível a experiências meditativas. Os grandes agregados são ideais para se colocar em altares de meditação, como objetos de concentração a serem contemplados. Esse tipo de meditação treinará a mente a se manter concentrada e calma enquanto a conscientização volta-se para o mundo objetivo.

A ametista é muito boa amiga do quartzo rosa. Enquanto o suave violeta da primeira acalma a mente, o delicado rosa do segundo conforta o coração. Ambos podem ser usados juntos em sessões de cura, como joias ou em meditações, para gerar um equilíbrio pacífico entre as energias mental e emocional.

Felizmente, os cristais de ametista são abundantes e fáceis de achar. Por serem uma das formas cristalinas mais belas, costumam ser encontradas ocasionalmente em lojas de variedades bem como na maioria das casas de pedras. Variam em cor de um intenso violeta-escuro até um branco quase límpido, com apenas nuances de violeta. Em termos gerais, quanto mais claras ou mais escuras, mais valiosas e caras. As gemas escuras costumam ser cortadas e facetadas, equiparando-se em qualidade, beleza e preço a outras pedras preciosas. Costumam ser mais bem engastadas em ouro e usadas como joias, exibindo sua beleza e recebendo os efeitos especiais dela. Agregados, geradores simples e geodos de ametista são maravilhosos e vitais complementos em uma coleção de cristais curativos. Em geral, colocam-se os pequenos agregados sobre a área do terceiro olho durante as sessões de cura. Os geradores simples podem servir para rastrear os meridianos a fim de equilibrar fluxos sutis de energia. Já os pequenos cristais simples costumam ser engastados e usados com a terminação voltada para baixo, de modo a dirigir o fluxo de sua energia para o corpo.

Quartzo rosa

O quartzo rosa representa a pedra fundamental do chakra do coração. Sua energia é essencial à autorrealização e à paz interior. Seu rosa suave e calmante alivia e cura quaisquer mágoas acumuladas no coração. Trata-se da pedra daqueles incapazes de experimentar a alegria da vida porque nunca lhes deram amor. Destina-se a pessoas que não conheceram a verdadeira essência do amor e, assim, são incapazes de ter acesso às esferas interiores do coração. Como um membro importante da família do quartzo, herda intensidade dinâmica e poder de cura. Além disso, manifesta uma vibração tranquila do suave e doce rosa.

É comum que, ao longo de sua criação, as crianças não recebam o amor e o estímulo vitalmente necessários ao desenvolvimento de uma autoimagem positiva. Sem a satisfação de necessidades emocionais básicas, uma criança concluirá, em seu subconsciente, que não merece amor e, em decorrência, não saberá amar a si mesma nem dar e compartilhar amor com os outros. As crianças que sofrem esse tipo de privação crescem com atitudes sobre si mesmas e a vida que perpetuam seus sentimentos de solidão e inutilidade. Sem se sentir bem consigo mesmo, é difícil atrair circunstâncias positivas e relacionamentos satisfatórios. Infelizmente, os adultos que nunca receberam amor na infância costumam ser incapazes de dá-lo a seus filhos, e o círculo vicioso continuará.

A menos que uma profunda cura interior ocorra e essas marcas primordiais se apaguem, há pouca possibilidade de paz interior e genuína felicidade. O quartzo rosa cura esse tipo de chaga interior. Ele ensina o poder do perdão e reprograma o coração a se amar. Ensina que a fonte de amor emana do eu e, a partir dessa fonte de amor infinito, pode-se sanar qualquer mágoa, não importando quão profunda ou dolorosa ela seja. Ao tratar o coração, esse quartzo mostrará também que a lição contida em muitas experiências negativas da infância destinava-se ao aprendizado do eu em relação a se amar e a se autossatisfazer.

O quartzo rosa penetra com gentileza nas câmaras interiores do chakra do coração, onde se registram e armazenam todas as experiências emocionais. Ao ver o trauma ali gravado, ele estabelece uma relação de empatia, compreende-o e começa a dissolver as cargas acumuladas que reprimem a capacidade do coração de dar e receber amor. É como uma sábia anciã que conhece todas as respostas e pode curar com um mero olhar. Ao sentir a energia desse quartzo, a alma suspira de alívio, intuitivamente ciente de que enfim a cura chegou. Essa divina essência do quartzo rosa começa a circular por todo o chakra do coração, trazendo estímulo e consolo interior. Ante a presença do amor, as tristezas, os temores e os ressentimentos que comprimiam seu fluxo são substituídos por um profundo senso de realização pessoal. Isso forma a base sobre a qual a paz e a satisfação interior tornam-se uma realidade pessoal.

A consumação desse processo de cura através do quartzo rosa pode levar muitos meses ou até anos, dependendo da profundidade da dor internalizada e da disposição pessoal para reprogramar o coração. No desenrolar do tratamento, prepare-se para relembrar muitas experiências passadas e esquecidas que a princípio criaram a tensão emocional. Deixe as lágrimas fluírem, encorajando a liberação de sentimentos reprimidos. Durante esses momentos de vulnerabilidade, sempre leve consigo uma peça ou use uma joia de quartzo rosa. Trata-se da ocasião em que suas energias serão internalizadas e dedicadas ao próprio restabelecimento. Procure reservar um tempo de tranquilidade e paz para si e para estar com pessoas que compreendam e saibam da crise curativa que ocorre. Esses períodos revelam-se ideais para praticar o poder da afirmação positiva enquanto você se convence de quanto se ama. Mire-se no espelho, parado nu diante dele, e diga a si mesmo como você é belo. Fite-se nos olhos e expresse apreciação por tudo o que passou. Reprograme-se enquanto ouve o que tem a dizer e comunique a si mesmo seus mais profundos e sinceros segredos. Conscientemente, preencha todas as lacunas e aprenda a confiar em si mesmo – não importa o que aconteça, você nunca faltará a você! Esse tipo de amor-próprio constitui a única base real de segurança. Todas as outras formas de apego na vida destinam-se a mudar, e apenas o eu, unido a si mesmo, forma a base à qual se pode efetivamente, e com maturidade, adaptar todas as alterações da vida.

Se você estiver tratando alguém com cristais e desejar aplicar o quartzo rosa sobre o chakra do coração, prepare-se para desabafos emocionais e o afloramento de lembranças e sentimentos reprimidos e muitas vezes esquecidos. Nos dias subsequentes à sessão de cura, esteja de prontidão para consolar, aconselhar e ouvir, pois essa é uma das atividades extracurriculares exigidas por esse quartzo. Ao empregá-lo em sessões de cura, recomenda-se usar pelo menos três pedras. Coloque uma diretamente sobre o ponto do chakra do coração (no centro do peito, em linha direta com os mamilos), e as outras duas acima e abaixo dessa. Se tiver mais duas peças, disponha-as a cada um dos lados daquela do centro, criando uma formação em cruz no peito. A kunzita e a turmalina rosa também são pedras do chakra do coração (veja suas finalidades específicas adiante, respectivamente nos itens "Kunzita" e "Turmalina rosa"), podendo-se aplicá-las em conjunto com os poderes curativos internos do quartzo rosa. Representará um benefício adicional apor um cristal de ametista na testa e um citrino no umbigo, para equilibrar as energias mentais e físicas, enquanto o quartzo rosa realiza sua cirurgia emocional no coração. Avise aos clientes que, após a sessão de cura com quartzo rosa, é provável que fiquem muito sensíveis, vulneráveis e emotivos.

Aconselhe-os a tomar um cuidado especial e regalar-se com coisas prazerosas por no mínimo vinte e quatro horas. O quartzo rosa pode também servir a disposições para equilíbrio dos chakras, como peça central para reenergizar o chakra do coração, ou em qualquer outra disposição (veja o Capítulo 3).

Uma vez estimulado e curado com a essência do quartzo rosa, o coração torna-se solo fértil para o crescimento de flores do amor. Quando se implanta e infunde o suave raio rosa na aura, flores de satisfação desabrocham e pode-se conhecer o verdadeiro significado do amor. Somente após aprender a dar amor em primeiro lugar ao eu é possível amar verdadeiramente os outros. A menos que se esteja realizado no íntimo, sempre haverá expectativas e desapontamentos quanto ao amor recebido. Entretanto, se o coração em si estiver íntegro, então o amor compartilhado será puro e não apresentará expectativas atreladas a ele. Quando se penetra na eterna nascente do coração, o próprio ato de dar reabastece o amor, e o compartilhamento torna-se a recompensa. Ao aprender a amar genuinamente nesse nível, a mera presença de um indivíduo revela-se curativa àqueles que o cercam, e seu ser irradia luz. O verdadeiro amor constitui o maior grau alcançado no chakra do coração, e esse processo inicia-se com o quartzo rosa.

O quartzo rosa apresenta-se de muitas formas. As mais populares, fáceis de encontrar e baratas são as pequenas pedras roladas, que se revelam ideais para aplicação em disposições de cura ou para se levar em bolsos ou bolsas. As lapidadas em forma de cabochão ou facetadas costumam apresentar melhor qualidade, mas também preço maior. São ainda maravilhosas para uso em disposições ou pode-se engastá-las em ouro e usá-las como joia. A joia de quartzo rosa tornou-se bastante popular hoje em dia e pode ser encontrada como uma pedra de variados tamanhos e em formas singulares. Os colares são perfeitos para se usar porque ficam em contato com o peito e estimulam muitos pontos do chakra do coração. Os agregados são raros, difíceis de encontrar e geralmente bem caros. Ainda mais raros são os geradores simples. Se achados e adquiridos, tais agregados ou geradores simples consistiriam em um item valioso para qualquer coleção de cristais ou uma peça de poder excepcional para aplicação em sessões de cura.

Quartzo-citrino

O quartzo-citrino reflete uma cor que varia de dourado-claro a castanho-escuro. Esse importante membro da família do quartzo destina-se especificamente ao chakra do umbigo. Seu raio amarelo estimula a atividade em todos os sistemas físicos. Sua energia assemelha-se à do sol; aquece, conforta, penetra, energiza e dá vida.

A consciência associada ao centro do umbigo é a do poder físico e material. Ao aprendermos que a abundância constitui nossa herança divina, a energia do citrino estará presente para nos ajudar a atrair as riquezas da Terra. Uma vez que o chakra do umbigo esteja evoluído e purificado, é possível atrair as riquezas materiais necessárias para se viver como deuses sobre a Terra. O que de fato acontece nesse estado de consciência é que se está tão sintonizado com a força de luz criativa que, ao simplesmente esclarecer, definir e projetar o que se deseja, isso será atraído como por um poderoso ímã. É muito importante usar esse poder de atração e manifestação apenas para o bem supremo. Se for empregado para fins egoístas, o que se atrai se tornará uma fixação que, eventualmente, acarretará perda e tristeza ao possuidor. Pode-se aplicar o citrino para desenvolver a força de luz ao redor e no interior do corpo físico, para que se possa direcionar e conscientemente utilizar o poder de criação.

O chakra do umbigo representa o principal centro da manifestação física. Quanto às pessoas de consciência completamente apegada ao materialismo do plano terreno, pode-se dizer que foram "apanhadas pelo umbigo". O domínio sobre esse centro de energia, um dos mais poderosos, testará o caráter e a integridade do indivíduo. É muito fácil apegar-se aos prazeres e às riquezas da Terra. Mas, com isso, perde-se a visão da fonte de origem de toda riqueza e se é absorvido pela ilusão da Terra. Apenas quando o centro do umbigo é regido pelo chakra da coroa é que sua energia pode ser canalizada de modo apropriado, sem medo de se tornar cativo de prazeres transitórios.

Uma das cores do chakra da coroa é o dourado. Esse raio manifesta-se em citrinos de alta qualidade que podem ajudar a canalizar a pura energia da coroa ao umbigo, para sua aplicação em manifestação consciente visando fins criativos. A transmissão do raio dourado para o corpo servirá para proteger e dirigir o uso dessa poderosa força criativa na vida de alguém. Para conduzir essa radiação durante uma sessão de cura, coloque uma gema de citrino facetada no umbigo e um gerador de citrino amarelo-dourado na coroa. Visualize um raio de luz dourado ligando o umbigo à coroa.

Por ser o umbigo tão intimamente associado ao plexo solar (que armazena lembranças emocionais), sua vitalidade física pode, com frequência, ser usurpada pelo vórtice solar. Podem-se, então, dispor agregados de citrino sobre o chakra do coração, o plexo solar e o umbigo para ajudar a reenergizar o corpo e alinhar o centro do umbigo com o do coração. Muitas vezes, a contração do chakra do umbigo resultará em problemas físicos como má digestão, infecções renais e da bexiga ou prisão de ventre. Podem-se apor agregados de citrino diretamente sobre as áreas afetadas, para romper e dissolver as correlações psíquicas e emocionais causadoras desses problemas físicos. Por exemplo, se uma pessoa está com prisão de ventre e não consegue digerir nem assimilar a comida de forma adequada, há possibilidade de também ser incapaz de se ajustar a perturbações externas em sua vida. O citrino é perfeito para fortalecer o corpo psíquico bem como o físico. Essa força adicional capacitará um indivíduo a se adaptar melhor às numerosas influências que afetam o estado geral de saúde pessoal. O citrino destina-se à digestão e à assimilação psíquica. Sua energia auxilia a transformar os eventos da vida, colocá-los em ordem e livrar-se do supérfluo. Tal habilidade permite fluir com a vida em vez de a ela se apegar.

No caso de pessoas excessivamente sensíveis e extremamente vulneráveis a energias e influências externas, o citrino pode ser usado, levado consigo ou aplicado em sessões de cura. A vibrante cor amarelo-alaranjada intensificará a quantidade de luz que cerca o corpo e, assim, criará uma aura positiva. Isso tornará a pessoa menos suscetível a vibrações e influências negativas. Trata-se de uma boa pedra também para situações em que se necessite de confiança e segurança. Ela se manifesta com firmeza e transferirá esse senso de certeza interior a sua aura. Por vibrar com a essência da pura luz dourada do chakra da coroa, tornará essa radiação uma realidade ativa em sua vida. O citrino de alta qualidade reflete o raio dourado com tal clareza, que vai irradiar essa positiva energia da luz solar em seu ambiente. Sob a forma de um grande gerador simples, os cristais de citrino podem ser engastados em ouro e usados com a terminação voltada para baixo. Desse modo, convertem-se em poderosos canalizadores de energia da coroa no corpo. O citrino desencadeia uma força vibrante maior onde quer que esteja e como quer que seja usado.

Essa pedra é a ideal para quando se está tratando de assuntos de existência mundana como negócios, educação, relacionamentos interpessoais ou questões familiares. A expressão dinâmica do uso apurado do poder espiritual dessa pedra pode se converter em auxílio para qualquer acontecimento ou situação da vida. Ao meditar com ela, sente-se um calor ardente emanado de dentro e de fora. Seu único desígnio consiste em manifestar a força da luz dourada no plano físico, e faz seu trabalho muito bem!

O citrino existe em forma de agregados, cristais geradores de única ou dupla terminação, gemas cortadas e facetadas e rochas roladas. Por um preço razoável, a límpida projeção do raio dourado pode ser adquirida e colocada em uso ativo.

Quartzo enfumaçado

O quartzo enfumaçado é uma das mais brilhantes de todas as pedras escuras, figurando em primeiro lugar pela capacidade de conter a maior quantidade de força de luz na cor preta. Por ser essa cor associada ao primeiro chakra, o quartzo enfumaçado se constitui em uma das pedras mais poderosas para uso em disposições de cura pelos cristais, no estímulo e na purificação desse centro de energia. Quando não evoluída, a consciência ligada ao chakra da raiz pode se apresentar decadente e interessada apenas na satisfação pessoal. Quando esse chakra se torna radiante de luz e equilibra-se com os chakras superiores, converte-se, então, na base sobre a qual a força espiritual se manifesta no corpo físico. O quartzo enfumaçado canaliza a energia da luz branca do chakra da coroa para o primeiro chakra, a fim de que se enraíze a fundo no plano físico. Quando isso acontece, o ser torna-se pessoalmente provido na Terra com as forças e bênçãos do céu.

Ao usar o quartzo enfumaçado em joias ou disposições de cura, sua energia desencadeará a movimentação das forças primárias do corpo. Isso ativará o instinto de sobrevivência do primeiro chakra, embora de forma purificada. Dará a um indivíduo uma sensação de orgulho por andar sobre a Terra e habitar um corpo humano. Esse quartzo inspira a pessoa a aceitar o desafio e a responsabilidade de mudar a qualidade de sua vida pessoal e também a da Terra. Ele torna vívida a visão do céu na Terra e promete a legítima herança que todas as criaturas podem receber enquanto residem neste planeta. A esperança de uma vida repleta de alegria é uma realidade latente passível de realização se cada indivíduo reivindicar a luz como sua e sinceramente empenhar-se em manifestá-la nas ações diárias. O quartzo enfumaçado constitui um exemplo claro da habilidade de nos enchermos de luz enquanto habitamos uma forma física.

Devido a sua capacidade de ajuste, o quartzo enfumaçado é uma pedra muito boa para aplicação em pessoas com tendências suicidas por natureza ou ambivalentes em relação ao mundo. Ao trazer mais força de luz ao plano material, podem se transformar atitudes escapistas no incentivo necessário para mudar a vida de alguém. Esse quartzo nos ajuda a entrar em acordo com nosso corpo, coração, vida e mundo. Tal aceitação permite a um indivíduo sentir mais amor por si mesmo e pelos outros. O quartzo enfumaçado atrai a força do amor do chakra do coração para o da raiz, a fim de que seja assentada e utilizada. É, portanto, benéfico empregá-lo em pessoas deprimidas, fatigadas, morosas ou detentoras de altos ideais e aspirações, porém incapazes de corresponder aos próprios padrões. Ele dá a um ser o poder de expressar seus sonhos e visões da Terra.

Ao contrário de algumas pedras que trazem à tona padrões negativos reprimidos (tal como a malaquita), o quartzo enfumaçado tende a dissolver essas energias ao encontrá-las. Ele apresenta uma vibração de luz de alta frequência que dissipa e purifica a maioria dos padrões negativos e do entulho áurico. Sua manipulação pode gerar uma mudança um tanto radical em termos de comportamento, pois os aspectos da natureza egocêntrica inferior serão banidos e substituídos por atitudes e hábitos positivos.

O chakra da raiz associa-se ao ânus e à habilidade de se livrar adequadamente de conteúdos supérfluos. O quartzo enfumaçado é a pedra capaz de processar psíquica e fisicamente os elementos da vida e liberar os subprodutos inúteis. Ele capacita a pessoa a assimilar mais da vida, ensinando-lhe a se livrar do que não é mais necessário ao seu desenvolvimento. Essa liberdade do não apego permite que o indivíduo mantenha-se em sintonia com a luz, em vez de se deixar consumir pela vida.

Infelizmente, muitos dos quartzos enfumaçados à venda não são verdadeiros. A maioria deles, vendida como tal, consiste em quartzo transparente radiado para escurecer a cor. Com um pouco de sensibilidade, é fácil determinar se um cristal enfumaçado foi radiado. Nesse caso, os quartzos apresentam-se em geral muito escuros e com aparência artificial. O quartzo tratado dessa forma artificial torna-se muito traumatizado e necessitará de purificação e restabelecimento antes de ser aplicado com eficiência em sessões de cura. A melhor maneira de neutralizar os efeitos negativos da radiação é mergulhar a pedra afetada em sal marinho por três dias e, em seguida, colocá-la sobre um agregado de quartzo transparente (de preferência sob uma estrutura em forma de pirâmide) até se perceber que ela se recuperou da provação. Pode-se, então, empregá-la em sessões de cura, mas deve-se ter o cuidado de limpá-la após cada tratamento.

O legítimo quartzo enfumaçado será límpido e transparente, com graus variados de tonalidades escuras. Naturalmente, esse é o melhor para uso em todos os casos. É possível encontrar exemplares belos e naturais sob a forma de geradores singulares e agregados. Os agregados ou os de ponta única podem ser colocados no dorso dos pés, nos joelhos e/ou nas mãos em disposições de cura. Se a terminação do cristal for dirigida para o corpo, as pedras canalizarão para ele as forças superiores, recirculando-as em seu interior. Caso as terminações se voltarem para fora do corpo, as pedras expelirão as energias negativas dos corpos físico e sutil. O quartzo enfumaçado pode também ser cortado e facetado em gemas para uso como joias ou para aplicação sobre pontos da virilha durante sessões de cura. Os geradores singulares podem ser utilizados para conduzir o fluxo de energia do chakra da coroa ao primeiro chakra. Realiza-se esse procedimento segurando um límpido gerador singular no chakra da coroa enquanto lentamente se move outro gerador de quartzo enfumaçado quinze centímetros acima do corpo, dirigindo a força de luz do cristal colocado na coroa através do quartzo enfumaçado. Enquanto o gerador enfumaçado passa sobre cada ponto de chakra, emite um raio de energia curativa através do cristal, energizando cada centro em seu curso descendente. Quando o enfumaçado chegar ao chakra da base, mantenha-o ali por no mínimo três minutos e concentre-se em equilibrar as frequências superiores e mais sutis no corpo físico.

Assim como ocorre com todas as pedras e cristais escuros, o quartzo enfumaçado deve ser usado com muito respeito e consciência. É possível desencadear uma grande quantidade de poder através dele, sendo importantíssimo saber como dirigir e canalizar tais energias de modo a servirem para o bem supremo. Comece aplicando apenas um quartzo enfumaçado em sessões de cura e, à medida que se familiarizar com sua força, poderá acrescentar mais. Mantenha-se sempre em sintonia com a pessoa com quem você trabalha, pois pode ser preciso remover as pedras de um momento para o outro, caso suas energias não estejam sendo devidamente assimiladas.

Obsidiana negra

A obsidiana negra é uma das mais importantes professoras de todas as pedras da Nova Era. Ela está associada ao primeiro chakra, centro de energia que se relaciona à Terra, ao físico, à sobrevivência e à realização do ego pessoal. Ela age como um ímã que atrai as forças espirituais para o corpo, a fim de serem governadas pela vontade consciente para uso na ação física. Quando tais forças superiores se assentam no mundo da forma, é possível mudar a própria qualidade da vida na Terra infundindo mais força de luz no plano material. Ao colocar uma dessas pedras sobre os pontos de chakras inferiores, atraem-se as energias mais puras dos chakras superiores aos centros primitivos, para o aprimoramento e a purificação do ego.

A obsidiana negra deve ser empregada apenas por aqueles instruídos sobre seus poderes e preparados para processar as mudanças que ela muitas vezes implacavelmente acarreta. Regida pelo planeta Plutão, seu objetivo é conduzir a mente pelas áreas obscurecidas do subconsciente, para estabelecer identidade no superconsciente. Como professora plutoniana, não serve ao ego. Em vez disso, mostra de modo rude e muitas vezes grosseiro ao eu-ego seu lugar e o que precisa para mudar e avançar para o próximo passo do desenvolvimento evolutivo. Atua como um espelho que reflete as falhas da natureza de um ser, e amplia temores, inseguranças e atitudes egocêntricas que reprimem as qualidades superiores da alma. Pode-se chamá-la de "guerreira da verdade", aquela que mata a ilusão para dar à luz a visão da Era de Aquário. Na Nova Era, cada pessoa vive de acordo com os ditames da própria consciência superior, e essa consciência unificada forma a base e constitui o denominador comum que liga cada ser à mesma verdade.

A obsidiana negra é uma professora magistral e veio nos ensinar o verdadeiro significado de sua cor. O preto, sendo o denso, o obscuro e o desconhecido, é o oposto polar do branco, o translúcido, o iluminado e o conhecido. Cada uma dessas expressões opõe-se precisamente à outra e, como partes da alma que são, permitem à outra existir. Cada uma dessas cores encerra dentro de si todas as outras; tanto o preto quanto o branco podem potencialmente conter a mesma intensidade de luz. Com o preto em uma extremidade do espectro de cores e o branco na outra, todo o panorama de cores pode passar a existir e expressar a natureza multifacetada de cada uma delas. Embalada nos braços do preto e do branco, do dia e da noite, da escuridão e da luz, a vida na Terra foi concebida, parida e criada, e agora está pronta para vir a saber que os polos aparentemente opostos são, na realidade, a mesma coisa. Os conceitos de bom e mau não passam de um truque pregado aos sentidos quando se veem essas cores como distintas.

A cor preta foi mais mal-empregada e mal compreendida do que qualquer outra em todo o espectro. Ao evoluir e sentir o poder do universo fluindo nas veias, a alma humana apresentou a tendência a reivindicar esse poder como seu. Ao buscar apenas a satisfação pessoal, ela aprendeu a canalizar essa força cósmica para o planeta de formas que só servem ao seu pequeno ego, em vez de servir à força em si mesma. Quando isso ocorre, a luz contida no preto volta-se contra si mesma, e os aspectos inferiores da natureza humana predominam. A magia negra caracteriza com exatidão esse tipo de abuso flagrante de poder que se manifestará em ações maléficas, influências satânicas e energias demoníacas. Entretanto, o próprio processo de abuso de poder consiste em uma das maiores lições que o universo deve ensinar a seus ocupantes.

Pode-se constatar a existência da teoria do buraco negro em diferentes aspectos da criação, da humana à estelar. Esse fenômeno natural origina-se quando a luz é egoisticamente consumida e revertida contra si mesma, acarretando destruição e devastação sobre todos os objetos circundantes, que são atraídos para dentro do buraco negro por uma força gravitacional cada vez mais forte. À medida que a luz é absorvida, o vácuo torna-se mais profundo e maior, até, por fim, a alma ou as estrelas renascerem tomando conhecimento de que a luz deve ser compartilhada e igualmente possuída por todos. Uma vez aprendida essa lição, toda a luz consumida pelo buraco negro explode para fora no outro lado da realidade, e o buraco branco se dá como manifestação brilhante de uma lição bem assimilada. Cada um de nós, em uma ou outra ocasião, deve passar pelo processo de autodestrutibilidade do buraco negro, para aprender a usar de modo apropriado a luz e a energia. Quando a maioria dos habitantes da entidade da Terra se conscientizar dessa lição, a Terra como um todo renascerá, e a Era de Aquário florescerá.

A obsidiana negra nos ensina que o buraco negro em cada um de nós consiste na falta de identificação com a fonte de luz, e que é a obscuridade do medo e do egoísmo que nos leva à autodestruição. Ela trará luz a esses temores e provará que eles não passam de uma ilusão, uma interpretação equivocada da verdade. A maior característica dessa pedra é sua capacidade de conter e refletir grande intensidade de luz. Ao contrário de algumas outras pedras pretas, que tendem a absorvê-la, esta a atrai e a reflete enquanto conserva e retém a própria força dinâmica da luz. A obsidiana negra demonstra com seu exemplo como empregar a força da luz de forma apropriada e com respeito. Assim, ajuda a transformar a consciência humana de modo a capacitá-la a utilizar a energia cósmica para abrir portas a possibilidades futuras ainda inimagináveis.

O preto é uma das cores mais elevadas, usadas por iniciados avançados nas escolas de mistério secreto. Simboliza, assim como a obsidiana negra, domínio sobre o plano físico. Na prática e nas graduações das artes marciais, a "faixa preta" representa a realização máxima alcançada e a habilidade de reter adequadamente e usar, de forma espontânea, a energia *chi* (força cósmica) aplicada à autodefesa.

Para se obter o mestrado na vida e tornar-se um dos mestres vivos (Cristo, Buda ou Maomé), é obrigatório aprender a superar a tentação do abuso egocêntrico de poder e não ser afetado pelas assim chamadas influências negativas que a vida, em um mundo dualista, constantemente apresenta. A obsidiana negra demonstra a habilidade para se identificar e se harmonizar por completo com a luz durante a existência e a atuação no plano material. Ela exemplifica a capacidade de manter um estado mental meditativo e focado enquanto em meio à grande atividade da vida no século XXI. Sua consciência interpreta todas as experiências e ocorrências sob uma perspectiva clara e neutra. O domínio reside na aptidão da identificação constante com a verdade inerente — mas não raro oculta na ilusão — a cada faceta da vida. A visão divina capacita um indivíduo a tornar-se ainda mais humano, mais compassivo e mais compreensivo por saber que, não importa qual a circunstância aparente ou o acontecimento kármico, tudo se encontra na ordem divina correta, e o universo, bem como todas as coisas nele presentes, existem eternamente em um estado reluzente de perfeição.

Em muito do dogma do cristianismo judaico ocidental, somos levados a crer que o céu é um lugar para onde iremos se conquistarmos esse direito ao nos provarmos "bons" durante o período na Terra. A obsidiana negra veio para anunciar com ousadia que o céu é um estado de espírito alcançável ainda que na Terra e em um corpo físico. De fato, a verdadeira mágica e o desafio da vida consistem em criar o céu na Terra, transformando a própria qualidade do mundo físico, de modo que as sementes celestes encontrem solo fértil neste planeta e sejam nutridas, tratadas e colhidas pelas crianças terrenas. Quando essa transformação ocorrer, a própria natureza da matéria será alterada, uma vez que os átomos que formam a substância para a manifestação material vibrarão em frequência maior, permitindo que uma quantidade maior de luz preencha os espaços entre prótons, nêutrons e elétrons atômicos.

Os aglomerados de obsidiana negra constituem peças de meditação extremamente poderosas. Comumente apresentarão anéis concêntricos ao seu redor e, às vezes, exibirão anéis olhos de boi nos polos norte e sul. Deve-se ter cautela ao embarcar em uma meditação com elas, pois não se deve subestimar o poder desses objetos. Em uma experiência pessoal de meditação com uma bola muito grande de obsidiana negra, olhei fixamente para ela por não mais que noventa segundos e tive de processar os efeitos durante três semanas. O abuso a respeito de tais pedras, motivado por ignorância, pode atrair uma pessoa à própria natureza obscura, e apenas aqueles preparados para canalizar com consciência suas energias devem usá-las. Se houver abuso, a conscientização de um indivíduo pode ser atraída para uma profundidade excessiva dentro de si, o que tende a alterar drasticamente o padrão áurico, rompendo as características protetoras do campo eletromagnético. Isso pode criar inúmeras repercussões físicas, mentais e emocionais. A finalidade dessas peças poderosas consiste em trazer à luz aquilo que estiver oculto da mente consciente, conduzir a conscientização pelas áreas obscurecidas do eu, penetrar no desconhecido e eventualmente induzir a mente a enxergar com a visão intuitiva que tudo vê. Com essa visão do terceiro olho, vê-se que todas as coisas são UMA, e que tudo manifesta sua própria expressão única e perfeita da criação de Deus. Contudo, no processo, prepare-se para enfrentar temores, padrões programados, questões evitadas e inseguranças que você nem sabia existir. Disponha-se a tirar as teias de aranha dos cantos mais escuros de sua mente. Completada a purificação, os véus da ilusão serão erguidos; o terceiro olho, aberto; e a verdade suprema, conhecida.

Os agregados de obsidiana negra devem ser tratados com o maior respeito possível e mantidos cobertos com um pano de seda ou veludo quando não em uso. É possível descobri-los durante sessões de cura, se a pessoa com quem você trabalha desejar sinceramente romper a barreira mental, mas for incapaz disso. Sempre antes de empregá-los, avise o cliente de seus poderes e efeitos potenciais, pedindo-lhe permissão para utilizá-los. Obtido o consentimento, segure o agregado quinze centímetros acima da área do terceiro olho por não mais do que três minutos. Isso ajudará a penetração através de bloqueios mentais resistentes e subconscientes.

Após o uso desses agregados, em meditação ou sessão de cura, aconselha-se a prática de uma meditação simples com quartzo transparente uma vez por dia, durante três dias, para equilibrar e polarizar os efeitos. Esse quartzo serve como uma polaridade perfeita à obsidiana negra (por refletir a pura luz branca), e ambos devem ser usados em conjunto na prática de meditações ou sessões de cura. Ao olhar fixamente para um agregado de obsidiana negra, recomenda-se segurar um grande (no mínimo quinze centímetros) quartzo gerador enquanto se pratica a meditação. Ao aplicar as pedras de obsidiana negra em disposições de cura, recomenda-se colocar um pequeno cristal de quartzo em estreita proximidade com cada peça utilizada. O quartzo transparente polarizará a intensidade da obsidiana negra e servirá na dissolução e neutralização de qualquer entulho psíquico ou emocional que venha à tona. Ao realizar sessões de cura, as pedras de obsidiana negra devem ser dispostas sobre os pontos da virilha ou o umbigo, para assentar as energias superiores no corpo. Pode-se também colocá-las ao longo da linha central do corpo, para equilibrar os fluxos sutis de energia (meridianos).

Em resumo, a obsidiana negra pode ensinar a seus discípulos como trazer mais luz a um mundo obscurecido. Ela mostrará à mente do discípulo devotado que todas as manifestações, não importa quão densas em matéria, advêm da mesma fonte, e que tanto o preto quanto o branco constituem formas igualmente poderosas de luz. Essa pedra atua como agente no intercâmbio de uma forma mais elevada de conscientização neste planeta. Age atraindo as qualidades da alma para o corpo e purificando qualquer coisa de menor vibração. Lidar com uma obsidiana negra atrai um ser ao seu próprio centro na Terra e ao corpo, para utilização efetiva da força de luz. É ideal para uso em pessoas dispersas ou excessivamente emotivas por estabilizar energias erráticas. Também revela-se boa para aplicação em pessoas muito morosas ou com tendência a devanear ou fantasiar demais. Ajudará a construir a base sobre a qual os devaneios podem se tornar realidades efetivas. A obsidiana negra representa as verdadeiras forças da Terra, encerrando dentro de si os verdes, azuis e dourados inerentes à Terra. Se usada com sabedoria, essa pedra vai lhe ensinar a verdade sobre si mesmo e o universo do qual você é parte vital.

Sílica-gema (crisocola)

Eu sou Vênus, sou beleza e amor, sou harmonia (devemos amar para ver a beleza). Sou gentil, mas poderosa.

Tu me conheces desde o início dos tempos. Eu sou o teu instinto de Deus, sou compaixão e tranquilidade, sou equilíbrio, sou misericórdia.

Através de mim, a criação idealiza-se e evolui para formas sempre mais elevadas.

Eu sou a Mãe, a supervisora da criação. Nutro a semente. Acalmo as emoções e trago paz à alma. Através de mim, a clareza de propósito desencadeia projeção e cristalização (manifestação). Ensino paciência e compreensão por meio do amor e do relaxamento. Sou a receptividade da tua divina consciência instintiva. Estou onde o oceano cósmico e o céu cósmico se encontram no horizonte.

(O céu mostra as alturas ilimitadas da ascensão e o oceano aponta para a profundeza da alma.)

Gary Fleck

Na evolução das cores, a sílica-gema tem surgido como um dos raios mais intensos e mais claros no espectro do azul. Nos últimos séculos, a turquesa figurou como a pedra mais comum das que manifestavam essa frequência de cor. A turquesa foi muito usada pelos índios americanos do Meio-Oeste e continua bastante popular para emprego em joias e ornamentação. Outra pedra que exibe uma tonalidade quase idêntica é a crisocola. Tanto uma quanto a outra são pedras semipreciosas, opacas e um tanto foscas.

Em raras ocasiões, na extração de crisocola, descobrem-se veios de silicatos com características de pedras preciosas. As minas de crisocola são incomuns (encontradas no Novo México e na América do Sul), porém ainda mais incomum é a sílica-gema ou crisocola com características de pedras preciosas. (Se procurada com sinceridade, contudo, ela tende a ser atraída por quem a procura.) A sílica-gema constitui a forma mais evoluída da cor turquesa, manifestando o azul intenso do céu infinito de verão e das águas do oceano que cerca as ilhas do Havaí. Apresenta-se límpida, transparente, translúcida e brilhante à contemplação, possui natureza preciosa e equipara-se em qualidade à água-marinha, ao topázio e à kunzita. Em geral, é difícil localizá-la e tem um preço razoavelmente elevado.

A sílica-gema reivindica o lugar de direito como uma das mais belas pedras da Nova Era. Encontra-se em desenvolvimento há milhares de anos e agora emerge em plena glória para transmitir sua mensagem ao planeta. À medida que a raça humana torna-se mais receptiva às energias tranquilas, embora poderosas que ela emana, acredita-se na descoberta de mais minas de crisocola/sílica-gema para oferecer seu raio azul de cura em maior abundância.

Trata-se de uma pedra feminina, representante da água, do inverno, da lua, do passivo porém poderoso, das emoções e das energias *yin*. Ilustrações ou estátuas da Mãe Divina mostram-na em geral usando essa cor. Simboliza a compaixão pacífica que a Mãe emana de seu ser. A sílica-gema vibra essa essência e, portanto, pode ajudar no desenvolvimento das virtudes da paciência, bondade, tolerância, compaixão e humildade. Também inspira a alma a se render e se submeter às latentes forças divinas da natureza própria de um indivíduo.

Por incorporar uma energia feminina, é ideal nos casos de distúrbios femininos. Revela-se extremamente benéfica às mulheres que sofrem de desconforto menstrual (dor lombar, cólicas, depressão) e pode ajudar a equilibrar os hormônios reguladores do ciclo menstrual. Trata-se de uma das melhores pedras para aplicação após abortos naturais e provocados ou histerectomias. Também é perfeita para segurar, usar ou meditar durante o trabalho de parto. Para aliviar a tensão menstrual ou destraumatizar os tecidos após abortos naturais ou provocados e histerectomias, coloque três pedras de sílica-gema sobre a área do útero/ovário e uma no centro do terceiro olho. Isso também auxiliará a neutralizar as sensações de tristeza ou culpa após ter passado por tais provações.

A sílica-gema é um harmonizador emocional e pode ser posta sobre o chakra do coração, usada como joia e em meditação, mantida na mão ou visualizada para colocar o comportamento errático ou emocionalmente descontrolado sob o controle da vontade. Alivia a dor da tristeza e a tensão da raiva, apaziguando-as e substituindo-as por compreensão e perdão. Por ser uma pedra consoladora, é perfeita para dar ou aplicar em homens relutantes ou incapazes de se permitirem o privilégio de sentir. Gentilmente, ela fomentará a aptidão para se tornar mais vulnerável e sensível, curando mágoas emocionais não resolvidas, responsáveis pela repressão e pelo bloqueio à natureza do sentimento. Também ajudará as mulheres a serem mais maternais, estimuladoras, compreensivas, empáticas e compassivas.

A sílica-gema proporciona paz à mente e ao coração. Não se trata apenas da experiência meditativa interior, mas também da expressão ativa da paz, em que se vive em harmonia consigo mesmo e com o mundo circundante. A paz só ocorre quando a alma está em paz consigo mesma. Quando mais pessoas se sentirem assim, o planeta manifestará essa realidade e a paz exterior se refletirá em todos os aspectos pessoais, interpessoais, sociais e planetários da vida. A sílica-gema é a "pedra da paz", pois desencadeia a experiência interior da serenidade, enquanto projeta essa energia no mundo para ser vivenciada por meio da ação poderosa em pensamentos, sentimentos, palavras e atos.

Pode-se empregá-la como uma pedra de resfriamento para baixar febres, curar queimaduras, neutralizar a raiva e acalmar nervos em frangalhos. Em qualquer um desses casos, basta colocá-la sobre o corpo (terceiro olho, coração ou umbigo), usá-la ou segurá-la durante uma meditação, inspirando seu azul enquanto se exalam as energias indesejáveis.

A sílica-gema é maravilhosa para compor disposições de cura pelos cristais. Pode ativar qualquer um dos chakras, pois harmoniza e equilibra os corpos etéreos com o físico. O azul constitui a cor para o chakra da garganta ou do pescoço em casos de desequilíbrio da tireoide, problemas vocais, dores de garganta ou pescoço e tensão nos ombros. Quando disposta sobre o terceiro olho, essa pedra age como ponte entre o estado diário da consciência e estados mais expandidos, em geral atingidos somente após anos de disciplinado controle mental e meditação. Assim como o céu diurno serve de ponte entre o paraíso e a Terra, a intensa cor azul refletida pela sílica-gema integra a consciência cósmica ao estado desperto comum da mente. Essas qualidades tornaram-na favorita como pedra de meditação.

Para experimentar sua essência, deite-se e coloque-a entre as sobrancelhas enquanto respira longa e profundamente, deixando a mente livrar-se de todo e qualquer pensamento que porventura penetre a consciência. Quando o corpo relaxar e a mente se acalmar, as energias da sílica-gema elevarão a conscientização a um nível superior. Para aproveitar esse sutil estado da mente em sua plenitude, é importante permanecer acordado e treinar a mente a relaxar mais do que durante o sono, enquanto ainda se mantém o fio da consciência. Uma vez construída essa ponte, torna-se, então, possível passar por experiências incorpóreas conscientes e vir a conhecer as esferas sutis como uma realidade. Ao praticar esse tipo de meditação, é essencial se proteger cercando-se com luz branca e pedindo orientação divina antes de embarcar em tal viagem. Esse tipo de meditação ajuda a desenvolver o oitavo chakra, um centro de energia de cerca de quinze centímetros acima do topo da cabeça (conhecido como a estrela da alma). Uma vez ativado, esse chakra estabelecerá a conexão entre as forças individuais e cósmicas.

A sílica-gema também empresta suas faculdades como "pedra que vê", através da qual podem-se enxergar acontecimentos passados e futuros. Ao segurar um exemplar de alta qualidade e excepcionalmente límpido entre o polegar e o indicador, e fixar o olhar nele, imagens, símbolos, cenas e visões ganharão vida e se revelarão no espelho da pedra. Para experimentar essa visão clarividente, um indivíduo deve se perder na cor e na energia da pedra enquanto, ao mesmo tempo, registra na memória o que viu. Várias visões proféticas podem servir construtivamente como auxílio à paz planetária se os poderes superiores dessa pedra forem devidamente usados. Como ocorre com qualquer uma das pedras de poder da Nova Era, é muito importante aplicar as forças desses recursos transformadores somente com a melhor das intenções e metas humanitárias em mente. Se forem mal-empregadas, para proveito egoísta e pessoal, as repercussões kármicas poderão acarretar devastação à vida de quem assim as utiliza. Quando empregada de maneira adequada, contudo, a sílica-gema pode trazer paz, harmonia e expansão à vida das pessoas e ao planeta.

Fluorita (agregados, octaedros, pirâmides)

A fluorita é multidimensional. Trata-se da pedra que manifesta o aspecto mais elevado da mente – a mente em sintonia com o espírito. Desse estado superior de consciência advém a compreensão intelectual da verdade, dos conceitos cósmicos da realidade e das leis que regem o universo.

A fluorita destina-se ao progresso da mente, ao desenvolvimento da capacidade de compreensão e integração das realidades não físicas da quarta, quinta e sexta dimensões. Quando a mente se sintoniza com sua essência, é possível vivenciar e conhecer os santuários internos do eu, que contêm todo o conhecimento e toda a sabedoria. A fluorita equilibra os aspectos positivos e negativos da mente. Quando essas polaridades se nivelam, torna-se possível sentir o silêncio e a paz da neutralidade, fundindo-se no momento eterno, em que o tempo para e o eu une-se com o infinito. Entretanto, a experiência da fluorita vai ainda um passo além disso. Ela incorpora essa realidade na mentalidade ativa da vida diária, permitindo que se fique em sintonia com essa fonte enquanto se atua no plano físico. Quando isso ocorre, todos os pensamentos que emanam da mente consciente ou subconsciente sintonizam-se e alinham-se com a fonte suprema da verdade. A consciência da fluorita permite que se mantenha a conscientização do UNO, do TODO, enquanto ainda assim se reivindicam expressão e existência individuais e únicas. Com isso, é possível penetrar nos vastos recursos de energia criativa para a manifestação na vida de um indivíduo.

A fluorita é a pedra do terceiro olho, permitindo à mente manter um espaço meditativo e focado em meio à atividade física. Trata-se da energia de polaridade da ametista que incorpora a experiência interna de rendição mental para obtenção de sabedoria. A fluorita traz essa prática aos processos de pensamento do dia a dia, permitindo que se veja a realidade por trás da ilusão, o eterno no transitório e a verdade além da confusão. Ela constitui uma das mais poderosas pedras da Nova Era, pois conduz ao plano físico formas superiores de verdade e integra esses conceitos na mente, que, por sua vez, manifesta-se no plano material.

Não se trata de uma pedra nativa da Terra. Foi transportada para cá de dimensões superiores, para ajudar em nosso processo evolutivo. Deve-se usá-la com respeito, assim como todas as outras pedras; se aplicada com consciência, seu poder auxiliará no desenvolvimento de altos graus de capacidade mental.

Pode-se também empregá-la no tratamento de certos tipos de doença mental e distúrbios em frequências de onda cerebral. Ela aumenta a carga elétrica das células cerebrais que conduzem mais força de vida (prana) ao cérebro; e este, por sua vez, expande a consciência. Não se destina tanto à purificação do subconsciente (como a azurita), mas ao avanço da mente de uma realidade a outra. Pode-se utilizá-la para desenvolver maior capacidade de concentração; se usada com regularidade, é capaz de fomentar o intelecto e até aumentar o Q.I. Seu apelido é "pedra gênio", pois representa o estado mais elevado da realização mental.

A fluorita manifesta-se em quatro cores principais: azul, violeta, dourado e branco – todas elas representando estados meditativos da mente. O azul revela paz interior, tranquilidade mental e serenidade. O violeta retrata o aspecto devocional de uma mente concentrada no espírito e comprometida com ele. O dourado simboliza a sabedoria e a compreensão, em que a mente se funde com o infinito e ainda assim mantém sua expressão individual. O branco caracteriza a pureza e a unidade, quando a mente se funde por completo com o espírito universal e vivencia a totalidade da criação. Todas essas cores representam os chakras superiores, o triângulo superior da energia e estados avançados da consciência. Quando essas tonalidades dominam a aura (o que pode acontecer com o uso da fluorita), o estado de espírito a elas associado é ativado e o potencial da evolução humana, facilitado.

A fluorita apresenta três estados diferentes de manifestação: o agregado, o octaedro e a forma piramidal. Nenhuma dessas estruturas é mais evoluída do que a outra; contudo, cada forma serve a um fim específico. Os agregados em geral apresentam-se na cor violeta. Eles representam a mente tecnológica da era do computador. Assemelham-se muito a um computador e são muito organizados, estruturados e complexos. Parecem bastante com o que se imaginaria de uma cidade espacial avançada, sua matriz cúbica exibindo a compatibilidade harmoniosa de todas as partes. Sugerem de modo subliminar os estados avançados da consciência que aprenderam a sobreviver e crescer por meio da cooperação mútua. Os agregados de fluorita simbolizam civilizações que alcançaram a unidade e a harmonia satisfazendo as necessidades de cada indivíduo e alinhando as metas pessoais de forma a atender às necessidades do todo.

Os agregados de fluorita representam a fase da existência humana em que a mente intelectualizada utiliza suas tecnologias em conjunto com a vontade universal em benefício do aperfeiçoamento de todos. Vejamos como evoluímos a esse ponto. Quando o homem primitivo aprendeu a usar ferramentas que facilitavam seu estilo de vida, ele não mais precisou concentrar a atenção na sobrevivência física, o que permitiu o desenvolvimento de suas faculdades mentais. Na Revolução Industrial, máquinas substituíram a mão de obra física humana e permitiram à mente humana desenvolver-se ainda mais. Agora que se expande na era espacial, a mente humana aprendeu a transferir conhecimentos para máquinas vivas (computadores), que, por sua vez, são programadas para atender às necessidades humanas. Como a humanidade passa por esse extremo avanço tecnológico e armazena seus processos de pensamento intelectual em computadores, somos capazes de dar o próximo passo evolutivo sobre o limiar das esferas superiores de pensamento. A era do computador vai auspiciosamente substituir o trabalho mental e permitir o desenvolvimento espiritual. Deve-se tomar cuidado nessa fase de avanço mental e em relação àquelas pessoas de alta conscientização e intelecto avançado, de modo que o foco permaneça na fonte de todo o conhecimento, em benefício mútuo de seu uso por todos. Os agregados de fluorita dizem exatamente isso e manifestam-no como um lembrete dessa possibilidade.

Os agregados de fluorita não se destinam tanto a disposições de cura (muito embora possam ser usados dessa forma), mas à presença física em locais de trabalho, como sobre escrivaninhas, em laboratórios ou em ambientes de estudo e pesquisa. Sua presença é um lembrete para a mente permanecer concentrada, organizada, clara e em sintonia. Os pequenos agregados podem ser levados consigo ou usados para sintonização visual, mental ou física, caso a mente se encontre cansada, confusa ou desequilibrada. A meditação com agregados de fluorita originará a clareza mental consciente, capaz de abarcar conceitos e realidades de outra forma inacessíveis. Eles criam ordem mental e ajudam a mente a permanecer clara e focada, embora em meio à atividade. Revelam-se benéficos para pessoas que vivem em um ritmo intenso, que empregam grande quantidade de energia física e mental. Destinam-se a cientistas, físicos, químicos, engenheiros projetistas e programadores de computador, executivos, comerciantes, contadores e estudantes. Destinam-se a qualquer um que trabalhe sob pressão e deseje manter a mente límpida e tranquila. Os agregados de fluorita são especialmente bons para pessoas que lidam com as complexidades da tecnologia do século XXI, pois ajudam a mente a dirigir esse conhecimento de forma proveitosa para todo o planeta e todos os entes vivos.

Quando o agregado evolui, octaedros singulares se formam a partir dele. O octaedro representa a condição do indivíduo nobre que foi criado na sociedade avançada do agregado. Trata-se de uma estrutura de oito lados, cada qual um triângulo equilátero perfeito, unindo forças em seis terminações. Cada terminação compõe o ápice de uma forma piramidal dupla de quatro lados, dividindo uma base comum. Esse efeito dual de pirâmide simboliza a plenitude obtida quando as energias das esferas sutis superiores se fundem e se integram com o plano físico. De qualquer modo que se vire um octaedro, ele exibirá o efeito da pirâmide dupla, com seus ápices superior e inferior ligando os planos superior e inferior. Os octaedros vieram a nossa presença como símbolos, recursos e lembretes de nossa própria perfeição potencial, quando também existiremos em um estado de unidade e equilíbrio em nossos mundos interior e exterior.

Os octaedros de fluorita apresentam-se em vários tamanhos, variando de 3 milímetros a 30 centímetros de base. Às vezes, manifestam-se em matizes de rosa e verde (cores do coração), que se podem usar para trazer compreensão a questões mais emotivas. Os menores costumam custar pouco e podem ser encontrados em abundância em exposições de gemas e minerais ou lojas de exemplares minerais. Podem ser facilmente engastados em joias, levados consigo, aplicados em meditação como símbolos ou colocados em evidência em algum lugar como lembretes de unidade. Também se revelam benéficos para utilização em sessões de cura. Uma maneira de realizar um equilíbrio simples por meio da fluorita é deitar-se de rosto para cima e segurar um octaedro em cada mão com outros sobre cada sobrancelha. Isso equilibrará os hemisférios do cérebro e desobstruirá a mente de indesejáveis entulhos (veja também no Capítulo 3 o item "Disposição do octaedro de fluorita").

A forma de pirâmide da fluorita destina-se à meditação e deve ser usada para tal. Essas estruturas especiais têm como objetivo servir a fins específicos e não gostam de ficar à toa, acumulando pó. São indicadas àqueles que estão preparados para penetrar nas esferas mais profundas do ser e vivenciar a informidade dentro da forma. Muitas pirâmides de fluorita, quando erguidas à luz, revelam santuários internos semelhantes a câmaras que penetram mais fundo em seu interior. Quando se medita com elas, leva-se a mente a explorar com mais profundidade o próprio interior.

A forma de pirâmide constitui uma declaração de perfeição e equilíbrio. Trata-se de um dos formatos geométricos mais elevados do plano físico. Representa a conexão consciente com a fonte infinita de energia no ápice, bem como pleno assentamento e estabilidade física na base. As pirâmides simbolizam o equilíbrio supremo que cada alma deve atingir para completar seu processo evolutivo. As pirâmides egípcias e astecas foram usadas com o propósito de canalizar forças cósmicas para o plano físico, dando a iniciados a experiência da conscientização cósmica. Elas se mantêm até hoje como um lembrete e uma mensagem ao mundo de que a unidade existe, não só dentro do ser humano como indivíduo mas dentro do universo em si mesmo. As pirâmides de fluorita podem atender ao mesmo objetivo treinando-se a mente a se associar e se identificar com a realidade das esferas interiores, dos planos sutis e das dimensões superiores. Essas práticas meditativas conscientes podem mudar de modo drástico a qualidade da vida diária, capacitando as pessoas a obterem uma perspectiva mais clara e uma compreensão maior das leis universais que regem as leis físicas.

Para praticar a meditação com a pirâmide de fluorita, coloque-a na altura de seu terceiro olho. O melhor é ter a pirâmide de fluorita sobre uma caixa de luz com a luminosidade irradiando para cima através dela ou com claridade natural ou artificial por trás, irradiando-se através dela. Isso dará vida às câmaras internas da pirâmide. Sente-se com as pernas cruzadas, a coluna bem ereta e os braços estendidos, com as palmas voltadas para cima sobre os joelhos. Imagine-se como uma pirâmide, com o topo da cabeça sendo o ápice e as pernas cruzadas formando a base. Permaneça ereto e imóvel, respirando profundamente, com os olhos fechados, por três minutos. Então, muito lentamente, abra os olhos e fite a pirâmide pelo mesmo espaço de tempo. Deixe a mente penetrar fundo na pirâmide e sinta a essência da energia da fluorita e da forma perfeita da pirâmide. Em seguida, feche de novo os olhos e leve essa imagem para o fundo da mente. Permaneça tão concentrado quanto possível enquanto transfere a visão para lá e para cá, da pirâmide de fluorita à mente interior. Repita essa transferência por, no mínimo, três vezes e finalize a meditação respirando profunda e vigorosamente por, no mínimo, três minutos enquanto integra essa imagem e energia ao seu corpo físico. Essa meditação vai ajudá-lo a abrir o chakra da coroa (passagem para as esferas superiores) e a canalizar a energia cósmica a seu corpo físico, para utilização na vida diária.

É possível, durante a prática dessa meditação, vivenciar existências e realidades passadas ou futuras. Quando a mente torna-se calma, concentrada e desobstruída, e as polaridades se equilibram, transcendem-se as limitações da terceira dimensão de tempo e espaço. Quando isso ocorre, observa-se o momento eterno que contém todos os tempos, todos os espaços e todas as experiências. Trata-se do estado de espírito que unifica todo o universo, em que se pode sentir a unidade de toda a criação. Nesse estado de espírito, é possível viajar para qualquer lugar e época com o simples desejo de fazê-lo. Ao deslocar-se à velocidade do pensamento, não é necessário passar por espaço ou tempo; você apenas pensa e está lá. Nessas ocasiões especiais, é possível ver como os efeitos de vidas passadas (karmas) criam a realidade do presente e como as projeções do presente geram probabilidades futuras. Esse estado de consciência é o potencial da experiência da fluorita e, para ser alcançado, requer prática meditativa concentrada e zelosa. É possível, quando se aprende a criar um estado de espírito silencioso e tranquilo, porém, simultaneamente, em deslocamento tão rápido que transcende o movimento. Ao se ultrapassar as leis da terceira dimensão, pode-se projetar e impor as leis da quarta dimensão ao mundo tridimensional do plano físico.

A fluorita, em todas as suas formas, está aqui para nos ensinar a ser interdimensional. Ela pode nos mostrar como estar em harmonia e em estado de paz, embora ainda singularmente único; e como incorporar a infinidade a cada momento. Trata-se do símbolo do processo de crescimento de que todos nós participamos; do alinhamento com a força cósmica e a fonte de nosso ser; e da aceitação da responsabilidade de viver segundo a Vontade Divina e manifestar a Luz por meio da ação física.

Kunzita

De muitas maneiras, o chakra do coração é o mais importante de todos os centros de energia. Localiza-se no centro do corpo e rege o equilíbrio entre os três chakras superiores e os três inferiores. Se o chakra do coração estiver desobstruído e aberto, todos os outros vão se alinhar com ele. O coração estende sua circulação ao corpo inteiro, e todos os sistemas e tecidos nutrem-se com a força vital. Da mesma forma que o coração bombeia sangue oxigenado para alimentar todas as células do corpo, o chakra do coração irradia sua influência dinâmica a todos os centros de chakra. A kunzita manifesta o estado maduro do coração: aberto, desobstruído, seguro, forte, vibrante, radiante, equilibrado e amoroso. O crescimento de sua popularidade indica que mais pessoas vêm evoluindo para o ponto em que poderão atingir, e atingirão, o pleno potencial do próprio coração.

A fluorita manifesta o estado de equilíbrio mental interno e a kunzita expressa o equilíbrio emocional. A primeira escolta a consciência aos santuários internos da mente enquanto a segunda permite que se sintam as dimensões internas do coração. A kunzita unirá as pessoas à própria fonte infinita de amor. Na forma natural, ela apresenta estrias paralelas ao longo do cristal. Estrias desse tipo (veja mais a respeito adiante, no item "Turmalina") sempre indicam que a energia se deslocará pela pedra a uma velocidade bem rápida. Esse movimento acelerado de energia elevará automaticamente a vibração de quaisquer elementos ao seu redor. Assim, muitas energias negativas inferiores são dissolvidas e dissipadas.

A kunzita se constitui em uma das principais pedras da trindade do chakra do coração. Seu objetivo é preparar o amor-próprio internalizado (desencadeado pelo quartzo rosa) para que se expresse externamente. Esse estágio de desenvolvimento envolve rendição total e abandono de temores e tristezas que vinculam o coração ao passado ou à ansiosa previsão do futuro. A kunzita representa um estado sempre ativo do presente, existente na perfeição do momento. Quando se coloca ou se usa essa pedra sobre os pontos do chakra do coração, sua energia penetra através de bloqueios emocionais e permite ao indivíduo sentir a pureza interior de seu coração. Como a alma reside no corpo, no chakra do coração, a experiência transmitida pela kunzita proporciona às pessoas um contato direto com a própria essência.

Ao observar com atenção essa pedra, podem-se encontrar raios de coloração rosa-claro ou violeta-claro. Isso revela sua habilidade em criar equilíbrio entre a mente (violeta) e o coração (rosa). Ela canalizará a energia do coração para a cabeça, a fim de transformar padrões de pensamento associados a bloqueios emocionais. Somente quando se neutralizam tanto os pensamentos quanto os sentimentos vinculados a esses padrões é que a cura completa pode ocorrer.

Em geral, a kunzita reflete um raio límpido de luz rosa-pálido. Na condição de gema, manifesta a mais pura transparência de qualquer pedra do espectro rosa. Essa clareza cristalina constitui uma das principais razões pela qual ela conquistou seu lugar como uma das pedras da Nova Era, simbolizando a genuína expressão da alegria em pensamentos e sentimentos. Trata-se do estado de amor-próprio ativado e preparado para se dar livre e incondicionalmente, sem exigências nem expectativas. Quando usada em conjunto com a turmalina rosa, a alegre descontração da kunzita volta-se para o mundo.

A kunzita também se oferece como poderosa pedra pessoal de meditação. Pode-se usá-la para equilibrar estados emocionais negativos e/ou estados mentais de perturbação. Para praticar essa meditação, sente-se com a coluna ereta e segure a pedra no centro do peito. Ao inspirar, encha o coração com a energia purificadora da kunzita. Retenha a respiração por um momento, enquanto visualiza um raio rosa subindo até o centro do terceiro olho. Quando ele chegar à fronte, expire e, mentalmente, projete um pálido raio rosa-violeta de volta ao coração. Continue assim por onze minutos e maravilhe-se com os resultados. Essa meditação desobstruirá a mente, acalmará as emoções e o deixará em um estado pacífico de equilíbrio.

Ao colocar a kunzita sobre o chakra do coração durante sessões de cura, pode-se girar um cristal gerador de quartzo transparente no sentido horário cinco a oito centímetros acima dela. Isso conduzirá sua força para as esferas interiores do coração, vedando a aura a influências negativas exteriores. Se você permanecer bastante concentrado, a ponta terminal do cristal de quartzo pode vir a pousar diretamente sobre a pedra de kunzita. Nesse momento, canalize os próprios pensamentos curativos através do cristal. Isso energizará a kunzita com uma força ainda maior. Trata-se de uma técnica avançada que deve ser aplicada apenas quando o receptor estiver preparado e capacitado a conscientemente abandonar seus temores. Energizar uma kunzita com um quartzo transparente dessa maneira eleva a energia a uma frequência tão alta que romperá quaisquer bloqueios que contenham e contraiam o chakra do coração.

A kunzita é a pedra ideal para dar a crianças com dificuldade de adaptação e atuação na vida. Seu raio rosa-claro vai confortar a cabeça delas e purificar quaisquer sombras áuricas acumuladas por vibrações sujas ou negativas. Recomenda-se também seu uso por "filhos das estrelas" ou *walk-ins*, para ajudá-los a se adaptarem aos ambientes e à energia do plano terreno.

A kunzita constitui uma dádiva especial à Terra. Sua presença emite um sentido profundo de paz e equilíbrio. Trata-se da expressão do coração receptivo e evoluído que tudo compreende, que se encontra acima e além do apego, conhecedor da compaixão extrema e eternamente livre do medo.

Rodocrosita

Em uma época em que é de vital importância integrar energias espirituais e materiais, a rodocrosita tem revelado suas qualidades específicas. Dessa forma, tornou-se um dos principais colaboradores e arautos da

Nova Era. Essa pedra combina com harmonia as cores rosa e laranja, criando um belo matiz pêssego. Quando essa combinação de frequências de cor ocorre, nasce um raio de tonalidade nova que serve a um propósito bem específico.

O amarelo-alaranjado constitui a cor associada ao chakra do umbigo ou ao poder da terra e do corpo físico. O rosa representa a vibração do chakra do coração e a capacidade de sentir amor abnegado e compaixão. O umbigo forma o ápice dos três chakras inferiores, conhecidos como o triângulo ou a tríade inferior de energia. O chakra do coração estabelece a base para os chakras superiores, o amor do coração apresentando-se como o alicerce sobre o qual se desenvolvem a espiritualidade e a consciência mais elevada. Os quatro chakras superiores compõem o triângulo ou os centros de energia superior. Entre os centros de energia superior e inferior está o plexo solar, localizado sob o esterno, envolvendo o diafragma e a região inferior da costela (veja no Capítulo 6 o Quadro 6.3. Cores das pedras dos chakras). O plexo solar é uma das partes mais sensíveis e vulneráveis do corpo. É onde se sente "o frio na barriga", quando estamos nervosos, e contrações, quando estamos ansiosos. Trata-se do centro da atividade emocional e tende a registrar e armazenar conflitos e traumas emocionais não resolvidos. Quando o plexo solar se contrai e fica bloqueado por sentimentos reprimidos, a energia não consegue fluir regularmente entre os centros superior e inferior de energia. A rodocrosita é o salvador enviado por Deus; sua missão consiste em desobstruir o plexo solar e integrar as energias das esferas física e espiritual.

Quando uma criança respira pela primeira vez, uma das mudanças fisiológicas mais importantes que ocorre é o movimento do diafragma. Esse músculo vigoroso, preso ao fundo das costelas, desce quando o ar é impelido para a parte inferior dos pulmões e se contrai ao se expelir o ar. Em nível subconsciente, a criança associa esse movimento diafragmático à própria vida e ao intercâmbio pessoal de energia com o mundo exterior. Pequenos bebês, quando deitados com o rosto voltado para cima, demonstram a capacidade de respirar plena e completamente. Regulada pela ação uniforme do diafragma, pode-se ver a respiração encher as cavidades abdominal inferior e púbica em cada inalação e soltar a energia de modo fluido na expiração. Quando a respiração é profunda e completa, o prana (energia vital) absorvido em cada respiração energiza cada um dos chakras, uma vez que circula por todo o sistema. Entretanto, quando as experiências de vida revelam-se dolorosas ou traumáticas, a respiração torna-se automaticamente breve e superficial. Essa tentativa subconsciente de evitar atrair para o corpo circunstâncias desagradáveis resulta em contração do diafragma, repressão da emoção no plexo solar e perda da força vital do corpo. Esse tipo de bloqueio de energia vem a ser, então, responsável por muitos problemas físicos tais como úlceras estomacais, problemas respiratórios e pulmonares (asma), desarranjos digestivos, constipação e uma sensação de desintegração do ser. Para curar qualquer um desses sintomas, necessita-se, em primeiro lugar, soltar as tensões emocionais responsáveis pelo problema e, a seguir, retreinar o corpo a respirar de maneira adequada enquanto se volta a treinar o coração a assimilar as experiências da vida sem se fechar. A cor vibrante, porém calmante, da rodocrosita destina-se à cura tanto física como emocional que deve ocorrer para de fato alterarem-se os padrões da doença. Portanto, trata-se da pedra ideal para aplicação em qualquer um dos distúrbios relacionados anteriormente.

Quando a energia da rodocrosita se infiltra na aura, inicia-se um processo espiritualizante através do qual as energias superiores dos chakras superiores são estimuladas e dirigidas aos centros inferiores.

Ao mesmo tempo, o organismo ativa-se e torna-se mais receptivo à assimilação de frequências mais altas. Ao se dar a ligação entre os chakras superiores e inferiores, um indivíduo torna-se capacitado no plano físico a utilizar de forma consciente as faculdades criativas dos centros de energia superiores.

A rodocrosita atua muito bem em conjunto com a malaquita. A força de atração da malaquita trará à tona as energias emocionais reprimidas para que se possam colocar em prática as características de conforto e harmonia da rodocrosita. O ideal é usá-las juntas em disposições de cura. Coloque pedras de malaquita ou de rodocrosita em qualquer lugar ao longo da linha central do corpo, entre o umbigo e o centro do coração, para desobstruir e equilibrar os chakras. A rodocrosita revela-se especialmente benéfica para aplicação direta sobre o ponto do plexo solar (bem abaixo do esterno, entre as costelas), servindo como ponte entre a tríade superior e a inferior.

Com frequência, encontra-se a rodocrosita perpassada por linhas ou tufos brancos. Isso simboliza o poder que esse mineral possui para canalizar a energia da luz branca do chakra da coroa ao corpo físico. Pode-se encontrá-la em muitos matizes de pêssego, variando do rosa-claro ao laranja-escuro. Em geral, as pedras são cortadas e polidas por um lapidador, mas podem também aparecer em placas naturais. Os cristais e agregados de rodocrosita são raros, embora se possa, às vezes, encontrá-los em grandes exposições de gemas e minerais. Esses itens de colecionador valem bem o alto preço, pois cristalizam em formas brilhantes a essência suprema da rodocrosita. Também incomum é sua gema, que, em geral, apresenta-se em uma tonalidade mais escura de laranja e transparentemente bela. Cristais ou pedras com características de gema podem ser utilizados na forma de remédios para purificar a corrente sanguínea em casos de intoxicação. Um elixir elaborado de cristais de rodocrosita de um profundo vermelho-alaranjado pode ter valor considerável no tratamento de câncer e na purificação do fígado.

A rodocrosita revela-se mais atraente quando usada como joia. Como gema, sua essência transparente faz vibrar a consciência, elevando-a à esfera da conscientização espiritual. Em estado semiprecioso, canaliza a conscientização espiritual ao corpo físico para sua manifestação. Pedras preciosas ou semipreciosas podem servir ao mesmo objetivo em disposições de cura. Sob qualquer forma, para qualquer finalidade, o espírito torna-se mais bem integrado com a matéria.

Outro atributo curativo positivo da rodocrosita consiste em sua capacidade de ajudar na recuperação da vista fraca. Muitas vezes, as causas da visão enfraquecida originam-se do fato de uma pessoa "não querer ver" nem admitir certos elementos da vida ou de suas experiências pessoais. Tais atitudes de fuga e negação podem vir a afetar a visão. Nesses casos, pequenas pedras de rodocrosita podem ser colocadas ao redor dos olhos, para ajudar um indivíduo a aceitar, interpretar de modo positivo, assimilar e integrar o que sente em relação ao que é visto.

As gemas de rodocrosita podem ser usadas em meditação para que a pessoa se concentre nos desígnios da alma e na obtenção de esclarecimento quanto à missão pessoal de um indivíduo na vida. Pedras ou cristais podem ser mantidos na mão esquerda ou colocados no centro do terceiro olho durante a meditação para o recebimento de sua mensagem pessoal. Podem-se segurar ou colocar as pedras de rodocrosita em pontos acima das sobrancelhas, das têmporas e/ou da sutura central da cabeça para estimular o cérebro, permitindo que uma quantidade maior de energia espiritual habite o corpo físico e se infiltre nos processos do pensamento.

Sugilita (também conhecida como luvulita e *royal lazel*)

Muito embora o nome comum dessa pedra especial seja sugilita, por razões sentimentais nos referiremos a ela como "luvulita".

As propriedades curativas da luvulita foram descobertas apenas há poucas décadas. Até então a raça humana não estava preparada para o seu raio violeta-escuro. Ao contrário do violeta transparente e cristalino da ametista, ela se apresenta, em geral, opaca, não translúcida e fosca. Seu violeta é intenso, escuro e firme.

A luvulita assenta o raio violeta etéreo no fundo da terra, tornando-o mais acessível à cura física. O violeta e o azul são cores atribuídas ao centro do terceiro olho. O raio violeta da luvulita representa o elo entre a mente e o corpo físico. A mente e os pensamentos que dela emanam determinam em grande medida a saúde do corpo físico. A luvulita é uma pedra da Nova Era cujo objetivo é estabelecer controle consciente sobre as faculdades mentais e, assim, obter o poder de cura necessário para equilibrar o corpo físico. Quando colocada sobre o centro do terceiro olho, ela mostrará ao estudioso sincero o que gerou os desequilíbrios físicos e quais lições a experiência implica. Ao chegar a essa conclusão, torna-se, pois, possível desobstruir e libertar as correlações mentais e emocionais com a doença física, permitindo ao corpo manifestar, então, um estado de saúde.

Uma das doenças mais horríveis e devastadoras do planeta continua sendo o câncer. Ele definitivamente se relaciona com a tensão, podendo manifestar-se de muitas formas e atacar qualquer parte do corpo físico. A presença predominante dessa enfermidade em nossa sociedade é um perfeito indício da incapacidade das pessoas em liberar as pressões de sua vida. Raiva, ressentimentos, medo, frustrações, culpa, tristeza ou insegurança provenientes do passado, se não tratados de maneira apropriada, podem se desenvolver e causar tamanho distúrbio no organismo que o corpo não consegue mais lidar com a tensão e sucumbe à pressão interna. A luvulita constitui a válvula de escape da pressão, capaz de trazer paz e compreensão a uma mente e a um corpo que perderam a própria fonte de força. Ela sintoniza o indivíduo com seu corpo mental a fim de que ele descubra o que está gerando o problema físico. Assim, a mente pode assumir as rédeas e obter controle sobre o físico, canalizando grande quantidade de energia curativa para o corpo. Essa força de cura, se usada adequadamente, pode curar qualquer doença e restituir por completo a saúde mental e física.

A luvulita apresenta-se como uma das melhores pedras para uso por parte de pessoas muito sensitivas e receptivas. Almas generosas e bem-intencionadas são, com frequência, dominadas pela intensidade das vibrações e influências negativas deste planeta. Essas pessoas também se mostram bastante suscetíveis a doenças terminais devido à incapacidade de compreender por que o mundo é como é. Em seu desespero e desesperança, é comum preferirem, de forma subconsciente, a morte ao sofrimento. Usar, levar consigo ou meditar com a luvulita ajudará a trazer uma compreensão mental e espiritual de todo o nível físico e, assim, permitir que se espalhem mais luz e amor no mundo. Trata-se da pedra da alta conscientização, que reduz a intensidade do raio violeta para utilização, no plano físico em seus níveis mais densos.

Muitos seres supersensitivos e evoluídos já nasceram e continuam nascendo no mundo. Essas crianças puras constituem-se em artífices da luz da Nova Era, possuindo um objetivo, uma missão bem definida. A luvulita ajudará tais almas preciosas a se integrarem ao mundo e lhes oferecerá proteção contra quaisquer energias prejudiciais a que possam se expor. Seria benéfico colocar essa pedra sob o travesseiro enquanto uma criança dorme, ou levar consigo uma quando a criança nasce para o mundo. Sua essência ensinará essa criança a se adaptar às mais diversas circunstâncias enquanto se mantém em perfeito equilíbrio com o próprio centro iluminado. A luvulita destina-se a resguardar a inocência, a sabedoria e a mágica do mundo das crianças enquanto elas se tornam adultas. Trata-se, também, da pedra ideal para redespertar as qualidades vitais dos adultos que esqueceram como se relacionar nesses níveis.

Ao aplicá-la em sessões de cura, pode-se dispô-la sobre a testa para ligar a mente à sabedoria do terceiro olho. Assim, a mente se tornará a chave para a compreensão do porquê da manifestação da doença, indicando quais correlações mentais e emocionais devem ser corrigidas e equilibradas para se alcançar a cura completa e total. Ao lidar com a luvulita, a mente sintoniza-se com o espírito, que, por sua vez, canaliza sua força curativa de volta à mente e ao corpo. As pedras mais claras, mais pálidas, revelam-se especialmente boas para se colocar sobre as glândulas linfáticas, para limpar e purificar o organismo. Pode-se colocá-las na virilha, debaixo dos braços, ao longo das clavículas ou sobre o baço e o fígado, a fim de depurar o sangue intoxicado. Por outro lado, é possível também usá-las em conjunto com a ametista sobre o centro do terceiro olho, para conduzir a mente a estados meditativos, capacitando-a a penetrar em incrível sabedoria. Essa qualidade as torna perfeitas para se segurá-las ou usá-las enquanto se medita ou reza.

Devido à quantidade limitada de luvulita no planeta e à sua crescente popularidade, localizar essa pedra valiosa tende a ser um grande desafio, e, quando isso acontecer, provavelmente o preço será alto. Entretanto, a perseverança e o preço compensam. Ela pode ser encontrada em cabochões belamente cortados, pedras facetadas de alta qualidade, símbolos esculpidos à mão ou peças rústicas naturais. Ao escolher a peça para seu uso, coloque-a junto no terceiro olho e permita que ela fale a sua intuição se é a adequada para utilização no momento. Confie na resposta que receber e aprecie trabalhar com essa poderosa pedra.

A luvulita traz à Terra a essência do raio violeta e, com ele, todas as dádivas da sabedoria e da devoção. Ela possibilita a transferência de energia dos níveis mais elevados e sutis do nosso ser para a realidade física, ajudando-nos a ser multifacetados conforme o emprego criativo dessa essência em nossa vida. Quando aprendermos a aproveitar nossos próprios recursos, ela nos ensinará a usar esse poder da forma mais sábia. Essa pedra carrega a mensagem do céu para a Terra e nos auxilia a integrar essas energias espirituais à vida diária. Usar, lidar ou meditar com a luvulita dá a uma pessoa o poder de canalizar a energia do raio violeta de alta frequência para cada aspecto da vida. Em decorrência, ela adora ser engastada no mais puro ouro e cercada por diamantes para exibir a nobreza que representa.

A luvulita não tem dúvidas a seu próprio respeito e sobre a razão pela qual está aqui. Possui uma ligação estável com sua fonte de luz e pode, portanto, ensinar o estudioso sincero a estabelecer vínculo com a própria fonte de luz interior. Ela mostrará à mente aberta como é fácil ser humilde, uma vez identificado com a fonte infinita de energia. Então, você percebe que é apenas uma pequena parte do todo cósmico, embora vital e importante, expressando sua própria presença única na criação. A luvulita o ajudará a se sentir bem consigo mesmo, dissipando qualquer dúvida ou insegurança a seu respeito que o impeçam de se identificar com a própria religiosidade. A luvulita diz: "Sua presença é muito importante aqui, e você é amado pelas forças da vida por si sós. Saiba quem é e seja

você mesmo, caminhando sobre a Terra com benevolência e força".
A luvulita é a taça na qual o conteúdo do Santo Graal é despejado, a sabedoria contida em cada átomo e cada alma. Sua presença no planeta neste momento indica que agora é o momento ideal para penetrar nos recursos da alma e alinhar-se com o eu eterno.

À medida que a humanidade evolui a um estado mais iluminado, maiores quantidades de gemas de luvulita serão descobertas, límpidas, transparentes e refletindo a profundidade do espírito. Então, o raio violeta manifestará sua plena expressão gloriosa neste planeta, transportando a sabedoria do universo para o próprio solo da Terra.

Turmalina

A turmalina é uma das pedras mais intensas e belas na Terra atualmente. Sua popularidade cresceu muito nos últimos anos, pois várias pessoas, seja consciente, seja inconscientemente, são atraídas por sua capacidade inata de elevar a vibração do que estiver ao seu redor. Ao observá-la com atenção, podem-se ver longas linhas estriadas projetando-se em paralelas perfeitas. Esse desenho geométrico constitui um dos motivos pelos quais a turmalina tem tanto poder. As linhas canalizam raios elétricos de luz que transformarão de imediato as vibrações mais densas em correntes positivas de energia. Usa-se a turmalina quando e onde se desejar, para aumentar a força da luz. Pode-se colocá-la em altares, pontos de chakra, quartos de criança, plantas, templos ou igrejas e joias. Pode-se, também, dispô-la entre os chakras durante sessões de cura, para ligar a energia de um chakra a outro. É adequada, especialmente, à aplicação em conjunto com a rodocrosita e a malaquita no plexo solar, para integrar os centros de energia superiores e inferiores.

A corrente elétrica altamente carregada que se desloca com rapidez ao longo das estrias da turmalina intensificará o carisma e o esplendor daqueles que a usarem ou a aplicarem com regularidade. Pode-se desenhar e confeccionar uma primorosa joia com esta pedra quando se quiser dirigir a força cósmica para um ser.

A energia da turmalina tecerá uma intricada trama de luz na aura. Com fios de alegria, força, paz e compaixão entrelaçados à natureza de um ser, torna-se fácil apreciar a essência oferecida por essa pedra. Um de seus propósitos consiste em transmitir as virtudes mais nobres e leis importantes do universo para a Terra. Ela tem condições de ensinar aos habitantes da Terra a expandir e transformar conceitos limitados de pensamento em uma realidade muito melhor; uma realidade que agora está muito além do nosso alcance. A turmalina encerra uma mensagem específica: "Alinhe-se com as forças da luz e canalize essa luminosidade ao seu mundo e à sua vida". Essa pedra exemplifica e manifesta tal habilidade ao declarar com arrojo que isso não só é possível mas também constitui o real destino da raça humana.

A turmalina cerca as pessoas com um forte escudo protetor. Isso permitirá o crescimento interior paralelamente ao desenvolvimento da disciplina necessária à extensão dessa luz ao mundo exterior. Essa pedra expressa equilíbrio tanto interior quanto exterior, compartilhando de bom grado suas qualidades genuínas com as pessoas.

Trata-se de uma das pedras mais completas do planeta hoje em dia. Possui a capacidade de refletir todos os raios do espectro de cores, desde o branco límpido até o mais profundo preto, e ajusta sua vibração de modo a manifestar uma expressão perfeita de cada cor. Assim, demonstra a capacidade de ser multifacetada na expressão da luz.

A turmalina forma a ponte por meio da qual a Terra pode se fundir com o céu, e os corpos de energia sutil, alinhar-se com o físico. Ela cria um equilíbrio de forças, reduzindo a frequência do espírito e elevando a da matéria mais densa. Isso produz um entrelace harmônico de energias cósmicas e materiais.

Essa pedra é uma das que não são nativas da Terra. Materializou-se em nosso planeta através de formas superiores de vida, para auxiliar a transição humana para a Era de Aquário. Ela estabelecerá a ponte de arco-íris que a alma poderá atravessar e por meio da qual expressará suas formas multidimensionais. A turmalina gera um equilíbrio de forças, unindo mundos diferentes em um só.

Bastões de turmalina

Os bastões constituem uma das formas mais espantosas desse mineral interdimensional. Longos, delgados, límpidos e de terminação natural, canalizam energia elétrica de alta potência. Se usados com consciência, podem operar milagres. Conduzindo de forma apropriada a força positiva desses instrumentos de luz, podem-se transcender as leis físicas, acarretando uma cura fenomenal. Em uma experiência pessoal, testemunhei um bastão de turmalina de azul multicolorido revigorar uma pessoa que sofria do que é chamado, em termos médicos, de colapso nervoso total. Necessitou-se de várias sessões intensas de cura pelos cristais para o restabelecimento de uma mulher que sofrera completa perda de movimento no braço esquerdo devido a um acidente de carro. Após energizar os nervos e meridianos com o bastão, ela pôde voltar a sentir impulsos e enfim conseguiu mover o braço.

Com treinamento adequado, é possível usar esses bastões ao longo das linhas de sutura do crânio e em pontos específicos na cabeça, para estimular determinados tipos de atividade cerebral. Essa técnica avançada é comparável às cirurgias cerebrais a *laser*, pelas quais antigos e inúteis processos mentais são apagados e substituídos por melhores modelos de pensamento. Tal espécie de terapia facilitará a transformação de hábitos destrutivos em criminosos e jovens desajustados.

Os bastões de turmalina de terminação natural são muito procurados, o que eleva seu custo; mas o investimento compensa. Podem-se encontrá-los em cores uniformes ou com várias tonalidades. Alguns atingem vinte centímetros de comprimento e refletem o colorido de um arco-íris. Quanto mais límpidos, maior é a voltagem elétrica que são capazes de carregar. Pessoas sensíveis e receptivas podem sentir a força dinâmica canalizada por meio desses bastões mágicos.

Acredita-se que laboratórios alquímicos nos mais remotos redutos dos Andes, na América do Sul, criam bastões de turmalinas especiais. Os seres iluminados que realizam tal mágica desmaterializam esses preciosos bastões para transportá-los e rematerializá-los em minas da América do Sul. Esses itens exclusivos, uma vez extraídos, são atraídos pelas pessoas certas, na hora certa. Não há como cometer nenhum exagero ao falar de seu poder. Alguns atingem trinta centímetros de comprimento, apresentam terminação perfeita e manifestam todo o espectro de cores, desde o preto na base até uma ponta terminal branca. Esses instrumentos de luz são atraídos por aqueles que sabem por intuição como usá-los. Devem-se protegê-los e mantê-los seguros todo o tempo. Esses bastões mágicos, se empregados de forma apropriada, farão vibrar todos os chakras simultaneamente, enquanto alinham a consciência com a força cósmica onipotente.

Turmalina verde (verdelita)

Trata-se de uma pedra curativa em todos os sentidos, estendendo sua energia da mais pura essência espiritual sutil à forma material mais bruta. Ela é capaz de purificar e fortalecer o sistema nervoso, capacitando-o a conduzir quantidades maiores de força espiritual. Quando o corpo físico altera sua frequência para se ajustar à energia da turmalina verde, o equilíbrio hormonal muda para acomodar uma força elétrica maior. Quanto mais energia for carregada para dentro do organismo, mais elevados serão os graus de consciência. Podem-se usar os bastões dessa turmalina no rastreamento de linhas do meridiano e cursos de nervos, para energizar os sistemas elétricos do corpo. A turmalina verde é excelente para aliviar fadiga e a exaustão crônica. Suas constantes propriedades rejuvenescedoras tornam-na a mais benévola de todas as pedras verdes que ofertam vida. Ela atrairá abundância e prosperidade aos que a usam.

Variando desde o pálido verde-claro ao tom mais escuro de esmeralda, essa pedra oferece uma variedade de aplicações. Alguns artistas a usam para inspirar criatividade. Outras pessoas recorrem a ela para selar fendas áuricas que as tornam vulneráveis a influências negativas. Muitos empregam-na para fortalecer a capacidade de projetar, criar e manifestar suas metas. Seja qual for a aplicação, a turmalina verde vai se ajustar de modo a satisfazer as necessidades específicas do indivíduo.

Turmalina rosa (rubelita)

Trata-se de uma das pedras da tríade do chakra do coração. Pode-se usá-la em conjunto com o quartzo rosa e a kunzita, para iniciar a ativação completa do chakra do coração. Em primeiro lugar, o quartzo rosa concentra-se no desenvolvimento do amor-próprio, que, a seguir, a kunzita ativa e prepara para expressão exterior. Com essa base pronta, a turmalina rosa pode, então, exercer sua influência para oferecer esse amor ao mundo de forma gloriosa. Ela é a doadora do amor na esfera material. Sua mera presença gera alegria e entusiasmo pela vida. Essa pedra anuncia com júbilo que é seguro amar e correto gostar e expressar sentimentos. Ela se autoprotege com a própria e infinita fonte de compaixão, que não conhece o medo nem o impedimento, transformando dinamicamente as barreiras que vinculam o coração à tristeza e ao medo.

Utilizar, levar consigo, usar a turmalina rosa ou com ela meditar inspirará o coração a se livrar de mágoas passadas e voltar a confiar na força do amor. Muitas doenças originam-se e têm raízes profundas na dor emocional. O rosa vigoroso dessa pedra faz o chakra do coração vibrar em uma frequência que vai dissolver e dissipar sentimentos antigos e destrutivos armazenados (veja no Capítulo 3 o item "Espiral de turmalina rosa"). Uma vez desobstruídas essas impressões do passado, o coração poderá, então, passar a conhecer o verdadeiro propósito de sentir: expressar a exuberância e a alegria do amor.

A turmalina rosa varia em tonalidades do vermelho-escuro ao pálido rosa-claro. Cada matiz apresenta um desígnio ligeiramente diferente, mas todos destinam-se a satisfazer as expressões mais elevadas do coração.

Turmalina negra (conhecida como escorlo)

A turmalina negra desvia as energias negativas em vez de absorvê-las. Trata-se de uma pedra para se aplicar, usar ou levar consigo quando se vai a ambientes negativos ou se espera entrar em contato com energias densas ou pesadas. Ela ajuda a formar um escudo protetor contra os efeitos de influências perniciosas, sejam elas físicas, sejam psíquicas. Pode-se também empregá-la para neutralizar as próprias energias negativas, ou seja, raiva, ressentimento, inveja, insegurança etc. O porte ou uso de uma peça de turmalina negra reduz drasticamente as tendências neuróticas.

O preto vibrante refletido pela turmalina irradia luz. Trata-se de uma das melhores pedras para assentar energias espirituais, e a ideal para se colocar sobre os pontos de chakras inferiores durante sessões de cura, a fim de canalizar a energia dos chakras superiores para o corpo físico e utilizá-la. Os bastões podem ser dispostos nos joelhos ou pés, com as terminações voltadas para os dedos, de modo a expulsar as energias negativas do corpo. Podem ser usados também para dirigir as energias do chakra da coroa ao da base. Se houver bloqueio em algum lugar do corpo físico ou áurico, os bastões dessa turmalina podem ser suspensos sobre a área comprimida e girados em sentido anti-horário, para desobstruir e liberar as energias contraídas. Ao praticar essa técnica, aconselha-se também a se virar, no mínimo, três cristais de quartzo transparente em direção à área afetada para ajudar a dissolver o bloqueio.

É possível, ainda, encontrar a turmalina negra em quartzo transparente (chamado quartzo turmalinado). A combinação do branco puro com preto radiante cria uma polaridade perfeita de energias. Pode-se usar o quartzo turmalinado para eliminar praticamente qualquer grau de energia negativa, sutil ou física. Trata-se da manifestação da união entre as forças da luz e da obscuridade para servir a uma meta comum.

A turmalina negra é um servo dedicado da luz que trabalha com diligência para trazer uma expressão mais clara e luminosa ao mundo e à vida daqueles atraídos a usar seus poderes. Ela ensinará seus alunos a permanecerem radiantes nas circunstâncias mais obscuras e como manter a consciência espiritual durante a vida em meio às grandes cidades poluídas e mesmo cercados de pessoas inconscientes. Essa pedra revelará seus segredos de como plantar na mente das pessoas sementes que eventualmente desabrocharão em flores de maior conscientização.

Turmalina bi, tri e multicolorida

Peças bi, tri e multicoloridas são um prazer para a contemplação, proporcionando alegria ao se trabalhar com elas. A turmalina apresenta um reflexo límpido de todas as cores do espectro, combinando e misturando-as com criatividade, algumas chegando a exibir até quatro ou cinco tonalidades diferentes. Os bastões costumam manifestar vários tons do mesmo matiz. Essa capacidade de unir várias cores na mesma pedra simboliza a possibilidade de muitas nações, raças e povos viverem juntos, em harmonia. Cada cor apresenta-se em sua expressão perfeita enquanto se adapta e respeita os direitos das demais em tomar parte da mesma pedra. Podem-se descobrir castanhos-escuros convivendo muito bem com verdes, e rosa dividindo harmoniosamente o mesmo espaço com azuis.

Um dos melhores esquemas de cor para se trabalhar em disposições de cura é a combinação rosa/verde. Essa turmalina bicolor constitui a melhor pedra curativa para o chakra do coração. O raio verde cura as feridas emocionais armazenadas no coração enquanto o rosa inspira o amor a fluir para dentro e para fora. Atuando em conjunto, a turmalina rosa/verde serve para, ao mesmo tempo, arrancar as ervas daninhas e plantar novas sementes. Pode-se usá-la, em sessões de cura, sobre ou ao redor do chakra do coração, bem como na área do plexo solar. Ela rejuvenescerá e reanimará o coração que sofre os golpes da vida. Essa importante pedra bicolor ajuda a desenvolver o senso de humor daqueles que levam a vida demasiadamente a sério. Ela alivia a carga para que se possa ver, sentir e expressar a verdadeira beleza interior.

Capítulo 5

Resumo das Energias de Outras Importantes Pedras Curativas

Este capítulo contém um resumo dos efeitos e das energias de outras importantes pedras curativas. Muitas delas constituem "pedras de poder das eras", usadas durante milhares de anos devido a suas propriedades de cura; outras apresentam menores reputação e herança. Todas servem à aplicação em disposições de cura pelos cristais e algumas podem até atender melhor a necessidades individuais específicas do que as pedras da Nova Era. Como sempre, ao lidar com as qualidades curativas das pedras, selecione aquelas que melhor corresponderem às carências da pessoa de quem se está tratando. Certas pessoas podem se mostrar mais capazes de assimilar as energias dessas pedras do que as das pedras da Nova Era, de frequência mais alta. Todas as pedras apresentadas a seguir são nativas da Terra e podem ser utilizadas para transformar a natureza básica do ser humano, possibilitando maior acesso e assimilação às energias mais puras do eu.

Essas pedras, assim como as relacionadas no quadro do item "A família do quartzo", do Capítulo 4, são importantes colaboradoras no processo de transformação, podendo ser usadas em trabalhos de cura, na meditação, como remédio ou joias.

Âmbar

Não se trata de uma forma cristalina, nem se pode classificá-la literalmente como pedra. Na realidade, consiste em seiva de pinheiro petrificada, com milhões de anos de idade. Capturados dentro da seiva, encontram-se com frequência pequenos insetos, flores, sementes e outros resíduos de natureza pré-histórica. Essas formas preservadas de vida tornam o âmbar um achado arqueológico digno de estudo.

Ele não emite uma energia curativa forte, mas detém o poder de afastar doenças do corpo. É benéfico colocar peças de âmbar sobre qualquer parte do corpo em desequilíbrio ou com dor. Ele absorverá a energia negativa e ajudará o corpo a se restabelecer. Muitas vezes, após usá-lo para tais fins, ele se tornará bastante opaco e nebuloso. Limpe-o sempre depois de utilizá-lo, para assegurar sua potência curativa e evitar que ele venha a espalhar energia negativa.

Na cura, o âmbar costuma ser utilizado sobretudo por seu brilhante reflexo de tonalidade dourada. Colocando-o sobre a região dos órgãos internos, podem-se revitalizar esses tecidos. A cor dourado-alaranjada associa-se ao chakra do umbigo e ao assentamento de energias no corpo físico. O âmbar é indicado para pessoas com tendências suicidas, que não desejam estar em um corpo físico ou que se deprimem com facilidade. Ele ajudará a acomodar as energias superiores no plano físico para sua utilização pelo corpo, com finalidade curativa e harmonizadora. Pode-se convertê-lo em joias maravilhosas, a serem usadas por sua beleza bem como pelos efeitos assentadores e estabilizadores.

Azurita

Chega um tempo na evolução de cada alma em que se torna necessário desafiar a própria natureza da realidade pessoal de um ser. Ao abandonar velhos sistemas programados de crença, é possível dar um importante salto para uma realidade maior e experimentar a conscientização expandida que surge quando se substituem conceitos obsoletos por uma compreensão mais profunda da vida. A azurita destina-se a esse salto. Representa a luz que dissolve a obscuridade de cada temor e a transforma em discernimento mais claro. Sua radiante tonalidade azul-escuro tem a capacidade de deslocar pensamentos subconscientes para a mente consciente. Quando os padrões mentais afloram, podem-se examiná-los e testá-los de maneira objetiva perante uma pedra de toque mais pura, que seja fundamentada em maior introspecção e perspectiva, em busca da verdade. A azurita motiva o raciocínio mais elevado, trazendo à tona profundos modelos de pensamentos subconscientes para serem examinados pela percepção consciente. Esse processo renova, reanima e volta a motivar o raciocínio para servir a um propósito mais nobre.

Na antiga época egípcia, essa valiosa pedra foi usada por eminentes sacerdotes e sacerdotisas a fim de elevar sua percepção a um estado de consciência divina. Atualmente, pode servir a um desígnio semelhante. Somente agora suas energias estão mais assentadas para nos ajudar a criar o paraíso na Terra, renovando a crença em nossa própria fonte de luz. No processo evolutivo, a azurita tornou-se mais densa, embora não menos brilhante ou poderosa.

A pureza desses cristais purifica a mente e a alma, trazendo luz e verdade em substituição a sistemas de crença ultrapassados. Seu intenso e vibrante azul possui a capacidade de deslocar a energia curativa por todos os níveis de um ser – do físico ao mais sutil. A azurita age como catalisador para iniciar a transformação que integra a Terra ao éter, o físico ao espiritual. Essa ligação ocorre quando se purifica a mente subconsciente, permitindo que a luz interior se infunda em pensamentos, sentimentos, palavras e ações.

Bastões de azurita com características de gema e naturais podem ser encontrados, em ocasiões especiais, em exposições de gemas e minerais, sendo instrumentos preciosos e poderosos. Podem-se dirigir suas terminações para as têmporas ou o centro da testa a fim de iniciar a estimulação do terceiro olho. Como sempre, ao usar objetos de poder como esses, recorra ao seu guia superior e cerque visualmente a si mesmo e ao seu receptor com luz.

Nódulos de azurita, ou pedras curativas, podem ser colocados sobre qualquer parte do corpo em que haja bloqueio físico. Quando o raio de azurita penetra e desloca a energia, é bem provável que os motivos psíquico-emocionais para o bloqueio físico aflorem à mente. Quando isso ocorre, pode ser necessário prestar ajuda em forma de aconselhamento ou meditação para liberar as raízes do bloqueio.

Cornalina

Trata-se de uma das pedras mais populares da família das calcedônias. Essa ágata vermelho-alaranjada compõe-se de dióxido de silício, comumente conhecido como quartzo. É um dos compostos químicos mais comuns na Terra. A cornalina não tem o formato dos cristais terminados de seis facetas, como o quartzo transparente e a ametista, também vibrando em uma frequência mais baixa de energia. Mesmo assim, merece o crédito de constituir um colaborador importante da família do quartzo.

Ela, como todas as ágatas, evoluiu com os ciclos da Terra e tornou-se uma das pedras de poder das eras. A cornalina é a gema da Terra, símbolo de força e beleza de nosso planeta. Representa as alvoradas dourado-alaranjadas, os pores do sol avermelhados, as folhas do outono e a riqueza profunda do solo fértil. Desenvolveu-se e evoluiu com a raça humana por milhares de anos. Pode auxiliar o indivíduo no ensinamento de como moldar um lugar único para si na vida e utilizar o poder pessoal no mundo físico.

A cornalina não constitui uma fonte de energia de alta potência, mas atrairá luz para os próprios objetivos. Em vez de projetar e emanar essa luz, como as pedras transparentes de vibração mais alta, reflete de volta a profundidade de cor de nosso próprio mundo físico. Por ser nativa da Terra e carregar as histórias e os registros do planeta, pode-se utilizá-la para ver o passado.

A cornalina serve para se assentar energias e manifestá-las no plano físico. É boa para pessoas distraídas, confusas ou desatentas. Ela assenta a atenção no momento presente para que se possa concentrar sobre acontecimentos correntes e, assim, tornar-se mais produtivo. Quando aplicada em meditação, ajuda na concentração da mente em intenções e metas mais nobres.

Trata-se de uma boa pedra para se colocar sobre o umbigo e a área pélvica em caso de infertilidade ou impotência. A tonalidade vermelho-alaranjada estimula o chakra sexual e auxilia na purificação do sangue para livrar os órgãos reprodutivos de quaisquer bloqueios físicos de energia capazes de impedir a procriação bem-sucedida.

A cornalina se presta muito bem para belas joias ou medalhões religiosos. É, com frequência, usada em bolsinhas e amuletos medicinais por aqueles que desejam aproveitar sua energia para proteção. Ela estimula o amor e a apreciação mais profunda pelo belo e pelas dádivas da Terra.

Hematita

Na hematita, o verde-escuro metálico combina-se com o vermelho-escuro para criar um purificador potentíssimo para o corpo físico. Essa pedra constitui um importante elemento de cura, pois depura o sangue e fortalece os órgãos purificadores do sangue: rins, fígado e baço. A combinação entre o vermelho e o verde resulta em tremendo poder, que dirige a tonalidade curativa do verde para a corrente sanguínea, comumente gerando um estado de desintoxicação. Pode-se colocar a pedra sobre o corpo, em regiões congestionadas ou de circulação lenta, em particular sobre os órgãos purificadores. Para pessoas que se purificaram física e emocionalmente, a hematita pode auxiliar a transformar o veículo físico para carregar maior quantidade de luz e energia.

Lápis-lazúli

Trata-se de uma das pedras de poder ao longo das eras. O intenso azul-real com brilhantes partículas douradas sempre foi símbolo de poder e nobreza. No antigo Egito, era conhecido como a cor dos deuses e venerado como um mensageiro do céu. Na vasta terra estéril e seca em que os egípcios viviam, essa intensa tonalidade de azul-cobalto formava um grande contraste com os tons e matizes do deserto árido. As partículas douradas assemelhavam-se às estrelas no céu noturno, sendo consideradas pedras de toque para a verdade e a luz. Os egípcios acreditavam que, ao meditar sobre essas cores, podiam tocar a barra do manto infinito de Deus.

Com frequência, moía-se a pedra a fim de transformá-la em tintura para colorir as vestes de sacerdotes eminentes e pessoas de sangue real. Ao usar essa cor, os egípcios sentiam-se como representantes dos deuses e achavam que as forças sobrenaturais dariam poder a sua vida. Também trituravam-na para elaboração de remédios para certas enfermidades e como antídoto para venenos. Pensava-se que esse profundo poder azul de Deus limparia o organismo, livrando-o de impurezas e toxinas. Os egípcios acreditavam também que a alma existia na mente e abrigava-se no cérebro, e o lápis-lazúli tornou-se um curador mental e purificador espiritual. Utilizou-se a pedra para expurgar a alma da possessão demoníaca pulverizando-a, misturando-a com ouro, preparando-a em cataplasmas e colocando-a sobre a coroa da cabeça. Ao secar, ela expulsava os demônios e retirava as impurezas da alma. Em casos extremos, fazia-se um pequeno orifício no crânio e despejava-se a mistura dentro da cabeça do possuído.

Atualmente, o lápis-lazúli serve como purificador tanto mental quanto espiritual. Pode ser usado de modo consciente em determinadas circunstâncias por espíritos altamente evoluídos, para expurgar ou livrar a alma do passado que não é mais necessário carregar. Por outro lado, é possível também colocá-lo sobre a área do terceiro olho a fim de penetrar bloqueios subconscientes no intuito de estabelecer contato com a mente intuitiva e neutra. Essa pedra ajudará o indivíduo a desenvolver estabilidade e o poder da mente, que possibilitarão a atuação da força espiritual. Ela atrai a mente para o interior à procura de sua própria fonte de poder. Nesse processo, é comum haver muitos padrões de memórias antigas com feridas emocionais que precisam de libertação e cura – embora o lápis-lazúli penetre em vez de curar. Por isso, aconselha-se o uso de uma pedra curativa específica em conjunto ao se realizar esse tipo de trabalho (aventurina verde, quartzo rosa, ametista). O lápis-lazúli representa a passagem pelas próprias escuridão e ilusão, pelo próprio subconsciente, para verdadeiramente identificar o próprio Eu-Deus. As partículas de ouro simbolizam a sabedoria alcançada ao término desse processo.

Malaquita

Eu sou a malaquita, a chama verde, o setor do quarto raio. Eu sou o dragão, o medo satânico, o lagarto, a serpente, o sapo, o obtuso. Tu me conheces em teus sonhos modestos...

Eu sou a roda, o centro – o universo em desenvolvimento. Sou o vácuo negro, a densidade em manifestação. Sou o útero da criação.

Sou o que ainda é desconhecido, não criado, não manifesto dentro de você.

Sou velho; tu me conheces desde o início dos tempos. Sou o pensamento original, o propósito original.

Deves trabalhar comigo e através de mim. Alguns dizem: "Eu sou obtuso", e, portanto, não atraente. Entretanto, deves superar a obtusidade enquanto subsiste neste planeta. De que outra forma entenderás a natureza do espírito e a lei espiritual, a menos que cries com a esfera material?

Não há parte de teu corpo que permaneça intocada por mim, pois eu sou a criatividade, a essência da alterabilidade dentro de ti.

Minha máscara é a escuridão; meu propósito, a criação. Eu sou o útero, o lago sagrado.

Não procures compreender-me por completo; minha essência é impenetrável. Eu sou o desejo mais profundo em teu coração, o medo mais intenso na tua mente, o processo supremo da experiência – CRIAÇÃO.

Usa o poder do EU SOU com sabedoria. Eu sou a malaquita.

Gary Fleck

A malaquita é uma das pedras mais antigas entre as que se conhecem e vem sendo usada há milhares de anos por suas propriedades curativas e transformadoras. Nos tempos do antigo Egito, era utilizada por classes mais privilegiadas como uma de suas principais pedras de poder. Servia de força de assentamento para ajudar a classe dominante a canalizar energias superiores para o planeta. Os faraós comumente alinhavam-na no interior de seus ornamentos de cabeça, acreditando que isso os auxiliaria a governar com sabedoria. Também triturava-se a pedra para aplicação do pó sobre os olhos em casos de vista fraca e também para a visão interior, além do uso com fins cosméticos.

A malaquita pode servir a diferentes objetivos para diferentes pessoas. Se um indivíduo for muito evoluído e dedicado a finalidades humanitárias, essa pedra ajuda no assentamento de energias superiores no planeta para sua utilização em tais desígnios. Para aqueles em processo de purificação, ela age como expurgo e espelho para o subconsciente, refletindo na mente consciente, o que requer depuração.

A malaquita personifica o profundo verde curativo da natureza e representa a beleza inata de ervas, flores, árvores, raízes e plantas da Terra. Manifesta um intenso verde dévico que rege o plano material. Essa pedra é opaca e não transparente, absorvendo energia em vez de emiti-la. Ela é adequada, portanto, à disposição sobre áreas doentes ou doloridas para extrair a energia negativa e trazer à tona suas causas psíquico-emocionais. Devido às propriedades de absorção, é importante limpá-la após o uso, pois pode se tornar fosca e sem vida, perdendo seu poder ao assimilar energia negativa em demasia. O método mais eficaz de limpeza consiste em colocá-la sobre um grande agregado de quartzo por no mínimo três horas. Pode-se também purificá-la pelo processo água-sol (veja no Capítulo 2 o item "Cuidado e limpeza de pedras e cristais"). Não se recomenda a utilização de sal, uma vez que o material é muito macio e arranha com facilidade.

Há grande movimento, fluxo e energia nas linhas, círculos e desenhos que formam os infinitos padrões criativos inerentes à malaquita. Várias histórias são contadas pelas figuras encontradas nessas pedras, reveladoras de sua mensagem e objetivo. Por exemplo, uma pedra que de um lado apresente dois círculos entrelaçados e do outro lado apenas um círculo pode servir para harmonizar a dualidade dentro de um ser ou de um relacionamento. Sintoniza-se a malaquita, que pode ou não conter símbolos ou figuras, colocando-a no terceiro olho e, intuitiva ou visualmente, recebendo a mensagem que ela tem a transmitir. O desenho de olho de boi encontrado nela constitui um poderoso recurso de concentração e pode ser posto sobre o terceiro olho em busca de visão interior ou concentração durante a meditação. As pedras olho de boi também podem ser dispostas sobre qualquer parte do corpo ou sistema de chakra que se necessite desobstruir, para permitir a circulação de mais energia. As pedras com linhas retas deslocarão a energia na direção dessas linhas.

A malaquita é como um amigo bom e honesto – alguém que lhe dirá a verdade sobre si mesmo e ajudará a trazer à tona o que sua mente consciente desconhece ou não vê. Devido à capacidade de revelar o que não está evidente, confere-lhe com frequência o tabu de pedra curativa. Quando manipulada ou usada tanto no corpo quanto em meditação, atrairá, fará aflorar e refletirá o que impede o crescimento espiritual. Assim, deve-se usá-la sempre com respeito e consciência dos efeitos purificadores envolvidos. Essa pedra de poder tem melhor utilização em conjunto com a meditação, para ajudar a equilibrar e liberar os entulhos que trará à tona.

A malaquita é uma pedra curativa para todos os fins e pode ser aplicada sobre qualquer chakra ou parte do corpo. Entretanto, serve melhor ao plexo solar, para a desobstrução de emoções estáticas ou reprimidas. Ao se desobstruir e abrir o plexo solar, a energia pode fluir com liberdade entre os chakras inferiores e superiores. Quando colocada diretamente sobre o ponto do plexo solar, libera a tensão do diafragma e restaura a respiração plena e profunda. Isso equilibra a energia entre o centro do coração e o chakra do umbigo, criando um estado físico e emocional de bem-estar. Quando a malaquita combina-se com outros minerais, altera suas características e não mais manifesta as linhas, círculos e padrões definidos revelados ao expressar a própria e genuína natureza. Como em todos os relacionamentos, deve ceder uma parte da própria identidade para se fundir com outra pedra. Por ser um parceiro tão congenial, ela é capaz da renúncia necessária para participar de uma união significativa com as duas principais pedras que constituem parceiras imediatas: a azurita e a crisocola. Tanto uma como a outra apresentam tonalidades diferentes de azul, cada qual com capacidade para se fundir com o poderoso verde metálico. Unindo-se, criam-se novas entidades – herdeiras de suas próprias características e objetivos.

Malaquita-azurita

Quando a malaquita e a azurita se unem, as tonalidades curativas verdes da primeira suavizam o azul-escuro da segunda, criando assim uma pedra com poderes de cura ampliados. A malaquita abre mão de um pouco de suas aptidões exploradoras para ceder ao azul-escuro da azurita e renuncia a uma porção de seu poder e clareza de definição, produzindo um raio mais leve e calmante.

Essa combinação pode servir para todos os casos em que tanto uma pedra quanto a outra, sozinhas, seriam colocadas sobre uma área bloqueada ou congestionada. A atuação conjunta resulta em maior poder de cura e assimilação. A azurita por si só penetra e desloca energia. Com sua colega malaquita, esse processo torna-se mais assentado e integrado. A combinação malaquita-azurita acalma o estado de ansiedade que, em geral, acompanha a doença física, para que o processo de restabelecimento possa ocorrer. A união de azul e verde acalma e possibilita essa recuperação. O azul abranda a tensão para que o verde curativo possa atuar em nível físico. Trabalhando em harmonia, o azul penetra e o verde desencadeia a força curativa. A malaquita-azurita age como um cobertor que se pode enrolar em alguém, gerando alívio para a ocorrência do processo de cura.

Quando disposta sobre o terceiro olho para purificar o subconsciente, é provável que muitos pensamentos e sentimentos passados penetrem a consciência. Podem-se neutralizar e liberar esses pensamentos carregados de emoção, formando um estado mental mais elevado e claro. A azurita sozinha passará pelos estados mentais negativos (depressão, ansiedade etc.) para iniciar uma experiência intuitiva. A malaquita-azurita ajuda a estabelecer tal experiência como realidade pessoal em vez de um estado transitório.

Ao usar essa pedra em si mesmo ou em outros, prepare-se para as liberações emocionais e a desintoxicação física. Esteja pronto para guiar a si ou ao seu receptor pelo processo de purificação, que pode envolver aconselhamento, meditação, empatia ou crenças.

Malaquita-crisocola

O casamento entre malaquita e crisocola constitui uma união realmente especial. O intenso verde metálico da primeira e o azul-celeste da segunda combinam-se com harmonia para criar um equilíbrio evidente do espectro das cores verde-azul. Na presença da energia feminina da crisocola, a malaquita abranda sua força, muitas vezes a ponto de se tornar translúcida ou néon. A crisocola também abre mão de aspectos de sua natureza ao se tornar passiva à malaquita. Assim, a crisocola apresenta o potencial de se elevar em vibração para manifestar a transparência de uma gema. Quando isso ocorre, aumenta o poder de cura, pois a luz torna-se, então, capaz de se irradiar em sua plenitude através da pedra. Ao ceder e combinar-se, ambas elevam sua frequência a um nível raramente atingido quando sozinhas. Harmonizando seus poderes, as duas oferecem um serviço único para a renovação pessoal e do mundo.

Essas pedras simbolizam a totalidade e, com frequência, assemelham-se a pequenas "terras" – com os continentes e a água representados pelos verdes e azuis. Adaptam-se extremamente quando colocadas sobre grandes agregados de quartzo transparente, enquanto se oferece uma prece pela paz mundial. Nesse sentido, as energias geradoras do quartzo continuarão a projetar a imagem mental da paz muito depois de a prece ser feita.

Quando usada ou colocada sobre uma área em desequilíbrio, a malaquita-crisocola empresta sua sensação de paz e bem-estar, comunicando a mensagem de totalidade ao corpo. Pressentindo isso, as células e os tecidos internos reagem ao estímulo sutil e empenham-se por se alinhar com essa imagem de harmonia. Quando se dispõem essas pedras sobre a área do terceiro olho, a mente se acalma, neutralizando-se os padrões negativos de pensamento. Ao se colocar uma no terceiro olho e outra no plexo solar, a mente e o corpo entram em alinhamento. Isso estabelece tal harmonia, que possibilita ao indivíduo comunicar-se com mais clareza e compaixão.

A malaquita representa o verde curativo da Terra e a crisocola, o azul infinito do céu de verão. Combinando as energias da Terra e do éter, essas pedras podem ajudar a equilibrar e integrar o físico ao espiritual, criando um senso de totalidade e bem-estar.

Pedra da lua

Essa pedra ajuda a acalmar e a equilibrar as emoções. Quando as reações emocionais prevalecem, é difícil ligar-se aos planos superiores da realidade. Como a malaquita faz o subconsciente aflorar, a pedra da lua equilibra, abranda e cura, de modo que um indivíduo não viva nem se identifique com estados emocionais. Ela propicia o domínio das emoções, trazendo-as sob o controle da Vontade Superior, em vez de se reprimi-las ou expressá-las. O subconsciente armazena muitos padrões emocionais antigos. A pedra da lua age como guardiã à entrada do subconsciente e serve para nos proteger de nossas próprias emoções. Isso, por sua vez, permite o desenvolvimento de maior conscientização. Pode-se colocá-las no centro do *chi* (o Centro da Lua), para gerar esse equilíbrio. Também são muito úteis às mulheres na época do ciclo menstrual, para auxiliar no equilíbrio físico, hormonal e emocional. Além disso, ajudam os homens a se sintonizarem mais com o aspecto feminino de sua natureza. As pedras da lua condensam o signo astrológico de Libra, o supremo equilíbrio alcançado por meio da neutralização de emoções negativas. Essas pedras constituem uma dádiva, permitindo a sensação de tranquilidade e paz de espírito. Uma vez obtida essa experiência e incorporada à nossa natureza, o medo de sentir é neutralizado e o equilíbrio emocional, atingido.

Peridoto

Essa pedra manifesta uma das tonalidades verdes mais límpidas e vibrantes da natureza, embora a vibração não seja tão alta nem tão intensa quanto a de algumas das outras pedras nesse espectro de cor. A malaquita e a esmeralda também exibem esse tom, mas seu verde mistura mais do raio de matiz azul. As pedras verdes/azuis conduzirão a energia para os níveis mental, emocional e espiritual, enquanto maiores quantidades de amarelo trarão o verde curativo para o plano físico. Devido à maior porção de amarelo inerente ao peridoto, ele afeta diretamente a região do plexo solar e do umbigo, regida por energias amarelas/verdes. O peridoto manifesta um verde do plano terreno que iniciará a cura dentro do corpo físico. Ao colocá-lo sobre o plexo solar, pode-se relaxar e liberar a tensão emocional nervosa conhecida como "frio na barriga". Também ajuda a equilibrar o sistema endócrino, sobretudo as glândulas endócrinas, que controlam a saúde do corpo físico e associam-se diretamente aos chakras. O peridoto age como um tônico para animar e acelerar todo o organismo, deixando-o mais forte, mais sadio e mais radiante.

O amarelo também costuma ser associado à mente e ao intelecto. O peridoto pode afetar certos estados emocionais negativos, tais como raiva ou inveja. Pode ainda purificar e curar mágoas, egos feridos e até ajudar a reparar relacionamentos deteriorados.

Seu período mais abundante e popular foi durante as décadas de 1930 e 1940. Sua energia curativa aflorou no decorrer da Segunda Guerra Mundial, para ajudar milhões de pessoas que sofriam da angústia mental resultante do período opressivo de guerra. Constituía-se também em uma pedra relativamente barata e fácil de adquirir em tempos de depressão econômica.

Usar ou visualizar seu vibrante tom verde-amarelado é mentalmente estimulante e fisicamente regenerador.

O peridoto continua tão radiante e rejuvenescedor quanto antes, servindo ainda ao mesmo desígnio. Trata-se de um bom presente para pessoas incapazes de se relacionar com as realidades além do mundo físico. Auxiliará no desenvolvimento e no bem-estar físicos.

Selenita

Os cristais naturais de alta qualidade de selenita apresentam uma das qualidades mais límpidas de transparência encontradas no reino mineral. Esse grau de claridade reflete um raio puro de luz branca em qualquer ambiente onde os coloquemos. Quando utilizados como peças pessoais de meditação, esses cristais acarretarão uma compreensão consciente do senso de verdade interior próprio de um indivíduo. Assim, pode-se empregá-los para acalmar e desanuviar estados mentais de perturbação ou confusão. A cor branca associa-se ao chakra da coroa. A selenita pode ser aplicada em meditação ou em sessões de cura para ativar os centros mais elevados de energia. Pode-se pôr um cristal pequeno no topo da cabeça para estimular a atividade cerebral e expandir a conscientização. Ela simboliza o estado mental mais claro passível de ser atingido, em que todos os pensamentos que penetram a consciência originam-se da fonte e constituem reflexos diretos do puro espírito. Pode-se utilizá-la para o aperfeiçoamento da mente e dos poderes mentais. Não serve muito ao propósito de curar corpos físicos ou emocionais mais densos.

Alguns cristais de selenita contêm delicadas inclusões lineares em seu interior. Essas estrias finas assemelham-se às linhas de um livro, que transmitem a história das mensagens registradas em suas páginas. Essas mensagens podem consistir no próprio registro da história da Terra à qual a selenita se expôs. Os registros também podem representar dados intencionalmente projetados e armazenados por antigos magos ou alquimistas, quando sua existência estava ameaçada. Naqueles tempos obscuros, quando eram queimados como bruxos e banidos como hereges, eles desejaram preservar seu conhecimento, sua sabedoria, seus compostos químicos e segredos alquímicos dentro de cristais de selenita, para que fossem recuperados no futuro. Acreditavam que, no lugar e tempo certos, a pessoa certa perceberia os tesouros contidos no interior do cristal, sintonizaria a mente com ele e compreenderia os mistérios ali gravados. Assim, esses mestres da magia branca continuariam a levar os ensinamentos a estudantes que tivessem o devido mérito; que, pela própria sintonia intuitiva, teriam conquistado o direito de obter tal conhecimento.

Devido à habilidade de gravar informações, a selenita serve para comunicação telepática entre pessoas de disposição semelhante. Um indivíduo pode emitir um pensamento ou uma mensagem específica para o cristal e o outro o sintoniza e a recebe. Esse tipo de comunicação por meio de transferência de pensamento pode ser utilizado nos casos em que uma informação não se destina a mais ninguém ou quando requer segredo. Tal manipulação da selenita ajuda no desenvolvimento de poderes telepáticos. Para essa aplicação, os cristais devem ser excepcionalmente límpidos e purificados após cada pensamento projetado.

Como os cristais de selenita contêm impressões de eventos ocorridos em sua presença, pode-se empregá-los nos casos em que se necessitar conhecer a verdade de uma situação. Por exemplo, se um roubo aconteceu na presença de um deles, pode-se sintonizá-lo para descobrir quem cometeu o crime.

A selenita é um importante membro colaborador do reino mineral, podendo-se empregá-la como pedra de toque para a clareza mental e o desenvolvimento de poderes telepáticos, bem como apreciá-la por sua beleza inata.

Sodalita

Trata-se de um dos despertadores do terceiro olho, que prepara a mente para o recebimento da visão interior e do conhecimento intuitivo. Constitui a mais densa e assentada das pedras de azul intenso e extrai pensamentos profundos, desobstruindo a mente para que funcione de forma apropriada. Quando a mente se acalma, pode-se obter mais perspectiva e compreensão. A sodalita proporciona à mente a habilidade de pensar de maneira racional e intelectual para se chegar a conclusões lógicas. É uma pedra muito boa para aqueles com tendência a ser hipersensíveis e reativos, pois estabiliza o poder mental e permite a uma pessoa realizar a mudança do emocional ao racional. Também se revela boa para se levar consigo, segurar, aplicar em meditação ou colocar sobre a área do terceiro olho a fim de se obter compreensão intelectual do eu de um indivíduo ou de uma situação. Uma vez equilibrada a mente e obtido mais conhecimento, torna-se possível, então, ter uma perspectiva maior da vida. A sodalita ajuda a remover antigos padrões mentais do subconsciente, abrindo caminho ao pensamento consciente. Essa pedra assemelha-se ao intenso azul-escuro do céu noturno, quando se viaja para o fundo da mente, tal como no sono, e se volta revigorado, com mais compreensão e perspectiva. Suas linhas e manchas brancas simbolizam a luz espiritual que surge quando se equilibra a mente.

Capítulo 6

Quadros e Esquema

O Quadro 6.1. Trindades astrológicas destina-se a ajudar as pessoas a canalizarem os efeitos e as energias positivas dos planetas e seus signos astrológicos correspondentes. Se ocorrem intensas conjunções, quadraturas, trígonos ou oposições no mapa de um indivíduo, as pedras associadas a esses planetas e signos podem ser usadas ou manipuladas para auxiliar no aprendizado das lições ministradas por essas conjunções. Se os planetas estiverem em quadratura uns com os outros ou em oposição, as pedras associadas a cada um deles podem ser usadas separadamente, por espaços iguais de tempo, para equilibrar os efeitos. Quando ocorrem trígonos, sextis ou conjunções, as pedras correspondentes podem ser usadas juntas de modo a harmonizar as energias de cada planeta. Ao se tentar sintonizar com os efeitos e as influências dos planetas individuais, devem-se usar pedras específicas para dirigir essa energia para a vida. Se você não estiver a par da astrologia, as pedras podem ser usadas ou aplicadas na meditação para ajudá-lo a entrar em maior sintonia com as energias e as influências dos planetas associados a essas pedras.

QUADRO 6.1. Trindades astrológicas

CHAKRA	INFLUÊNCIAS PLANETÁRIAS	SIGNO ASTROLÓGICO CORRESPONDENTE	COR	TRINDADES DE PEDRAS	PROPÓSITOS
Primeiro	Plutão	Escorpião	Preto	Obsidiana	Despertar do potencial adormecido não manifesto.
				Quartzo enfumaçado	Equilíbrio do espírito na Terra.
Base	Marte	Áries	Vermelho intenso	Hematita	Purificação, energização do veículo da energia.
Segundo	Plutão	Escorpião	Vermelho	Granada	Utilização de energia criativa.
				Rubi	Energia criativa dedicada aos aspectos mais elevados do eu.
Criativo	Marte	Áries	Laranja	Cornalina	Assentamento de energias no plano físico.
Terceiro	Sol	Leão	Laranja	Enxofre	Criação de radiação física.
Umbigo			Amarelo	Citrino	Desenvolvimento de autodisciplina para viver com maior conscientização.
				Topázio	Confiança em expressar o poder de criação.
Plexo solar	Saturno	Capricórnio	Amarelo Verde	Malaquita	Responsabilidade e equilíbrio emocional.
				Peridoto	Fortalecimento/regeneração do corpo.
				Turmalina verde	Fortalecimento físico para utilização de maior força espiritual.
Quarto	Oitava inferior:	Câncer	Pedras de transição	Rodocrosita	Deslocamento de energia – coração para umbigo.
Coração	Lua			Pedra da lua	Equilíbrio de emoções.
				Opala	Intenção consciente das emoções.
	Oitava superior:	Touro	Verde	Quartzo rosa	Desenvolvimento de amor-próprio.
	Vênus	Libra	Rosa	Kunzita	Ativação do chakra do coração.
				Turmalina rosa	Expressão do amor à vida através do compartilhamento.

CHAKRA	INFLUÊNCIAS PLANETÁRIAS	SIGNO ASTROLÓGICO CORRESPONDENTE	COR	TRINDADES DE PEDRAS	PROPÓSITOS
Quinto	Oitava inferior:	Virgem	Azul	Amazonita	Aperfeiçoamento de expressão pessoal.
	Mercúrio	Gêmeos		Turquesa	Clareza na comunicação.
				Crisocola	Expressão da verdade própria de cada um.
Garganta	Oitava superior:			Celestita	Sintonia de um ser com a mente superior.
	Urano	Aquário		Água-marinha	Expressão das verdades universais.
				Sílica-gema	Canalização consciente de esferas superiores.
Sexto	Oitava inferior: Júpiter	Sagitário	Índigo	Sodolita	Compreensão da natureza do eu de um ser em relação ao universo.
				Lápis-lazúli	Penetração na ilusão da mente.
				Azurita	Dissolução de conceitos limitados.
Terceiro olho	Oitava superior: Netuno	Peixes	Violeta	Sugilita	Compreensão da proposta divina.
				Fluorita	Utilização da introspecção visionária.
				Ametista	Rendição da mente à parte mais superior do eu de um ser.
Sétimo	Trans-plutonianos	Oitava superior: Touro	Branco	Selenita	Clareza mental.
				Quartzo	Atividades do chakra da coroa.
Coroa			Límpido	Diamante	Identificação com a parte imortal do eu de um ser.

QUADRO 6.2. Resumo das pedras curativas restantes

Ágata azul rendada	(Azul)	Fluxo pacífico e melodioso da expressão.
Amazonita	(Azul/verde)	Assenta a expressão pessoal.
Apatita	(Amarela)	Intensifica o fluxo de comunicação.
Aventurina	(Verde)	Exemplifica o verde curativo do chakra do coração.
Calcita	(Amarela)	Memória, maior capacidade intelectual.
Celestita	(Azul-claro)	Sintoniza um ser com as esferas superiores.
Crisópraso	(Verde)	Manifesta o poder do plano terreno.
Dioptásio	(Verde)	Rejuvenesce o chakra do coração.
Enxofre	(Amarelo)	Cria radiação física.
Granada	(Vermelha)	Cria estímulo do fluxo sanguíneo.
Marfim		Assenta a positividade física.
Opala		Intenção consciente do uso emocional.
Ônix	(Preto)	Energia do chakra da raiz
	(Castanho)	Assenta a ligação com a terra.
Pérola		Equilíbrio e estabilidade emocional.
Rodonita	(Rosa/preto)	Efetiva o potencial de um indivíduo.
Topázio	(Dourado)	Ligação e manifestação consciente da sabedoria.
Turquesa		Expressão emocional equilibrada.
Wulfenita	(Laranja)	Energiza e purifica o corpo físico.

Família do berilo
  Água-marinha
  Heliodoro
  Morganita
	
	(Azul)
	(Dourado)
	(Rosa)
		
		Expressa verdades universais.
		Liga um indivíduo à sabedoria do eu superior.
		Purifica e abranda a oitava superior do coração.

Família das gemas
  Rubi
  Esmeralda
  Safira
  Diamante
		
		Energia criativa dedicada a Deus.
		Cura poderosa e sutil do corpo.
		Intuição iluminada.
		Identificação pessoal com a Infinidade.

Família do jade
  Vermelho/dourado
 	
  Lavanda
  Jadeíta
  Imperial
	
	(Clara)
	(Escura)
		A pedra do sonho.
		Recebimento de ensinamentos superiores através de sonhos.
		Compreensão psíquica dos sonhos.
		Liberação emocional através dos sonhos.
		Sonhos proféticos representados no plano físico.

QUADRO 6.3. Cores das pedras dos chakras

CHAKRA	FÍSICO	GLÂNDULAS	COR	PEDRAS	ENERGIA
Primeiro Muladhara	Ânus Reto Cólon	Endócrinas	Preto Vermelho	Turmalina negra Obsidiana Ônix negro Quartzo enfumaçado Hematita Realgar Rodonita Granada	Assentamento das forças espirituais no corpo. Aquisição de habilidade para atuar de forma amorosa no plano físico.
Segundo Svadhishthana	Cavidade pélvica Órgãos reprodutores	Ovários Próstata Testículos	Vermelho Laranja	Rubi Wulfenita Cornalina Citrino Âmbar	Utilização de forças criativas em todos os aspectos do ser. Alta procriação da alma. Condução do eu em direção à devoção.
Terceiro Manipura	Cavidade abdominal Umbigo Órgãos digestivos	Baço	Laranja Amarelo	Citrino Topázio Apatita Enxofre Calcita	Assimilação de experiência. Digestão. Uso positivo de poder pessoal. Manifestação de metas.
Quarto Anahata	Cavidade torácica Coração Costela Pulmões	Timo	Verde Rosa	Aventurina Peridoto Malaquita Esmeralda Dioptásio Turmalina verde Rodocrosita Quartzo rosa Kunzita Morganita Turmalina rosa	Liberação de trauma emocionalmente reprimido. Consciência alma/coração. Expressão do amor em ações.
Quinto Vishuddha	Garganta Voz Pescoço	Tireoide Paratireoide	Azul	Ágata azul rendada Amazonita Celestita Crisocola Turquesa Sílica-gema Água-marinha	Capacidade de verbalização. Expressão da verdade pelo poder da palavra falada.

CHAKRA	FÍSICO	GLÂNDULAS	COR	PEDRAS	ENERGIA
Sexto Ajna	Terceiro olho Centros cerebrais superiores	Pituitária	Índigo Violeta	Sodalita Azurita Lápis-lazúli Safira Fluorita Sugilita Ametista	Purificação pelo índigo, do subconsciente para canalização da intuição. Estado mental equilibrado pelo violeta. Visão da perfeição divina em todas as coisas. Devoção.
Sétimo Sahasrata	Coroa Centros cerebrais mais elevados	Pineal	Dourado Branco	Heliodoro Topázio verde Selenita Quartzo transparente Diamante	Identificação pessoal com a Infinidade. Unidade com Deus. Paz. Sabedoria.

ESQUEMA 6.1. **Principais pontos para disposição de pedras**

Terceiro olho inferior
  Testa entre as sobrancelhas

Chakra da coroa
  Parte superior central da cabeça

Chakra do coração
  Centro do peito em linha direta com os mamilos

Chakra da garganta
  Base do pescoço (local em que os ossos da clavícula se encontram)

Chakra do umbigo
  Ponto umbilical

Plexo solar
  Abaixo das costelas, diretamente na base do esterno

Chakra da base
  Pontos da virilha

Chakra sexual
  Centro do osso púbico

PARTE II

APLICAÇÕES PRÁTICAS SOBRE CURA ENERGÉTICA COM CRISTAIS

Capítulo 7

Práticas Avançadas de Cura Pelos Cristais

Na primeira parte deste livro foram dadas as propriedades curativas de vários cristais e pedras, bem como informações básicas sobre as técnicas de cura pelos cristais e as várias disposições das pedras. Passar essa informação às pessoas que iriam utilizá-la na prática proporcionou um crescente senso de responsabilidade em também compartilhar as técnicas específicas utilizadas, uma vez que os cristais e as pedras estejam posicionados e as energias comecem a fluir. Muitos de vocês já testemunharam esses efeitos. Talvez você não soubesse o que fazer, ou como proceder, diante das mudanças que inevitavelmente acontecem quando os centros dos chakras são abertos e, qualquer que seja o bloqueio, ele emerge, pronto para ser liberado. Eis aqui a resposta do que fazer, como entrar em contato com a fonte, como adquirir uma perspectiva espiritual, como compreender as causas básicas da doença e como neutralizá-las, aprendendo as lições inerentes, desapegando-se, caminhando para a frente e para o alto.

As abordagens terapêuticas aqui descritas são as que empreguei e desenvolvi nos muitos anos em que pratiquei a cura pelos cristais.

Muitas terapias são, por si sós, sistemas completos de teoria e prática (terapia de vida anterior, exorcismo etc.); aqui, elas são usadas em relação à arte e à prática da cura pelos cristais. Amplia-se o efeito de qualquer terapia e energia de cura quando se usam cristais em conjunto com elas. Sugiro que você faça pesquisas pessoais adicionais nas áreas com as quais não esteja familiarizado, a fim de adquirir um conhecimento sólido sobre o tema. É meu privilégio apresentar essas técnicas, convidando-o a se alinhar com a própria luz interior e as energias dos cristais e das pedras, antes que venha a empregá-las.

A arte de obter a cura pelos cristais é uma responsabilidade que precisa ser conscientemente reconhecida e aceita antes que se parta para a prática com outras pessoas. Aqueles que ignoram a força obtida quando os cristais e as pedras se fundem com o campo eletromagnético humano podem causar sérios danos. Muitas mudanças acontecem, tanto sutis como evidentes, para as quais é preciso estar preparado no sentido de se saber lidar com elas. A aura, quando imersa na luz refletida pelas pedras, terá um efeito direto sobre todos os outros aspectos do ser. A conscientização mental é elevada, o corpo emocional torna-se hipersensível, e, quando os procedimentos adequados são aplicados, a energia espiritual pode ser integrada ao corpo físico, ocorrendo, então, curas milagrosas. Ignorando, ou não estando informado a respeito das forças com as quais está lidando, a pessoa poderá fazer mais mal do que bem, decorrente da séria desassociação, vulnerabilidade psíquica e energias não canalizadas. Por meio das técnicas terapêuticas específicas descritas nas páginas a seguir, o poder dos cristais e das pedras pode ser controlado, e suas energias, usadas para a cura e o desenvolvimento espiritual.

A cura pelos cristais é uma arte progressiva, que tem o potencial de resultar em uma cura completa, inclusive de ordem mental, emocional, física e espiritual. Praticar a cura pelos cristais é uma oportunidade de se libertar e se fundir a Deus. É uma ocasião em que o coração ouve as mensagens da alma, uma ocasião para mergulhar profundamente na crença do ser interior. A cura pelos cristais é dedicada às energias mais elevadas de luz e cor, uma vez que agem sobre os níveis sutis do ser humano. Ao ocorrer essa interação de energia, pode se alcançar a essência mais profunda de uma pessoa; é quando se torna possível ver por que criamos as realidades que encontramos na vida. Quando compreendemos por que atraímos as circunstâncias que nos cercam e quão inerentes aos eventos de nossa vida são as valiosas lições espirituais, podemos, então, ter completa responsabilidade sobre nossos atos e guiar nossa vida no caminho que escolhermos. Paz e autocapacitação são aspectos naturais daquele que está em harmonia consigo mesmo e que compreende o propósito por vezes oculto implícito nos motivos dos eventos que ocorrem em nossa vida. É o momento em que deixa de ser necessário desempenhar o papel de vítima, de submisso, de descontrolado, de prisioneiro da vida.

A arte de obter a cura pelos cristais requer concentração constante e a habilidade de se desvencilhar dos problemas pessoais a fim de se sintonizar por completo com a pessoa com quem se está trabalhando. Ao receber a cura pelos cristais, os bloqueios do corpo nos níveis mental e emocional emergirão à mente consciente para que possam ser vistos sob uma perspectiva ampliada. As sessões de cura podem ser orientadas de maneira a trazer uma força de luz e cor maior para a aura, uma vez que as pedras refletem luz natural e que a energia se amplia. Isso facilita uma visão mais clara sobre os miasmas e padrões kármicos pessoais que regem os eventos da vida. Sabendo disso, torna-se possível adquirir conscientemente compreensão, ciclos completos, purificação do karma, bem como aprender lições inestimáveis e alcançar total domínio de si mesmo.

Os cristais e as pedras preciosas dispostos nos centros vitais do corpo refletem e produzem uma energia que inunda a aura de luz. Com a aura aberta e desobstruída, os centros dos chakras são ativados, possibilitando um contato consciente com os aspectos mais profundos e puros do ser. À medida que a frequência vibracional da aura se eleva, quaisquer energias, sejam mentais, emocionais, sejam do subconsciente, que estejam vibrando em frequência menor virão à tona na mente e no coração para serem purificadas, curadas e transformadas. É possível transformar a própria imagem com a luz ampliada e as vibrações curativas das pedras combinadas com as terapias descritas nas páginas a seguir. Ao se modificar sistemas de crenças ultrapassados e revisar conceitos e atitudes a respeito da vida, podem-se obter harmonia interior e paz. Baseada na paz pessoal, a satisfação que levamos no coração poderá servir para transformar o planeta, e o mundo físico refletirá e manifestará esse estado de ser interior.

Capítulo 8

Preparação

Antes de iniciar a sessão de cura pelos cristais é importante clarear a mente, concentrar-se, focalizar a atenção para dentro de si, nos cristais e nas pedras com as quais se estará trabalhando. Antes de o cliente chegar, sente-se com as pedras a sua frente e respire profunda e longamente. Você poderá segurar uma ametista na mão esquerda, para ajudá-lo com o poder da intuição, ou talvez prefira colocar seu cristal de meditação favorito sobre o terceiro olho ou no centro do coração. Permita que a mente siga o fluxo da respiração e, a cada expiração, livre-se de quaisquer preocupações ou problemas, absorvendo visualmente, a cada inspiração, mais energia e luz para sua consciência e seu organismo. Evoque todas as fontes pessoais do poder de cura ao se preparar para entrar em harmonia com seu cliente e trabalhar com o poder das pedras. Uma oração que costumo fazer antes de iniciar uma sessão de cura pelos cristais é:

Apelo para a luz da Grande Irmandade Branca.
Rogo à luz do Grande Sol Central.

Recorro à luz do meu próprio Ser Eterno.
Apelo para a luz do Ser Infinito.

Tendo repetido essa oração pelo menos três vezes, sinto-me purificada e pronta para começar. (Esta prece, pedindo força e proteção, pode ser recitada em qualquer momento.)

Concentrando-se e agindo dessa maneira antes de iniciar o processo, além de se preparar para trabalhar com as forças presentes, isso também o ajudará com a habilidade de se libertar dos problemas pessoais de modo a estar conscientemente presente durante todas as situações que o momento apresentar. É a oportunidade ideal para se colocar em estado de meditação ativa e aumentar a capacidade de se manter límpido, perceptível e consciente enquanto estiver em estado de atividade física.

Preparando o ambiente

Antes e depois de cada sessão de cura, é importante não apenas limpar e reenergizar os cristais e as pedras utilizados, como também tirar do ar quaisquer impurezas que possam ter ficado no ambiente. Existem várias maneiras de obter esse resultado. Uma das melhores é abrir janelas e portas, e deixar o ar fresco circular. Outro método eficiente é acender incensos ou defumadores, em particular os de cedro e de sálvia, popularmente conhecidos na tradição dos índios americanos (veja no Capítulo 20 o item "Outras técnicas de limpeza e reenergização"). Pode-se também acender velas e mantê-las acesas por pelo menos dez minutos. Igualmente eficiente é o uso de um cristal de meditação cuja ponta de um cristal gerador de quartzo transparente esteja direcionada para o terceiro olho, mantendo-se ao mesmo tempo uma projeção mental consciente no sentido de atrair nova energia vibratória e dissolver quaisquer pensamentos ou sentimentos negativos que possam ter restado de auras anteriores.

O ambiente positivo ajudará quem está curando a se manter neutro e concentrado, provendo também, para o receptor, um lugar límpido e seguro no qual a transformação possa ocorrer.

Outro fator importante a ser lembrado é que a pessoa com a qual você estiver trabalhando deve, com certeza, experimentar mudanças e emoções purificadoras, liberando velhos pensamentos e descarregando energias negativas. Sendo você a pessoa que ministra a cura, é importante se proteger de modo a não absorver essa energia nem em sua aura nem na vida pessoal. Uma das melhores formas de se proteger é segurar seu cristal de meditação favorito (um gerador de quartzo transparente) com a extremidade direcionada para um ponto distante de seu corpo enquanto estiver desempenhando as terapias de cura.

Enquanto estiver se preparando para a sessão, visualize a luz entrando em você através do chakra da coroa ao inspirar e, ao exalar, irradie-a para fora do centro do coração a fim de envolvê-lo em um campo protetor, de luz branca. Isso deverá aumentar a energia curativa que emana de seu chakra do coração. Da mesma forma, é importante se manter seguro e consciente enquanto estiver desenvolvendo a cura e trabalhando com os cristais e as pedras. Para conseguir isso, visualize, ao inspirar, luz (ou cores vibrantes) fluindo do topo até a base da espinha. Ao exalar o ar, direcione a energia, descendo ao longo das pernas e entrando no solo através da sola dos pés. Com essas imagens predeterminadas será possível manter os efeitos protetores durante a cura. Nunca fixe uma imagem de energia inalada partindo do receptor e exalada para fora pelo topo de sua cabeça, uma vez que isso aumentará sua vulnerabilidade às energias negativas que serão descarregadas e poderá resultar em debilidade física e/ou exaustão psíquica. A conscientização e uma abordagem positiva garantirão uma ambientação serena para a proteção do praticante e o bem-estar do cliente.

O ambiente no qual se efetuam as curas pelos cristais deve ser tranquilo, com o mínimo de ruídos externos, um lugar que possa induzir ao relaxamento e à meditação. Se morar em um lugar onde o espaço tranquilo é limitado (ou se você se desloca até a casa das pessoas), será necessário criar um campo protetor na área onde a cura será efetuada. Isso poderá ser feito colocando-se um cristal gerador de quartzo transparente em cada canto, com as extremidades direcionadas para o centro da sala. Coloque-se, então, no meio desta sala e segure um cristal gerador de quartzo transparente na mão direita com a extremidade voltada alternadamente para cada um dos outros cristais. À medida que direciona sua energia curativa através do cristal que está segurando e o gira no sentido anti-horário, você protegerá a sala contra as influências externas obstrutivas (bastões de *laser* também podem ser usados nessas ocasiões para criar um campo de força protetor; veja o Capítulo 18).

Durante o dia, com a luz natural do sol, o reflexo das pedras é ideal. Mantenha uma música de fundo suave e o maior número possível de cristais para ajudar na expansão da força da luz. Uma maca como as de massagem ou uma mesa na altura da cintura são as mais adequadas. O receptor deverá se deitar com o rosto para cima, enquanto receber a cura. São usadas duas almofadas, uma sob a cabeça e a outra debaixo dos joelhos, para evitar o tensionamento da parte inferior das costas.

Para receber plenamente o efeito é melhor colocar as pedras diretamente sobre a pele, sendo indicado estar nu pelo menos da cintura para cima. Caso o cliente não se sinta à vontade para isso, deverá usar roupas de tecido natural (algodão, lã, seda) para facilitar a condutibilidade de energia das pedras. Se o local estiver frio, use um cobertor para cobrir e aquecer pés, pernas e braços, enquanto o tronco permanece exposto. As curas pelos cristais costumam levar até duas horas, fato que torna essencial a permanência do conforto e do relaxamento do receptor. É comum o cliente ter a impressão de que transcorreu apenas um breve período; isso se dá porque o efeito é profundamente interior. As frequências do tempo linear que vivenciamos no estado consciente normal alteram-se de forma drástica quando as forças de luz vibrátil dos cristais e das pedras estão imersas no campo áurico. Esse fenômeno da qualidade do tempo é comum e precisa ser monitorado pela pessoa que está curando, concluindo a sessão quando ela sentir que é o momento para fazê-lo. Durante esse tempo, o praticante da cura pelos cristais é responsável pelo conforto e bem-estar da pessoa com a qual estiver trabalhando. Quando a pessoa se sente fisicamente segura e bem tratada, fica mais fácil se comunicar com as regiões mais profundas do ser.

Junto com a segurança física também é importante criar um senso ainda mais profundo de confiança com a pessoa com a qual se está trabalhando. Alcançam-se níveis íntimos bastante profundos do ser durante a cura, às vezes, até mais profundos do que a pessoa já experimentou. Muitas vezes, pensamentos ou lembranças bastante pessoais ou potencialmente embaraçosos virão à tona. É extremamente importante manter uma atitude de não julgamento, e também manter segredo sobre tudo o que for revelado. Confiança e fé são os atributos que asseguram um ambiente emocional positivo para que a cura possa ocorrer.

Quando seu cliente chegar, sente-se com ele e, com uma conversa aberta e franca, descubra o que precisa ser trabalhado, onde existem bloqueios ou constrições, que parte do corpo físico está desequilibrada ou doente, e o que está acontecendo em termos pessoais. Pergunte ao indivíduo o que deve ser focalizado e removido. Essa conversa é a primeira indicação para você sobre onde se concentrar e que pedras usar.

Em geral, a pessoa inclinada a buscar a cura pelos cristais sabe, internamente, quais mudanças devem ser feitas de forma a mudar, crescer e se curar. A cura pelos cristais presta-se a permitir ao receptor alcançar, de forma consciente, as profundezas do ser em geral inacessíveis, extrair dos recursos pessoais as respostas a todas as questões e curar qualquer ferimento.

Percepção do tempo presente

Curar ou deixar-se curar pelos cristais é um ato de meditação. É um tempo para se desligar de tudo, exceto da realidade do momento presente. Podemos entrar em contato com a fonte interior e ter acesso à informação exata para ganhar o conhecimento sobre o que está em questão neste momento, por meio da consciência do "agora". As soluções para os grandes enigmas do universo estão em nós. Por meio da extração da essência destilada do momento eterno, podemos encontrar respostas a respeito de karmas passados, circunstâncias presentes e eventos futuros. Na zona neutra do momento, encerra-se o tempo como um todo. Quando a mente silencia e volta seu foco para dentro, torna-se possível enxergar com a visão oniabrangente do terceiro olho e conhecer a verdade a respeito de si mesmo e do universo do qual se faz parte.

É importante que a pessoa que procede à cura pelos cristais permaneça bem consciente e não tenha, no momento presente, os pensamentos entrando e saindo das próprias circunstâncias pessoais. É essencial manter-se sintonizado com a pessoa que está recebendo a cura, monitorar a respiração e vigiar os sinais de liberação. É uma ocasião para se estar consciente dos cristais e das pedras que estão sendo usados, colocando-os e removendo-os quando necessário. Embora você esteja usando o conhecimento intelectual que tem das pedras, dos centros dos chakras, da cor etc., o fundamento para a percepção e a ação terá como base a intuição, o conhecimento do momento. Com a mente silenciada e a consciência estabilizada no momento presente, será possível acompanhar os impulsos sutis que a intuição fornecerá para orientar a disposição e remoção das pedras, a direção personalizada que você imprimirá e sua resposta sintonizada e individual para a pessoa com quem está trabalhando.

Quem se submete à cura pelos cristais tem a oportunidade única de entrar em contato com a própria essência do ser. Poderá ocorrer a comunhão com a alma quando a mente estiver silenciosa e situada no momento presente, e quando a atenção estiver voltada para dentro. A percepção do tempo presente é a chave inicial que dissolve as sombras do subconsciente, abre as portas para o superconsciente e atravessa o limiar para o universo do espírito. Quando isso ocorre, é possível vislumbrar a doença ou o desequilíbrio em uma perspectiva maior, compreendendo, com base em nossas experiências, o crescimento evolutivo adquirido mesmo dos eventos mais traumáticos. Responsabilidade pessoal total e autocapacitação são o primeiro passo a contribuir para a elevação planetária. Esta começa no momento presente, em comunhão consciente com nossa própria chama infinita.

O poder da respiração

A respiração é a fonte principal da energia vital disponível para todos os seres humanos. Por meio da força vital da respiração, a energia é levada para dentro do corpo. Dessa troca essencial dos gases, cada indivíduo tem uma interação pessoal com o universo. Na inspiração, recebemos energia vital; ao expirarmos, a devolvemos. Podemos viver por um longo período sem alimento, podemos passar dias sem água, mas apenas uns poucos minutos sem a preciosa força vital recebida a cada ato de respirar. É essa força que ativa os centros dos chakras, revitaliza os corpos sutil e físico, e traz a energia de cura para ser utilizada pela harmonização e orientação conscientes.

Conscientizar-se da respiração é um dos meios mais eficientes de se harmonizar com o momento. A respiração existe em estado de presença constante. Ao sintonizar o foco mental na respiração, a mente se neutraliza e se percebe com clareza a intuição.

Enquanto seu cliente estiver deitado sobre a mesa, com o rosto voltado para cima e os olhos fechados, oriente-o verbalmente para que se conscientize de cada inspiração e de cada expiração. Utilize imagens e visualizações para dirigir a mente para dentro. Mantenha uma voz suave e melodiosa enquanto dirige verbalmente a atenção da pessoa para seu interior. Use imagens como:

> *Inspire e caminhe lentamente para dentro de si mesmo. Desligue-se de quaisquer problemas, preocupações e dúvidas. Inspire e mergulhe integralmente no centro de si mesmo; expire e entregue-se. Relaxe. Solte-se.*

Muitas vezes, será difícil para a pessoa fazer a respiração completa; a maioria inspira apenas com a parte superior dos pulmões. Isso porque, quando respiramos de modo pleno e consciente, experimentamos o máximo estímulo da vida, e como que a tomamos integralmente em nós. À medida que crescemos e nos expomos a situações e circunstâncias traumáticas ou dolorosas, tendemos a não desejar ter essas experiências com frequência, e subconscientemente cortamos a força vital, inspirando menos ar. Quando ocorrem tais situações, estamos inclinados a impedir a respiração porque respirar é viver, e a vida nem sempre é agradável ou fácil. Ao tornar a respiração curta e superficial, tomamos menos vida, vivenciamos menos tristezas, menos dor.

O problema disso é que as memórias subconscientes e as emoções correlatas de cada trauma estão armazenadas no plexo solar, aonde a respiração se recusa a ir. Isso cria um bloqueio maior entre os centros inferiores que convergem para o umbigo e os chakras superiores com base no coração. Com a constrição da energia no plexo solar, torna-se impossível integrar por completo os poderes do céu e a realidade da terra. Se estivéssemos bem focados e centrados durante os choques emocionais, teria sido possível respirar profunda e completamente e, assim fazendo, permanecer relaxados e aprender as lições ligadas aos eventos da vida. Uma vez que não somos capazes de fazer isso, torna-se necessário, não raro, descarregar os sentimentos reprimidos no plexo solar e liberar as velhas lembranças da mente subconsciente de maneira a curar o corpo físico e contrabalançar os centros de energia superior e inferior.

Ao observar a respiração da pessoa durante a sessão de cura, será possível notar onde ela deixou de inspirar a força vital. Essas são as áreas que na maioria das vezes se tornaram doentes e desequilibradas. São também as áreas sobre as quais os cristais e as pedras devem ser dispostos, onde você trabalhará na aura com o cristal gerador de quartzo transparente (veja no Capítulo 3 o item "Carga de energia básica"), e para onde deverá direcionar o fluxo consciente da respiração.

O foco da linha central

Uma das melhores técnicas para harmonizar o momento presente com a respiração é chamada de foco da linha central. Comece por fazer com que o cliente feche os olhos e se concentre na respiração. Visualizando uma bola de luz dourada cerca de quinze centímetros sobre o topo da cabeça, oriente o cliente no sentido de absorver essa luz através do chakra da coroa, que descerá para o centro da fronte, estimulando o terceiro olho, e através de cada centro de energia, seguindo por todo o corpo até a base da espinha. Pode se empregar um benefício adicional ao se tocar cada um dos centros dos chakras enquanto você orienta verbalmente o fluxo da respiração através da linha do centro. Ao exalar, a visualização é de uma luz que flui espinha acima, saindo pelo topo da cabeça. Esse foco de luz consciente, fluindo espinha acima e abaixo, permite criar mentalmente um cordão dourado central, que canalizará a luz infinita a partir da coroa da cabeça, indo para dentro de cada chakra, integrando assim o poder do espírito na mente, no coração e no corpo.

Esse foco de linha central é extremamente valioso para estimular o sistema nervoso, concentrando-se no cordão espinal central, alinhando os chakras ao se concentrar no Shushumna (a espinha etérica), e ativando o sistema meridiano por meio da sintonização das artérias de comando e concepção.

A respiração consciente pela linha central permite também a identificação com o eu neutro, e leva a mente e o coração a um estado de desprendimento. Mais uma vez, oriente verbalmente seu cliente desta forma:

> *Inspire profundamente através da sua linha central. Expire e libere seus pensamentos enquanto se concentra na luz que se move ao longo de sua espinha. Inspire e se aprofunde no seu centro de irradiação; exale e desligue-se de quaisquer tensões que possam impedi-lo de mergulhar ainda mais profundamente na próxima inspiração.*

Algumas pessoas acham mais fácil inalar concentrando-se no fluxo de luz no sentido ascendente da espinha e, depois, exalar concentrando-se no fluxo descendente. Faça o que for melhor para cada cliente. Nos casos em que o cliente não estiver muito bem (demasiado racional, emocional, distraído), será mais indicado guiar a energia de forma diferente. Você poderá orientá-lo a inalar e a canalizar a energia para a base da espinha. Ao exalar, a visualização poderia ser feita através do ânus, ou descendo pelas pernas e através da sola dos pés. A maneira pela qual você orienta a concentração mental de energia deve se basear nas necessidades de cada indivíduo e pode variar a cada tratamento.

À medida que o receptor relaxar, dirija a respiração para dentro e através da linha central, usando o diafragma e os músculos abdominais. É importante que a respiração siga pelo plexo solar, indo até o centro do umbigo. A conexão do chakra do coração com o triângulo inferior da energia é essencial para integrar as energias curativas das pedras dentro do corpo físico. O umbigo é o centro do corpo físico, e o coração forma a base para os corpos espirituais. Enquanto a luz dourada é dirigida para a linha central por meio do chakra da coroa e profundamente inspirada no umbigo, a energia é transmitida ao corpo para a cura física.

Logo que a respiração do receptor se torne profunda e completa, as pedras devem ser dispostas sobre seu corpo. Durante todo o processo de cura, use o foco da linha central para manter seu cliente em harmonia com a força vital e o poder de canalizar pessoalmente a energia. Ao desenvolver o processo de cura, é importante manter a respiração profunda e completa, à medida que seu cliente se conscientiza das emoções reprimidas e das imagens que afloram à superfície. A respiração curta ou superficial é o primeiro indício de que uma pessoa está entrando em contato com os traumas psicológicos e emocionais mais profundos, que podem ser responsabilizados por criar a doença física. Quando você lida com esses desequilíbrios, muitas vezes é necessário retomar o foco na respiração e na visualização da linha central, a fim de descarregar e neutralizar quaisquer resíduos que estejam emergindo.

Também é útil colocar as mãos sobre as áreas contraídas e orientar o cliente no sentido de levar a respiração para dentro dessas áreas. A imposição das mãos é a oportunidade ideal para dirigir a energia de cura pela força do toque a uma área problemática. Isso também facilita uma nova ligação com as partes do corpo que podem ter sido desassociadas de forma subconsciente.

Se uma pessoa o procura queixando-se de sofrer com úlceras no estômago, e durante a sessão de cura se conscientiza de todo o temor e ansiedade que vivenciou quando criança (e que foram transportados para a vida adulta), ajude-a a respirar, visualizando uma cor azul calmante entrando no estômago e na região do diafragma, e, ao exalar, peça que ela leve para fora as tensões e os temores. Neste caso, a cor azul é o antídoto para a ulceração vermelho-violeta que se manifestou. Seria especialmente benéfico dispor pedras azul-claras sobre o estômago e a região do plexo solar (turquesa, sílica-gema, crisocola, água-marinha ou amazonita), bem como colocar as mãos sobre a região.

Conduza verbalmente a respiração consciente, inalando através da linha central e exalando a tensão para fora da região do estômago. É bom trabalhar sobre as áreas críticas com um cristal gerador de quartzo transparente enquanto você projeta, conscientemente, sua energia curativa através do cristal, para ser intensificada e ampliada.

Durante todo o processo de cura e na prática pessoal, a respiração é o instrumento principal para a harmonização consciente e a autocapacitação.

Resumindo: cada respiração deverá ser profunda e completa, carregando a força vital ao longo de todo o corpo, particularmente nas áreas atingidas. Visualize a respiração movendo-se através da linha central, descendo do alto da cabeça na inspiração e subindo, na expiração, da base da espinha. A cada respiração, a área do umbigo e os músculos abdominais devem se expandir e contrair enquanto a força vital é integrada aos sistemas físicos por meio do centro do umbigo. Use visualizações para guiar e dirigir a respiração para áreas críticas, recarregando-as a cada inalação e liberando o estresse e a tensão a cada exalação. Veja os pulmões sendo preenchidos, como se estivesse enchendo um copo com água. Ao inspirar, primeiro, enche-se o fundo, depois o meio e, por fim, a parte superior dos pulmões, enquanto o diafragma desce e os músculos abdominais se expandem. Para exalar, o copo se esvazia partindo do topo, depois o meio, contraindo-se os músculos abdominais para empurrar a respiração para cima e para fora. Essa técnica simples pode, então, ser associada a um exercício que seu cliente deve acrescentar a um plano de manutenção pessoal, para que a energia de cura continue circulando.

A maioria de nós nunca aprendeu a respirar corretamente para desenvolver nossa troca vital com o universo. Atletas, cantores, yogues e dançarinos, todos aprendem a usar a respiração para aumentar a vitalidade pessoal. Respiração é força, e pode ser visualizada e orientada para a cura. A qualquer momento que precise se concentrar, feche os olhos, sinta o poder da respiração ao inspirar e deixe sair o estresse, a dor, a emoção ou a ansiedade ao exalar. A respiração está sempre disponível; cabe a você usá-la ou não.

Modos de dispor as pedras

No Capítulo 3 (Parte I) deste livro são sugeridos seis modos de dispor as pedras para a cura pelos cristais. Qualquer um deles pode ser usado, bem como qualquer outra criação que se desenvolva por si próprio durante as sessões. Embora você esteja utilizando seu conhecimento dos chakras, os efeitos da cor e o poder das pedras, a disposição das pedras é sempre uma resposta intuitiva ao momento e à pessoa com a qual se está trabalhando. Houve ocasiões em que planejei antecipadamente, antes da chegada do cliente, um esquema de disposição que pretendia usar. No entanto, no momento de fazê-lo, segui uma combinação diferente às minhas expectativas. Aprendi que, mesmo que você possa antecipar a disposição intelectualmente, a melhor orientação é seguir a intuição caso a caso. Se abrir o coração, relaxar e permitir que sua mente ouça sua voz interior, você será corretamente guiado à pedra exata, ao lugar onde deve ser colocada e por que e quando deve ser removida.

A maneira de colocar as pedras é determinada em grande parte pela pessoa que está recebendo a cura e pela forma como você deseja orientar o fluxo da energia. Se alguém está com medo, magoado ou carente de autoestima, você pode se concentrar no chakra do coração com um quartzo rosa, uma turmalina rosa ou verde, uma aventurina verde, kunzita, rodonita, rodocrosita e outras pedras relacionadas ao centro do coração. Se alguém for incapaz de ativar o poder de manifestação necessário para realizar seus objetivos pessoais, ou se se sentir sem forças ou desamparado, você poderá trabalhar na área do umbigo usando citrino, quartzo-rutilado, topázio dourado, olho de tigre e calcita dourada. Se seu cliente se sentir incapaz de expressar o que sente, abra o chakra da garganta com sílica-gema, água-marinha, ágata azul rendada, amazonita e crisocola. Mesmo quando estiver se concentrando sobre um chakra específico é importante dispor pelo menos uma pedra sobre cada um dos outros pontos de chakra de maneira a equilibrar os centros de energia e integrar os efeitos ao longo de todo o sistema. Por exemplo: disponha um quartzo enfumaçado no primeiro chakra, uma cornalina no segundo chakra, um citrino no umbigo, uma aventurina verde no plexo solar, um quartzo rosa no coração, uma amazonita na garganta, uma ametista na testa e um quartzo transparente na raiz do cabelo.

A disposição das pedras depende essencialmente do indivíduo, do tempo e de sua própria harmonização ao momento. As mandalas coloridas e os desenhos criados com a disposição das pedras em cada indivíduo são sempre diferentes e específicos para as circunstâncias únicas do momento. Trata-se de uma oportunidade para ser sensível e criativo com os poderes da luz e das cores. Siga sua orientação pessoal e ouça as pedras enquanto falam ao seu conhecimento interior.

Uma vez que as pedras tenham sido dispostas e o receptor esteja alinhado e harmonizado com o próprio centro de luz (durante cerca de quinze minutos), configura-se um momento de grande sensibilidade e vulnerabilidade. A pessoa que ministra a cura com os cristais deve estar atenta e consciente, à medida que o grande influxo de energia se infiltra na aura e, em consequência, no corpo físico. Essa é a razão pela qual a respiração profunda é importante – para integrar essas energias muito sutis aos sistemas físicos. Todo o metabolismo se reajusta ao aumento da energia, enquanto os batimentos cardíacos e a pressão sanguínea costumam subir, fato que pode ser constatado ao se observar a pulsação no pescoço e no umbigo. A conscientização do receptor torna-se cada vez mais sensibilizada ao mesmo tempo que a percepção se aprofunda nas partes mais sagradas do eu. Às vezes, será necessário (se a pessoa não conseguir integrar as energias superiores das pedras à aura) remover algumas, ou todas, as pedras de imediato. Uma vez restabelecida a respiração e normalizada a pulsação, prossiga com a cura.

Proteção e orientação

O potencial para ativar altos graus de força da luz é inimaginável quando as frequências das pedras se combinam com o campo eletromagnético humano durante as sessões de cura pelos cristais. Universos interiores podem ser alcançados e dimensões maiores da realidade se tornam compreensíveis. O limiar do mundo espiritual é ultrapassado quando os cristais iluminam o caminho. Em essência, a aura é aberta e a pessoa pode se tornar bastante vulnerável a influências psíquicas e etéricas. Deseja-se que apenas as forças mais elevadas e as entidades mais positivas estejam presentes nessas circunstâncias. Para ter isso garantido, segure a extremidade de um cristal gerador de quartzo transparente em seu terceiro olho enquanto recita em voz alta algo semelhante a:

> *Rogo às forças superiores de luz e de cor para agir com e através dos cristais e das pedras. Rogo por [nome do cliente] que mestres e guias espirituais estejam presentes conosco e que nos ajudem nesta cura. E, o mais importante, rogo à essência mais verdadeira de [nome do cliente] que aflore e transfira ao seu coração e mente o que for preciso neste momento para adquirir compreensão, claridade e cura.*

Essa recitação deve ser pronunciada com vigor para pedir proteção e orientação. Quando finalizada, você pode estar certo de que apenas as forças mais positivas estarão presentes. É também uma invocação para que a força da alma do seu cliente se faça presente e participe. Agora você pode começar a terapia.

Capítulo 9

A Terapia

Conexão com a alma

Até agora o receptor esteve passivo enquanto o praticante da cura pelos cristais orientava verbalmente a percepção introspectiva e dispunha as pedras sobre seu corpo. Agora é hora de acontecer a interação com a alma e a comunicação dessa sabedoria ser compartilhada com a pessoa que está curando. Haverá momentos em que o receptor estará tão profundamente concentrado dentro do eu que será difícil falar; porém, uma vez estabelecida a comunicação verbal, esta vai acontecer normalmente, sem dificuldades.

Um dos aspectos mais importantes da cura ocorre agora: o contato consciente com a presença da alma. A chave principal dessa comunhão é reconhecer e aceitar as impressões sutis à medida que estas afloram do nível da alma para a mente consciente. Em nossa vida, é comum recebermos essas mensagens; porém, algumas vezes, elas passam despercebidas ou hesitamos em expressá-las ou em seguir o impulso com atenção e ação. Durante a cura pelos cristais, uma vez dispostas as pedras, a aura é purificada e o cliente relaxa e se harmoniza interiormente. Quaisquer impressões recebidas são aceitas e reconhecidas como verdadeiras, sem hesitação nem dúvida. Algumas vezes, as imagens, as impressões ou os símbolos são vagos, desconhecidos ou sem sentido. Ao longo do curso da cura, entretanto, tudo se encaixará no devido lugar. É função de quem cura dar assistência na interpretação e definir as mensagens que surgirem na mente do receptor. A percepção consciente do momento presente permite ao praticante alinhar-se ao nível da alma do cliente e obter, assim, a orientação intuitiva.

O símbolo da alma

Atenção e concentração da consciência são as chaves principais para trazer a si o conhecimento interior e ativar a intuição. Tendo dedicado tempo para a interiorização da percepção, agora estamos prontos para integrar verdadeiramente a sabedoria do nível da alma para a mente consciente. Tendo pedido por proteção e orientação, recite à mente receptiva do receptor algo parecido com:

> *Com a mente bem aberta, receptiva e clara, pedimos agora que a presença da alma passe à sua mente ou ao seu coração uma imagem, um símbolo, uma visão ou uma sensação de si mesma. À medida que você se tornar consciente dessa impressão, por favor, compartilhe comigo aquilo que perceber.*

Essas palavras ajudarão a garantir a presença da alma no processo de cura. Trabalhe com qualquer imagem que surja na mente neste momento. Algumas vezes será um símbolo óbvio, ou um sinal. Outras vezes, serão cores ou impressões mais abstratas. Se precisar obter uma visão mais clara do seu significado, pergunte à pessoa como ela se sente a respeito dessa visão, ou seja, como se relaciona com ela. Uma imagem que se apresentou a um dos meus clientes foi a de uma descarga de banheiro. Para mim, isso não tinha nenhuma conotação, mas, ao indagar o que significava, o cliente sabia imediatamente que era um sinal de que ele estava pronto para eliminar entulhos e livrar-se dos resíduos de que não mais precisava na vida. Com isso, pudemos reconhecer que uma purificação maior estava para acontecer.

A partir dessa conexão inicial, a cura evolui. Se o símbolo é a cor verde, símbolo de cura, você pode orientar a pessoa a respirar o verde para dentro das áreas críticas e falar sobre sua essência curativa à medida que a sessão se desenvolve. Uma vez que um contato consciente com o nível da alma foi feito, é possível dirigir a atenção para áreas específicas que precisem de cura ou para quaisquer tópicos que seu cliente queira focalizar.

Visão alterada

Com a mente consciente concentrada introspectivamente e os cristais iluminando o caminho, abre-se um mundo fantástico de compreensão. É como se lhe fosse permitido olhar para sua vida, para suas circunstâncias e para o universo de uma perspectiva inteiramente nova. A partir desse ponto de vista, é possível ver com clareza o propósito que está por trás dos acontecimentos e compreender por que foi necessário atrair certas situações. Nesse nível, também é possível ter acesso aos próprios registros Akáshicos enquanto revê as impressões registradas de algum fato que tenha ocorrido ao longo de sua existência. A fonte da energia de cura, com a qual todos os sofrimentos podem ser curados, é percebida e canalizada ao se criar uma visão diferente sobre as coisas.

A função da pessoa que ministra a cura pelos cristais é guiar a atenção do cliente para adquirir conhecimento interior. Sua voz deve ser suave, melodiosa e confiante. Por meio do poder de suas palavras, você dirige, encoraja, comunica, direciona. Se sua voz for harmoniosa para o ouvido do receptor, você poderá lhe facilitar o acesso a estados de percepção mais profundos de uma forma muito mais intensa do que seria possível sem sua ajuda. O poder de suas palavras, quando aliadas à própria intuição, pode criar níveis de conscientização similares aos alcançados por meio do estado hipnótico. De certa forma, as técnicas de cura preliminares se parecem com a hipnose. A principal diferença está em que o receptor permanece totalmente consciente e no controle ao longo de toda a sessão. Dessa maneira, a perspectiva e a percepção interior são adquiridas por meio dessa visão alterada, que é pessoalmente testemunhada e vivenciada.

Os cristais despertadores do terceiro olho

Existem várias pedras que podem ser colocadas sobre o terceiro olho para dar início à visão alterada. As principais são: ametista, sílica-gema, azurita e luvulita, todas descritas na primeira parte deste livro. Cada pedra tem seu efeito especial e pode ser usada em combinação com outras para criar uma visão clara através da qual será possível ver a alma com o terceiro olho.

A ametista é a principal pedra do terceiro olho, que, assim como o quartzo transparente é para o coração, proporciona energia interior para a autocura e autoiluminação. Ela é a principal pedra de meditação, servindo para acalmar mentes perturbadas, levando-as a um estado de paz pessoal. O raio violeta-claro que a ametista reflete com tanta perfeição é como uma injeção de tranquilidade que desce dos planos mais elevados. Silenciando a mente, a ametista permite a percepção da sabedoria interior.

Uma das amigas mais próximas da ametista, que divide a honra como uma das pedras da Nova Era, é Sua Majestade, a sílica-gema. Ela é bastante usada sobre a testa, junto com a ametista, para estimular os poderes visionários superiores, tornando possível ao terceiro olho ver além das ilusões do tempo e do espaço, além do reino interior do espírito. A sílica-gema introduz o vital raio verde-azulado na mente, despertando os sentidos interiores para vislumbrar a maravilha dos éteres. Ela é o raio puríssimo do azul, representando a intuição feminina, que expressa a profundidade de um lago tranquilo em uma montanha, enquanto orienta ao mesmo tempo a atenção para o interior da vasta expansão de um espaço visionário. A sílica-gema é a pedra principal a ser usada no trabalho com as artes psíquicas para transmitir a percepção exata durante a canalização, enquanto se esteja fazendo leituras ou aconselhamento. Sendo azul a pedra natural para o chakra da garganta, esta pode ser também usada diretamente sobre os pontos da garganta a fim de facilitar a transferência de conceitos de visões, para manifestação por meio do poder da palavra falada. A sílica-gema também empresta suas propriedades de cura ao segundo chakra, para aliviar conflitos originários da identidade feminina, desinteresse sexual ou desequilíbrios no que diz respeito à reprodução. A sílica-gema é uma pedra multifacetada para todos os efeitos e pode ser usada em sessões de cura nas várias maneiras descritas. Evoluindo da crisocola, existem distintas graduações de qualidade que a sílica-gema pode expressar. O grau nitidamente mais puro deverá ser usado no centro do terceiro olho para assegurar uma percepção precisa e a interpretação de experiências visionárias.

A azurita é a pedra mais poderosa a ser usada quando se está conscientemente pronto e preparado para enfrentar os temores pessoais. Ao contrário da sodalita e do lápis-lazúli, que, com a azurita, formam a Trindade Índigo, a azurita costuma se cristalizar e, assim fazendo, tem maior poder de penetração no subconsciente. A cristalização cria também maior reflexão de luz, permitindo à azurita dissolver igualmente os temores que vêm à tona e que prendem a mente na escravidão do passado. Essa pedra só deverá ser usada quando se estiver preparado para olhar para dentro de regiões fechadas e bloqueadas da psique. A conscientização precisa acompanhar o uso dessa pedra. Ambos, o praticante e o receptor, devem estar conscientes dos poderes da azurita e preparados para lidar com eles e processar quaisquer das áreas obscurecidas que inevitavelmente emergirão, provenientes do subconsciente. Quando bastões de azurita pura são colocados sobre a região do occipício (base do crânio), temores desconhecidos e enraizados no passado, de vidas anteriores envoltas no medo, podem ser lembrados e despertados à memória. É melhor usar a azurita sobre o terceiro olho junto com a ametista para acalmar a mente e conectar a consciência ao seu interior enquanto processa a causa e os efeitos dos padrões do medo. No plexo solar, em parceria com a malaquita, que clareia as emoções, a azurita pode ser um perfeito purificador da mente, possibilitando uma renovação harmoniosa do pensamento e dos sentimentos. Quando usado com a sílica-gema, o índigo profundo da azurita recebe enorme auxílio da visão clara da Mãe Sílica, uma vez que a visão da alma vê através das tendências do medo para plantar novas sementes de pensamento.

As propriedades nobres e sutis da luvulita foram descobertas neste planeta há poucas décadas e agora está ousando mostrar sua nobre ascendência sobre espécies de pedras de alta qualidade. Quando a luvulita é usada sobre o centro do terceiro olho, sua compreensão mental clara transferirá à mente, de forma exata, as razões pelas quais a alma está atraindo determinadas experiências e quais lições devem ser aprendidas. Trata-se de uma pedra perfeita para ser usada com sua polaridade violeta, a passiva ametista, para assentar nas regiões mentais da compreensão a sabedoria da alma. A luvulita é o aspecto masculino do raio violeta, uma vez que leva o conhecimento intuitivo ao intelecto, para operar a transformação mental e a cura. Com a combinação da azurita, da sílica-gema e da luvulita no centro do terceiro olho, os problemas enraizados em vidas passadas serão vistos, expurgados, compreendidos, e deles se extrairão lições. A luvulita é a principal pedra de toque a ser usada quando o conhecimento sobre a origem da doença física estiver pronto para ser revelado, trabalhado e curado.

Essas pedras que formam o quarteto do terceiro olho podem ser usadas de forma alternada sobre o centro do terceiro olho para silenciar a mente, abrir a visão interior, purificar os pensamentos retidos pelo hábito do medo e trazer à compreensão os objetivos da alma por meio de cada acontecimento. Essas pedras são bastante poderosas na iniciação da visão alterada. É responsabilidade de quem as usa em outras pessoas estar atento a seus efeitos individuais. Quando as estiver usando, monitore com cuidado as respostas do cliente e observe sua pulsação, o ritmo da respiração e as movimentações de energia sutil. Dirija a percepção do cliente no sentido da luz na linha central e da suavização do fluxo da respiração. Quando um profundo relaxamento e a concentração interior acontecem, as respostas sutis do eu interior podem ser percebidas.

✳ ✳ ✳

Existem várias técnicas que podem ser usadas para proporcionar uma visão alterada. Discutiremos algumas delas. Lembre-se, contudo, de que o que quer que lhe aconteça – no momento e com as forças intuitivas em ação – deve ser usado como orientação.

O corpo visto de cima

Esta técnica é usada com melhor resultado nos casos de um desequilíbrio físico específico com o qual se estiver trabalhando, porém não se limita a essas situações. Pode ser utilizada também para se obter uma visão clara das doenças físicas em potencial ou para se ver o padrão áurico. (Essa também é uma boa oportunidade para o praticante reafirmar, visual e mentalmente, seu campo de proteção.) Oriente seu cliente como segue:

> *Imagine a si mesmo como se estivesse um metro acima do seu corpo, olhando para ele de cima. Você pode enxergar o interior do corpo e ver os órgãos internos, as veias, as artérias e os nervos.*

Pode ver os tecidos e o interior das células. Pode também ver o campo de energia ao redor do corpo, as cores da aura e os locais onde possam existir sombras ou menos luz em torno de você.

Tome notas à medida que a pessoa compartilhar com você o que estiver vendo e redirecione o foco de volta aos órgãos ou áreas que estejam obscurecidos ou sombreados. Essas serão as partes onde costuma haver desequilíbrio físico ou onde os padrões mentais estão criando bloqueios que poderão vir a se manifestar em doenças físicas.

Durante as sessões de cura, é imprescindível ter à mão papel e lápis para anotar palavras-chave, frases ou impressões que serão lidas ao cliente no momento apropriado, durante a terapia ou para uso posterior, no sentido de formular afirmações pessoais. Ao reler palavras específicas ou frases, estas atuarão como uma chave para abrir a realidade da experiência, facilitando um reconhecimento adicional à cura.

Bolha de proteção

Sem dúvida é bom para o cliente sentir-se cercado e protegido pela luz enquanto você concentra a atenção dele em áreas obscurecidas para ver exatamente o que está criando as sombras. Isso propicia mais objetividade sobre as lembranças, os pensamentos ou os sentimentos armazenados no corpo e no campo áurico. Os pensamentos e sentimentos que virão à tona são a causa para o desequilíbrio em questão. Imaginar-se envolvido por uma bolha de luz branca impenetrável antes de se deter com mais profundidade na situação dará uma sensação de proteção e neutralidade pessoal. Oriente seu cliente como segue:

Veja a si mesmo cercado por uma bolha impenetrável de luz que lhe permita perceber exatamente o que está criando a área de sombra. Saiba que, seja o que for aquilo de que venha a se lembrar ou que venha a vislumbrar, você estará protegido dentro dessa bolha de luz, que o separa da experiência e lhe possibilita vê-la de uma perspectiva neutra. Agora, observemos juntos e falemos sobre o que estamos vendo.

Cercar-se dessa maneira torna possível a identificação pessoal com a luz, em vez de dor, doença, memórias subconscientes ou sombrias. Ao longo da cura, lembre a seu cliente que ele tem proteção garantida enquanto visões mais profundas dentro das raízes causadoras da doença forem sendo reveladas. Essa bolha de proteção dá ao cliente a oportunidade de se desligar de memórias subconscientes traumáticas que vão sendo trazidas à luz. Cria igualmente uma conexão lúcida com a luz como fonte de poder pessoal e energia de cura.

Uma mulher, cuja mão estava muito sensível e dolorida sem motivo aparente, veio para uma sessão de cura. Colocou-se azurita sobre o ponto de seu terceiro olho, para penetrar em seu subconsciente, e uma ametista sobre esta, para conectá-la à própria intuição. Turmalinas verdes foram dispostas em seu ombro, cotovelo e punho a fim de aumentar a condutividade do nervo na mão. Também foram dispostas pedras sobre cada um dos centros de chakras, com ênfase sobre o coração e o plexo solar.

Durante a sessão de cura, usamos a técnica de olhar o corpo de cima, durante a qual ela não conseguia ver o braço a partir do cotovelo; essa parte aparecia como uma substância escura de um cinza espesso. Depois de se cercar de uma bolha de luz protetora, ela penetrou nessa área cinzenta e, de imediato, lembrou-se da experiência vivenciada seis meses antes, quando sua filha desapareceu por várias horas seguidas. Ela havia ficado tão preocupada e aborrecida que, ao encontrar a filha, dera-lhe umas palmadas, recriminando-a por não lhe ter dito aonde iria. A culpa que carregava desde então por ter batido na criança havia se aprofundado de tal forma no braço que agora estava praticamente inutilizado e em estado de dor. Cercamos, então, o centro do coração com muitos cristais de quartzo rosa e aventurina verde, visualizando simultaneamente autoabsolvição, autoestima e autocompreensão fluindo em seu braço, enquanto ela inspirava o ar e exalava os sentimentos de culpa e remorso. Quando olhamos o corpo de cima pela segunda vez, ela já podia ver o braço, a mão e os dedos. Enquanto inalava energia curativa para sua mão e exalava ansiedade, trabalhei com um cristal gerador de quartzo transparente em pontos de suas articulações, punho, cotovelo, ombro e garganta. Ao fim da sessão de cura, seu punho estava mais articulado e menos dolorido. Seu programa pessoal de manutenção incluía um trabalho contínuo com quartzo rosa e aventurina verde enquanto se concentrava em sentimentos de autoestima e autoabsolvição.

A preparação do cenário

Outra forma de adquirir perspectiva consiste em encarar as áreas de problemas pessoais e usar a imagem de uma tela de cinema. Faça com que seu cliente imagine um cenário gigantesco no qual velhas memórias e sentimentos reprimidos serão revividos. O ator ou a atriz desse cenário atuará nas cenas do passado, como realmente aconteceram. Aqui o importante é que o cliente permaneça na plateia olhando e vendo tudo como se fosse um filme ou uma peça de teatro que se desenrolará na mente subconsciente. Em vez de se identificar com a atriz ou o ator, a identificação é feita com o produtor e o diretor, a pessoa encarregada do filme ou da peça, e que, a qualquer instante, pode dizer "Corta!", e a cena se imobilizará. Isso proporciona ao cliente a possibilidade de retrabalhar o passado da maneira que desejar.

Essa técnica é a mais indicada para ser usada quando se tem de entrar em contato com memórias dolorosas da infância. Ela provê uma maneira de observar com exatidão o que se sentiu e se vivenciou no passado, permitindo que o adulto retorne conscientemente às situações estressantes no sentido de obter alívio, conforto e cura.

Durante uma conferência no Rircon College de Los Angeles, fiz uma demonstração da disposição de cristais para carga de energia básica (veja no Capítulo 3 o item "Carga de energia básica") com o diretor da escola. Quando o agregado de quartzo foi disposto sobre o terceiro olho, ele se lembrou de pronto de uma experiência traumática ocorrida aos 5 anos de idade. Incorporamos a técnica da tela de cinema e sua memória subconsciente desenrolou-se nela. Quando estava com 5 anos, ele havia sofrido um acidente em que caíra sobre cacos de vidro, cortando profundamente a têmpora e ferindo o olho. Levado às pressas à sala de emergência de um hospital, fora deixado ali sozinho, sangrando, sobre uma maca. Sua mãe e a enfermeira estavam na sala ao lado rezando, enquanto em outra sala ele podia ouvir os médicos discutindo se ele ficaria cego daquele olho pelo resto da vida. Na realidade, o vidro acabou sendo removido e sua visão fora restaurada, mas o trauma ainda estava preso a sua aura (no lado da cabeça onde o ferimento acontecera). O interessante é que, quando antes de tudo isso eu passara os cristais para a turma da classe segurar e observar, ele instintivamente se sentira compelido a colocar o cristal naquele local da cabeça.

Sugeri, então, que ele falasse em voz alta com aquele garotinho assustado, contando-lhe o que ele precisava ouvir. Enquanto seu eu--adulto, consciente, fazia a travessia na ilusão do tempo, ele voltou ao passado, expressou palavras de conforto e reassegurou à criança traumatizada que ela não estava sozinha e que tudo ficaria bem. Em sua mente, ele viu seu eu-adulto curar a criança que ele havia sido, e, assim, sentiu-se capaz de se livrar do trauma que havia sido esquecido há tanto tempo, mas que contribuíra para seus sentimentos de abandono e medo nos dias atuais.

A técnica da tela de cinema também pode ser usada na meditação pessoal, se o indivíduo puder permanecer identificado com o ser do observador e o adulto consciente no tempo presente. O agente de cura com o cristal é responsável por ajudar o receptor a manter a identificação como o diretor-produtor e por guiar o eu adulto de volta para abraçar, confortar e curar a criança ferida.

Cuidados com a criança

O benefício de retornar ao passado para ver de onde derivam nossas atitudes e crenças acerca da vida e onde a cura tem de ser feita é essencial. Isso nos dá a certeza de que podemos nos reestruturar quando outras pessoas não podem ou não querem fazê-lo. Essa é a base para a absolvição, e proporciona a oportunidade de aceitar total responsabilidade por nós mesmos, em vez de culpar a vida, as pessoas ou Deus pela nossa dor. Quando o eu-criança interior está curado e integrado com o eu-adulto consciente, os padrões emocionais e mentais podem mudar aquilo que evoluiu de um passado quase sempre esquecido. Torna-se possível, então, chegar a um acordo com a vida, reivindicar nosso poder e desviar nossa atenção para moldar a forma de existência que escolhemos em vez de estar sendo subconscientemente manipulados pela nossa criança ferida.

A criança que existe dentro de nós é aquela menininha ou garotinho que pode ter se sentido mal-amado, abandonado ou incompreendido em algum momento da vida. É também a inocência, a confiança e a crença na magia da vida. A criança é sensitiva e fica excitada com cada momento, emanando o entusiasmo e a alegria que só as mentes não condicionadas contêm. Essa é uma parte de nós que precisa ser reconhecida e curada muitas e muitas vezes. Vale a pena voltar ao passado.

O quartzo rosa e a aventurina verde são duas das melhores pedras para se usar no centro do coração quando se cuida dessa criança. O quartzo rosa tem o poder de conduzir para dentro a energia do coração, de curar o ser, de mudar a autoimagem criando autoestima. O quartzo rosa passará a ideia de que a absolvição é o único meio de obter paz interior, pois ensina a importância de realmente cuidar e amar. Como nenhuma outra pedra, o quartzo rosa compreende que apenas a compaixão pode preencher os vazios de uma forma como jamais as influências externas poderão fazê-lo. Com a sabedoria do coração ativada pelo uso da pedra, é possível encontrar dentro de nós mesmos a verdadeira fonte do amor e construir uma base pessoal de segurança inabalável. O quartzo rosa é a primeira pedra do centro do coração e em geral é usada em todas as sessões de cura. Dependendo da pessoa e das circunstâncias que estão sendo trabalhadas, essa pedra pode ser usada em grande quantidade.

A aventurina verde também é quartzo (veja no Capítulo 21 o item "Aventurina verde"), sendo uma das pedras de cura mais eficientes ao atingir com seu puro raio verde as regiões mentais, emocionais e físicas. Usada no centro do coração, ativará a cura do corpo emocional, bem como quaisquer doenças físicas correlatas. A aventurina verde é como um bom médico que inspira as pessoas a se sentirem bem, não importa qual seja o problema. Usada com o quartzo rosa, forma-se um dueto dinâmico que se concentrará no amor e na cura das profundezas do coração.

Use sua intuição e criatividade quando estiver dispondo essas pedras livremente sobre o centro do coração. Utilize quantos quartzos rosas e aventurinas verdes sentir que sejam necessários em cada cura. Com essas pedras, você não precisa se preocupar com o excesso de uso ou em usá-las com demasiada frequência, visto que a chance de ocorrer algum dano se recebermos amor em grandes doses é bem remota. É importante, contudo, limpar as pedras após cada uso (veja no Capítulo 2 o item "Reenergização").

Liberação emocional

Quando o receptor entrar em contato com lembranças ou sentimentos do passado, haverá, em muitas ocasiões, um intenso desabafo emocional. Tenha à mão uma caixa de lenços. Permita sempre que tais desabafos aconteçam. A expressão e o extravasamento da emoção reprimida é fator-chave no processo de cura. O papel do praticante da cura pelos cristais é facilitar a concentração e o foco da identidade de volta à linha central, de volta à visualização durante a respiração. Isso faz com que a carga emocional se neutralize na identificação consciente da luz e da linha central. É comum, durante esse desabafo, virem à tona cenas carregadas de sentimentos interligados, nunca relembrados desde que ocorreram, mas que são fatores importantes em atitudes e conceitos existenciais dos dias atuais.

Uma mulher com a qual trabalhei tinha medo da intimidade e sofria de um profundo senso de abandono. Nesse caso, para penetrar nesse medo de estar muito próxima de alguém, foi usada uma azurita sobre seu terceiro olho, e sílicas-gemas foram colocadas acima e abaixo dela, para proporcionar uma visão mais ampla nesse sentido. Várias peças de quartzo rosa cercavam uma gema de kunzita no centro do coração, para concentrar o poder de autoestima nas memórias e nos sentimentos passados. Malaquita e rodocrosita foram postas sobre o plexo solar para fazer emergir emoções arraigadas e servir de ponte entre o centro do coração e o umbigo. Um citrino no umbigo e turmalinas negras nos pontos da virilha permitiam que a autonutrição se integrasse ao sentido físico de bem-estar dela.

Uma vez dispostas as pedras, iniciei a técnica da tela de cinema, levando minha cliente a uma viagem de retorno no tempo, até a idade de 4 anos, quando ela havia quebrado a perna. Ao voltar a essa cena, ela compreendeu que criara aquela situação para tentar receber mais amor e mais cuidados dos pais. Em vez de receber o afeto que ela tanto desejava, porém, foi colocada em um equipamento de tração no hospital enquanto os pais saíram para uma viagem de férias de duas semanas. Ela chorava copiosamente até que uma enfermeira entrou e disse que não devia chorar, pois com isso perturbava as outras crianças que estavam na enfermaria. Nesse exato ponto de sua infância, ela se fechou. Durante a sessão de cura, minha cliente permitiu-se o direito de chorar e liberou por fim as emoções reprimidas. Isso lhe deu a oportunidade de se desligar dos anos de emoções reprimidas. Seu pranto foi longo e profundo. Quando terminou, voltamos ao passado, ao encontro daquela criança, para que seu eu-adulto consciente pudesse abraçar, confortar e alimentar com carinho e amor a menininha solitária.

Em certos momentos é bom colocar uma das mãos sobre o centro do coração e a outra no topo da cabeça ou sobre o umbigo, para criar a polaridade na qual a energia emocional possa voltar a circular. Nesses momentos cruciais, é muito importante deixar que o receptor, bem como o eu-criança que está sendo curado, saibam que você está lá para ajudá-los, que os ama e que está lhes enviando amor e energia de cura para o instante vivenciado e para o coração da matéria. É aconselhável também fazer o eu-adulto consciente conversar em voz alta com a criança enquanto você toma notas. Isso pode se tornar uma afirmação para o cliente usar mais tarde com o fim de reafirmar a cura que ocorreu e de integrar o bem-estar da criança em sua vida adulta.

Cristais expurgadores do plexo solar

A liberação da emoção reprimida é facilitada pelo uso de várias pedras colocadas sobre o plexo solar. A malaquita é a mais eficiente expurgadora emocional e, sem dúvida, penetrará nas emoções não resolvidas que se estabeleceram no plexo solar, bloqueando a passagem para o coração. A malaquita é para o corpo emocional o que a azurita é para a mente; ambas penetram e trazem ao nível do conhecimento aquilo que está sob a superfície, permanecendo invisível e potencialmente perigoso.

A malaquita também forma parceria com a azurita (índigo) e a crisocola (azul-celeste) para criar entidades únicas em si. A profundidade que a malaquita e a azurita podem alcançar juntas supera em muito o poder dessas pedras quando usadas de forma individual. Quando dispostas em qualquer um dos lados da malaquita olho de boi, no plexo solar, farão disparar as correlações mentais e memórias subconscientes associadas ao estresse emocional. Quando usadas para acompanhar uma grande malaquita no plexo solar, o azul sereno da crisocola suavizará o expurgo indiscriminado da malaquita. As pedras malaquita e crisocola também podem ser usadas sozinhas sobre o plexo solar para aliviar o processo de purificação, sendo bastante empregadas quando os efeitos da malaquita seriam por demais severos ou quando a pessoa não estiver preparada para mergulhar no poço do plexo solar. Quando a malaquita se junta à crisocola e se move para dentro do raio azul, esta adquire maiores qualidades de cura e a capacidade de dissolver a carga emocional em locais que a malaquita sozinha não poderia alcançar.

A malaquita é uma das principais pedras que fazem a diferença entre uma disposição de cristais simples, que basicamente equilibrará as energias, e uma disposição avançada, destinada a desbloquear qualquer coisa que esteja impedindo o crescimento espiritual. Malaquita significa "liberação emocional" e, portanto, extrai, faz aflorar e reflete as emoções reprimidas. Contudo, sozinha, não tem o poder cristalino para dissolvê-las. Sendo assim, é melhor que se use a malaquita com pequenos cristais simples ou duplos de quartzo transparente colocados à sua volta. Pelo menos quatro cristais deverão apontar na direção da peça maior de malaquita no plexo solar para impedir que esta absorva energia emocional em demasia do receptor, bem como assistir o cliente na descarga das emoções emergentes.

A rodocrosita também é uma pedra bastante eficiente a ser usada acima e abaixo da malaquita em disposições de cristais, para assimilar e digerir desequilíbrios emocionais. Tendo uma genuína cor de pêssego, a rodocrosita mistura o amarelo-alaranjado do umbigo com o rosa do coração e, assim fazendo, estabelece uma relação harmoniosa entre ambos os centros de energia. A rodocrosita sozinha sobre o plexo solar conectará e harmonizará os centros inferiores com os superiores, criando um senso de integração entre os corpos físico e espiritual.

Todas as pedras mencionadas são descritas na primeira parte deste livro. O conhecimento de suas energias específicas e efeitos, combinados com as técnicas terapêuticas aqui descritas, permitirão que ocorra uma liberação emocional positiva, abrindo os canais do amor para fluírem até o centro do coração.

Capítulo 10

A Travessia do Tempo

Fomos condicionados e programados para considerar o tempo um acontecimento linear, com começo, duração e fim. Tendo nascido na concepção dessa realidade, também vemos a nós mesmos como sendo lineares, e a realidade da vida, tridimensional. Mesmo os que estão conscientes do fato de terem vivido antes e de que tiveram existências passadas em outros tempos e lugares encaram essas existências apenas como passado e vivem a existência atual como presente, com um futuro a sua frente, a distância.

A vida que vivemos agora é, porém, uma faceta de quem somos. Somos potencialmente seres multidimensionais que têm o poder de fazer avançar o estado de conscientização (como raça) para dentro da quarta dimensão – o quarto chakra, do coração – e de expressar o poder do amor. Nossa essência como ser jamais deixará de existir. Mudará de forma por uma miríade de vezes e se expressará por uma variedade de meios. Dançaremos nesta Terra e depois nas estrelas, e dentro da luz no centro da galáxia. Para que possamos fazer isso, precisamos mudar nossos conceitos sobre vida e morte, sobre o tempo, sobre nós mesmos e o universo do qual fazemos parte. A cura de nós mesmos e das feridas que afligem nosso coração e limitam a expressão do amor é o primeiro passo.

Durante as sessões de cura, a ilusão do tempo pode ser dissolvida, vivenciando-se a realidade do momento eterno. Ao se observar a vida fora da sequência linear, é possível se identificar com a essência do eu que vive cada existência e descobre a culminância de toda a experiência da vida. Então, todas as nossas vidas passadas, a vida de que estamos conscientes agora e as que estão acontecendo no futuro podem fundir-se em um estado presente de percepção consciente. Quando a totalidade do ser se une ao momento eterno do tempo cósmico, a realidade final é vivenciada e assimilada.

Nesse estado de percepção, torna-se possível unir o espaço do tempo entre as vidas, quer passadas, quer futuras, e unir as expressões simultâneas da personalidade, do ego e da intenção em um único ser – uma unidade espiritual de tudo em sintonia com a presença eterna do "agora". Conforme aprendemos a viajar no tempo dessa forma, torna-se possível integrar as lições de cada experiência de vida e criar uma ponte que ligará nossas existências paralelas e os aspectos fragmentados de identidade em um sentido unificado do eu. Imagine a liberdade de criar paz e alegria dentro da terceira dimensão, e ao mesmo tempo não estar preso nem ao tempo nem ao espaço!

Deve ter havido existências passadas desde que a alma teve comunicação consciente com a luz. Para alguns, gerações e milênios se escoaram sem que houvesse uma orientação, um direcionamento pessoal dos recursos interiores. Agora, com as técnicas avançadas de cura pelos cristais projetados para a terapia de vidas passadas e futuras, torna-se possível receber de novo as bênçãos dos planos espirituais dentro do eu, para acelerar a evolução pessoal.

Terapia de vidas passadas e futuras

Parece existir um excesso de sensacionalismo emotivo cercando a reevocação de vidas passadas, pois é excitante saber e se dar conta de ter vivido antes. No entanto, o propósito de lembrar tais identidades não é erguer uma imagem de ego ao seu redor, mas aprender as lições envolvidas em existências passadas ou futuras que, não raro, têm repercussões kármicas na vida atual. O ideal é manter uma identidade fixa no momento eterno no qual reside todo o poder, toda a sabedoria, toda a presença e toda a paz.

Quando os cristais são usados na aura, e a ametista, a sílica-gema, a azurita e a luvulita se encontram dispostas sobre o centro do terceiro olho, pelo menos temporariamente a mente pode se ver livre das ilusões e dos conceitos limitados que distorcem sua percepção. Nesse estado, é possível ver através e além das limitações inerentes à visão estreita do pensamento linear. Os conceitos de tempo e de realidade, como chegamos a conhecê-los, desfazem-se ao se vivenciar as dimensões ilimitadas que existem na extensão total da visão do terceiro olho. Imagine-se vendo nosso pequeno planeta Terra do ponto de vista do sol, ou expandindo ainda mais as perspectivas para vislumbrar a galáxia da Via Láctea do ponto de vista do centro do cosmos. Esse tipo de percepção pode ser criado quando a mente está livre da realidade da terceira dimensão e se expande dentro da infinitude do espírito.

A finalidade da regressão à vida passada ou da progressão para a vida futura é limpar quaisquer magnetos que existam em nossas expressões passadas ou futuras que mantenham a consciência e as ações presas à ilusão do tempo e do espaço. Atualmente, usamos apenas um décimo de nossa capacidade cerebral, embora tenhamos a capacidade de expandir nossos pensamentos até abarcar a total expansão do universo. Quando vivemos como seres fragmentados, com parte da identidade presa ao passado ou ao futuro, é impossível utilizar a mente em sua extensão mais ampla. O objetivo da terapia de vidas passadas e futuras é desfazer os nós nos múltiplos eus que existem em nosso íntimo e criar entre eles uma ponte de conscientização que a luz da alma possa atravessar.

Nas sessões de cura pelos cristais, a reevocação de vidas passadas ou futuras não acontecerá a menos que a vida presente esteja sendo afetada por algo específico de outra existência que precise ser desobstruído e do qual algo tem de ser aprendido, de maneira a se obter conhecimento ou completar um ciclo neste plano de vida. Quando uma pessoa nasce com uma doença hereditária ou congênita, ou quando circunstâncias drásticas ocorrem dos 3 aos 5 anos de idade, isso indica que o karma de outra vida está envolvido. Nesses casos, os efeitos de uma existência passada ou futura têm um papel imediato na vida presente.

Assim como o eu-adulto consciente viaja no tempo e volta ao passado para cuidar de sua criança, a existência passada ou futura também é visitada pelo *alter ego*, que é você agora. Nessa oportunidade única, você pode de fato servir como um guia ou anjo da guarda a um prisma do seu eu que existe simultaneamente em uma realidade paralela, dentro de uma zona de tempo diferente. Com a ajuda da força da luz gerada pelo poder do cristal, é possível mudar a história, recriá-la, aprendendo agora as lições de eventos do passado. Reescrever conscientemente um tempo passado e retrabalhá-lo para um propósito positivo pode ter efeitos positivos imensuráveis na vida que temos no presente. Da mesma forma, mantenha-se receptivo para receber a comunicação do seu eu-futuro, que poderá estar oferecendo orientação e direção para você neste momento.

Disposições avançadas dos cristais para cura

Qualquer um dos despertadores do terceiro olho pode ser usado na fronte durante a disposição dos cristais, em uma sessão de cura, para dar início à reevocação de outras vidas. As pedras mais poderosas nessa categoria são os nódulos ou bastões de azurita e uma gema de alta qualidade, a luvulita. O poder que essas pedras possuem, quando usadas em conjunto, pode penetrar as profundezas da mente subconsciente, onde todas as experiências estão gravadas (azurita), e trazê-las ao conhecimento real que é importante para as circunstâncias do momento (luvulita). Com um nódulo de azurita sobre o centro do terceiro olho e uma peça de azurita colocada sobre esta, os registros Akáshicos pessoais tornam-se acessíveis.

Outra forte combinação a ser usada sobre o centro do terceiro olho é a sílica-gema com um cristal de quartzo transparente de terminação dupla colocada sobre esta, uma terminação apontando para a pedra e a outra direcionada para o chakra da coroa. Um segundo cristal de quartzo de extremidade dupla pode ser colocado do topo da cabeça, com uma extremidade apontada para o chakra da coroa e a outra estendendo-se em direção à aura. A sílica-gema expandirá a visão para vislumbrar existências simultâneas, caso em que os cristais de extremidades duplas farão as conexões necessárias.

É importante que, ao usar quaisquer dessas disposições dos cristais, também sejam colocadas pedras sobre o centro do umbigo, sobre pontos da virilha e nos pés, para equilibrar a expansão dos centros da cabeça.

O olho de tigre é a melhor pedra para se colocar no umbigo a fim de integrar as energias douradas da coroa com as realidades físicas. A turmalina escura (verde-preta) na virilha canalizará as frequências mais elevadas do corpo para serem assimiladas para a cura e o bem-estar físico.

Os cristais despertadores do terceiro olho

Entre as sobrancelhas repousa um nódulo de azurita a fim de penetrar os bloqueios subconscientes. Diretamente acima dela, coloca-se uma

DISPOSIÇÃO DE CRISTAIS E PEDRAS

Os despertadores do terceiro olho

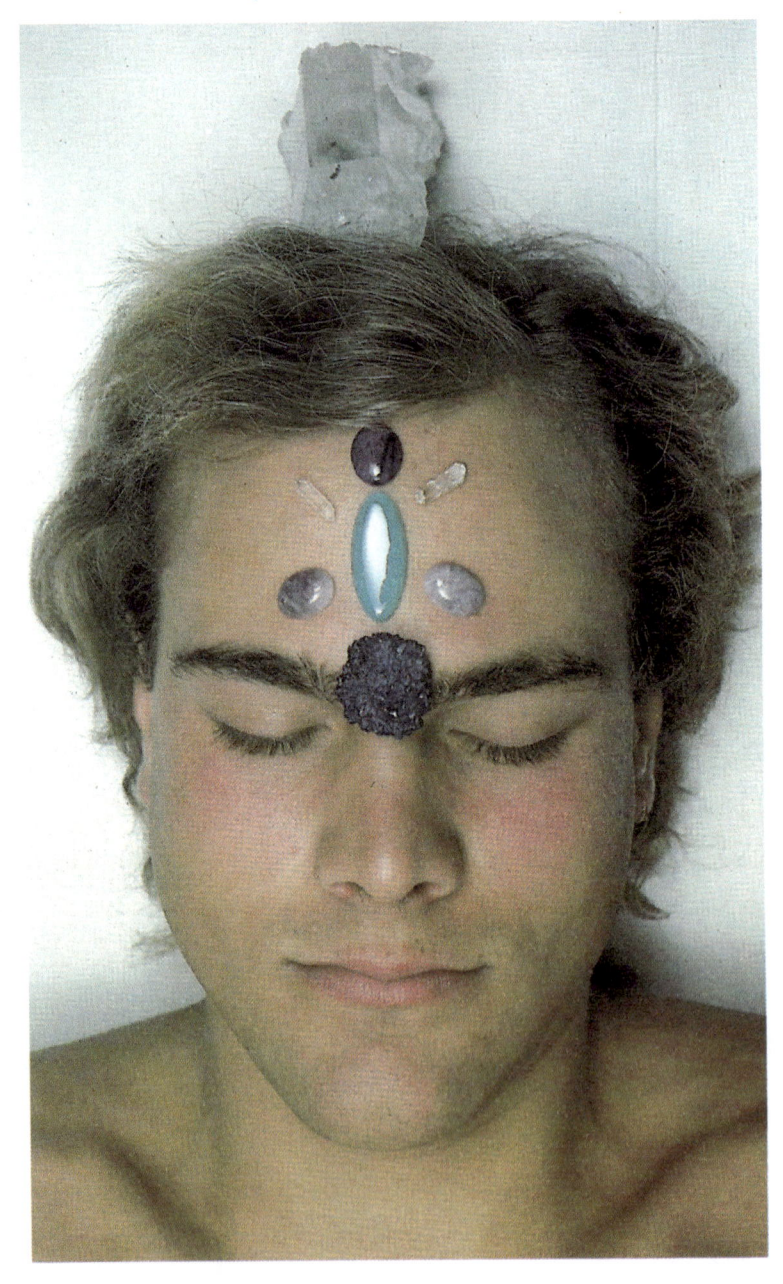

Os comunicadores

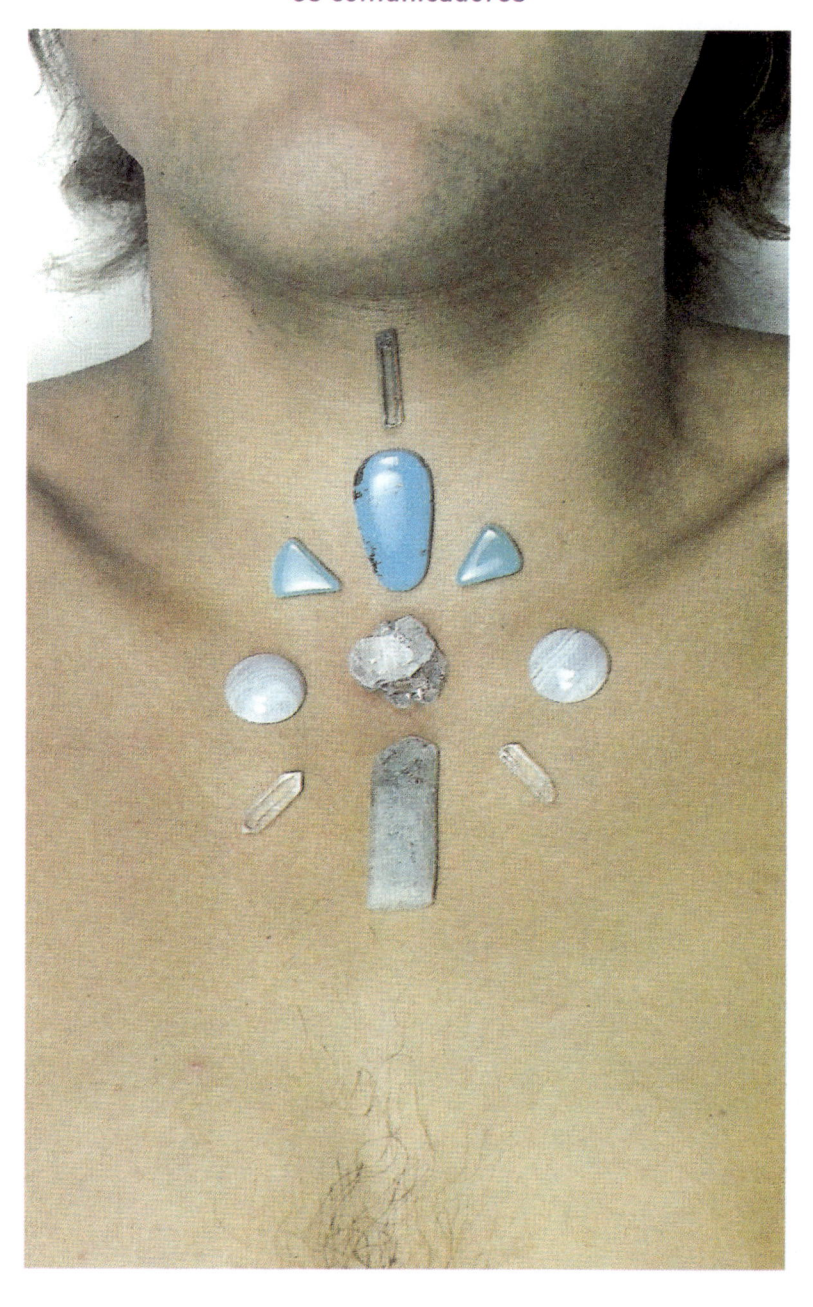

Cristais do coração

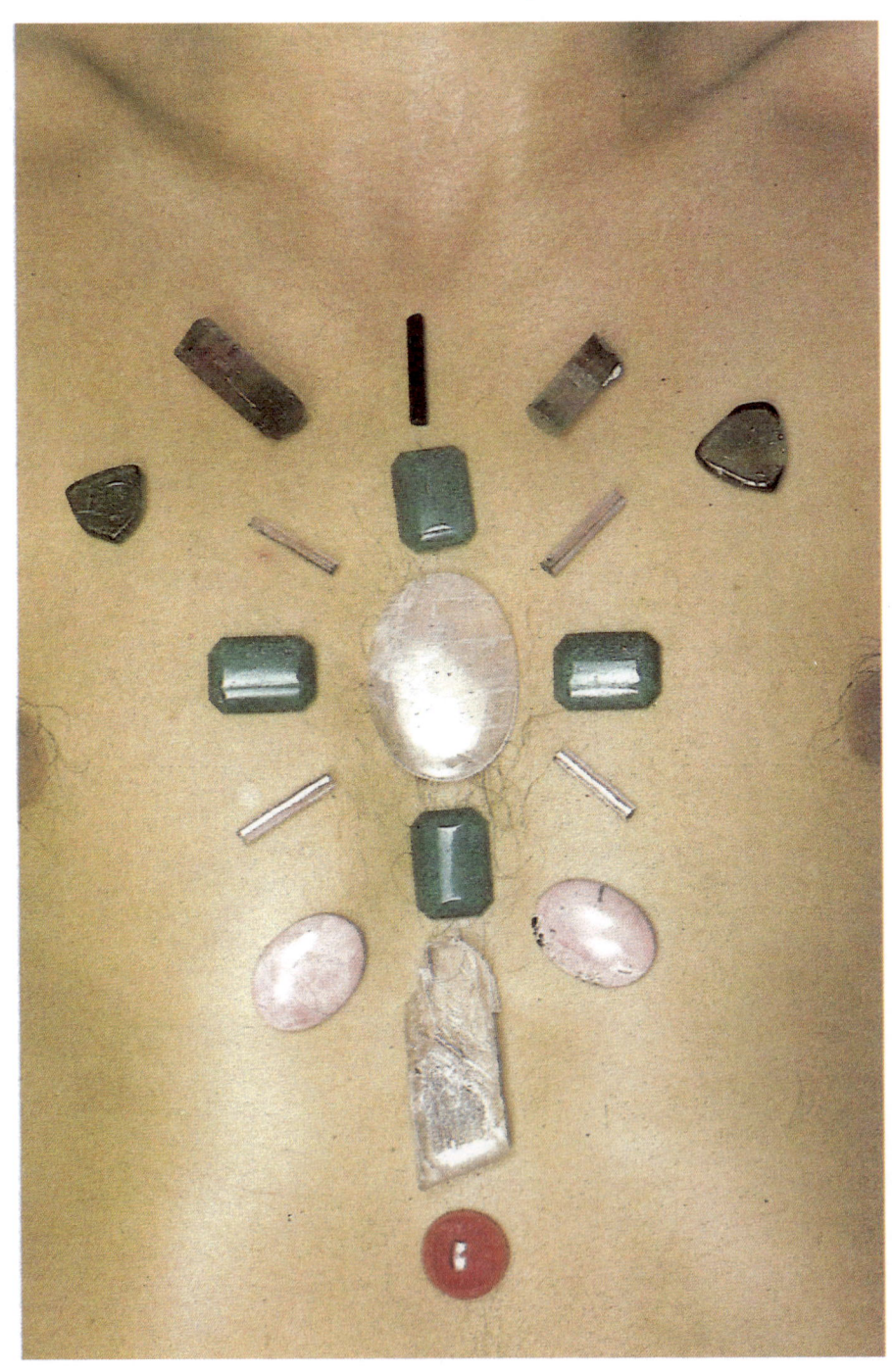

Expurgadores do plexo solar

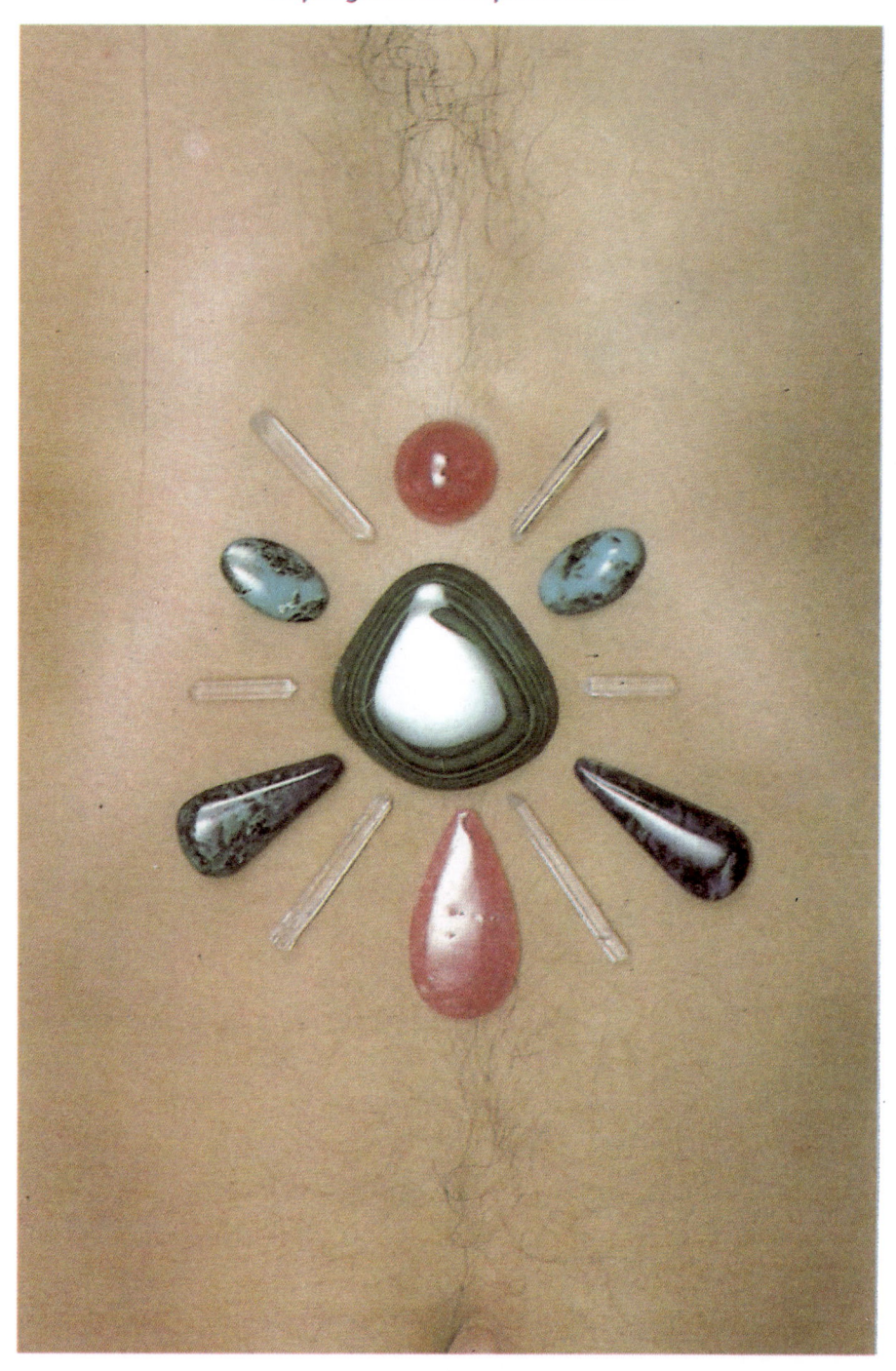

A conexão do umbigo

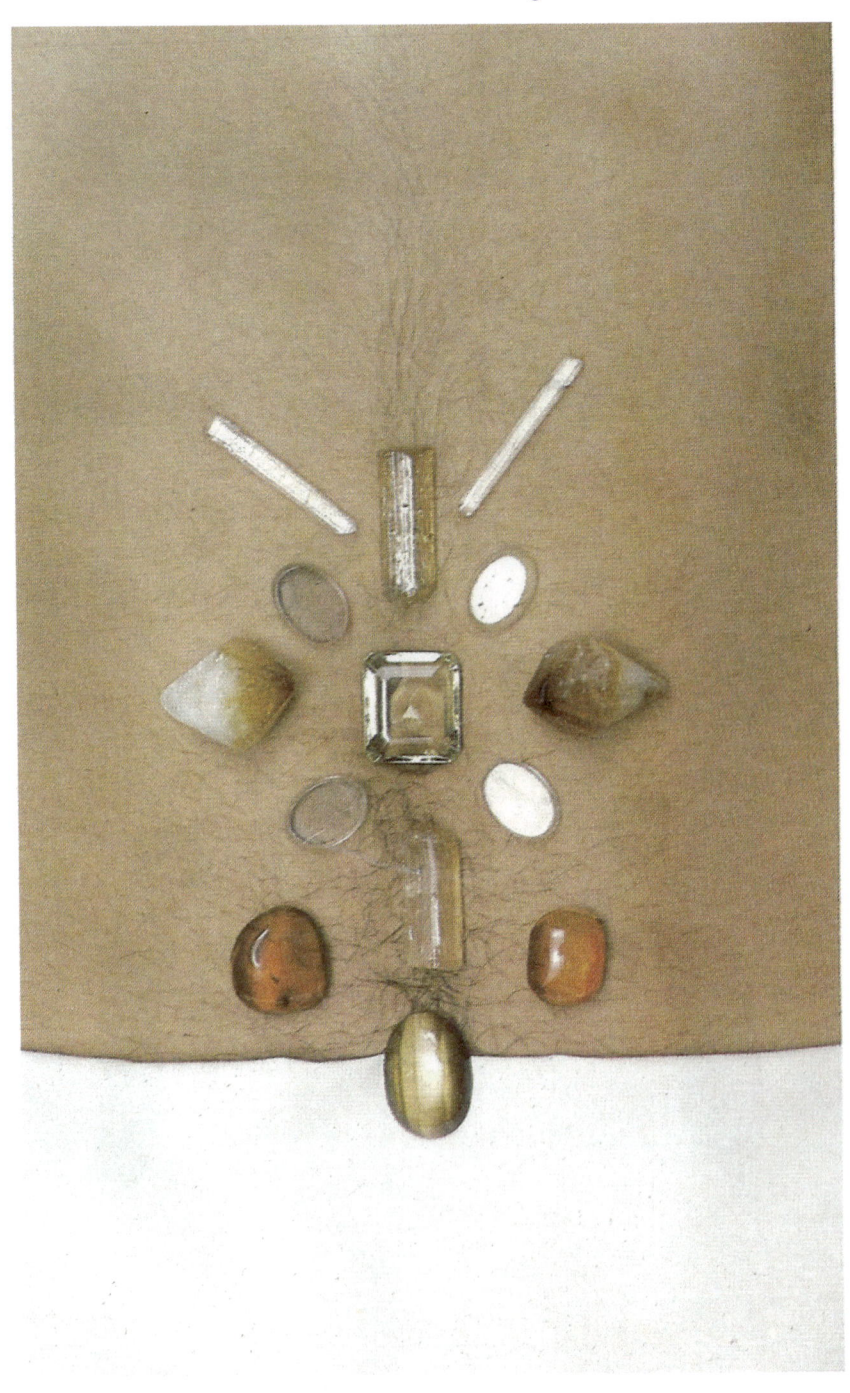

Pedras energizantes e fixadoras

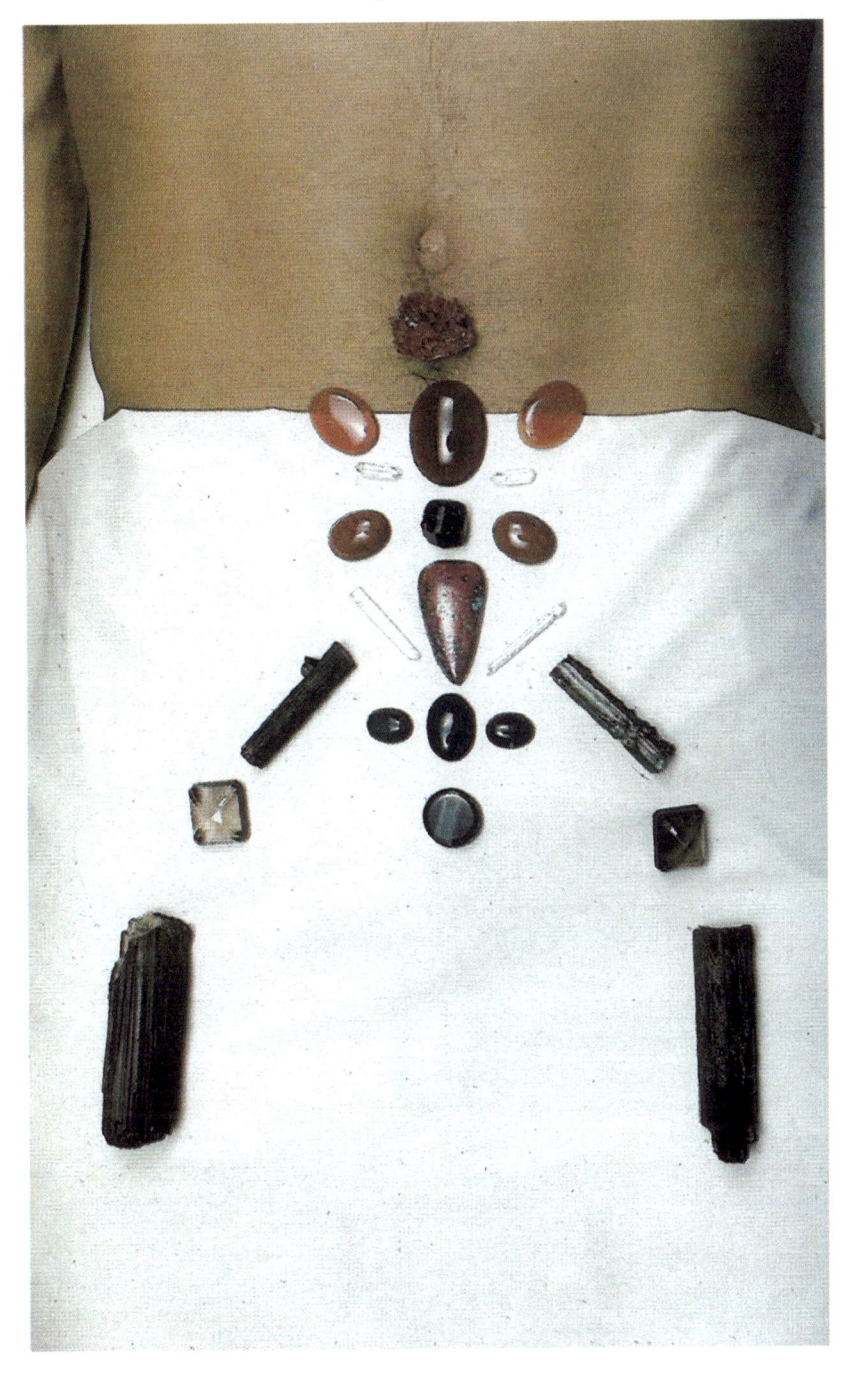

Disposição dos cristais no corpo inteiro

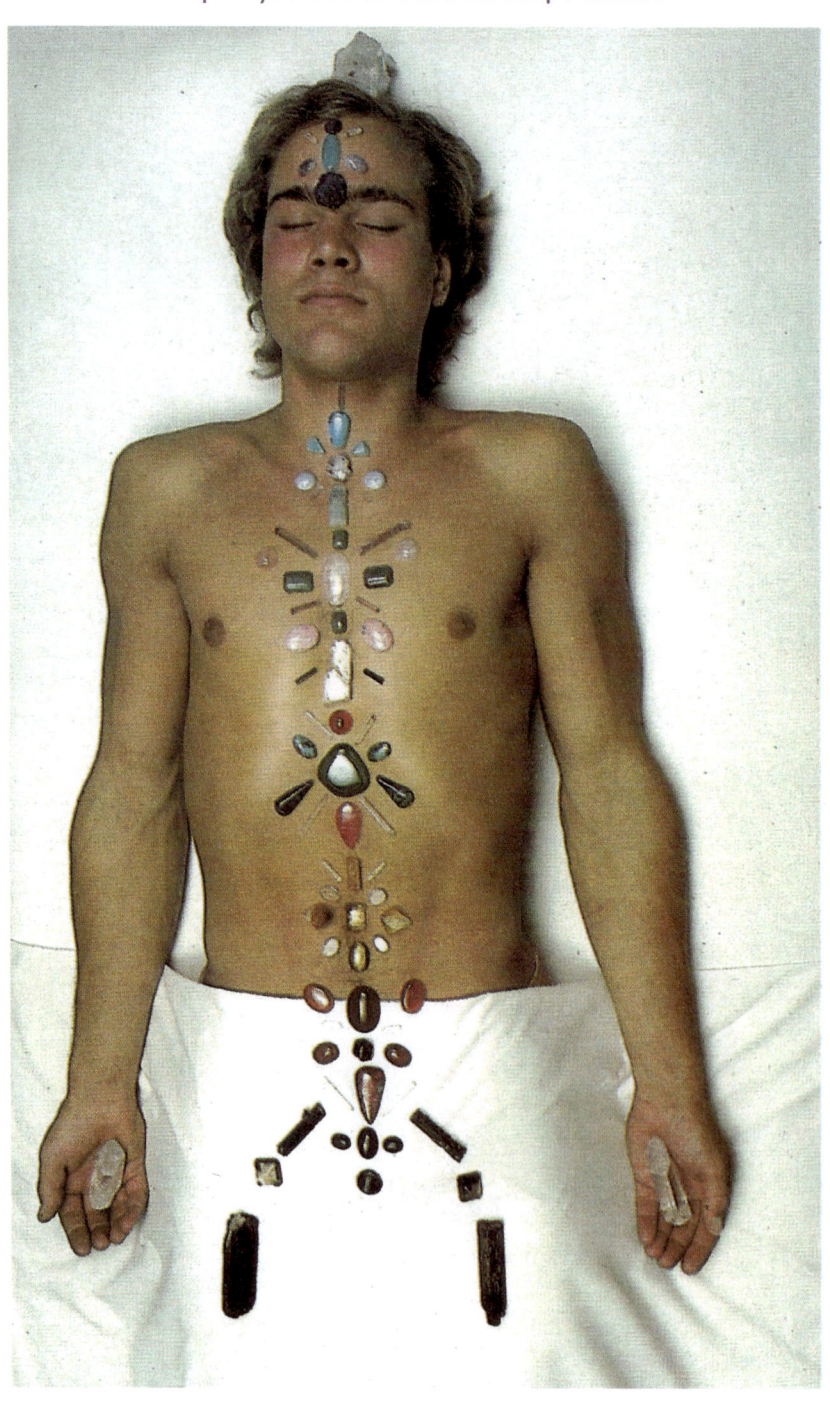

Cura com cristais efetuada por Katrina

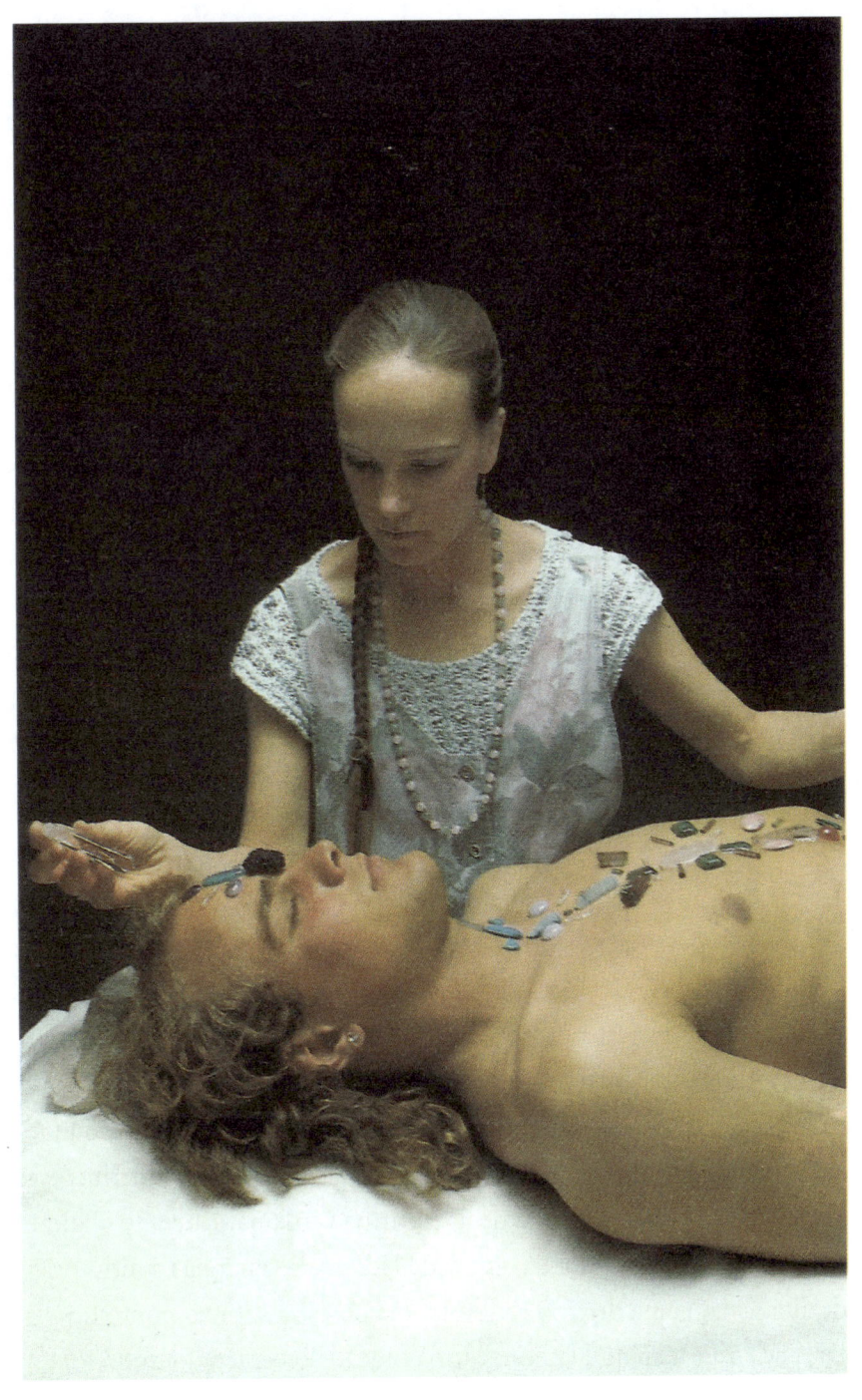

bela sílica-gema, para expansão da visão no reino do espírito. A cada lado da sílica-gema ficam dois cabochões de ametista, para propiciar a experiência meditativa. Na raiz do cabelo reina a nobre luvulita, que transmite compreensão à mente superior. Ela está ligada à sílica-gema por meio dos dois cristais de quartzo de extremidade dupla, dispostos abaixo dela. Para conduzir a luz branca ao chakra da coroa, colocou-se um grande cristal gerador de quartzo transparente com uma extremidade tocando o ponto da coroa.

Os comunicadores

Diretamente sobre o ponto do chakra da garganta, colocou-se um agregado de cristal celestita para facilitar a expressão da mais profunda verdade. Abaixo dele, está um cristal de água-marinha em estado bruto, canalizando a energia do coração com a ajuda de dois cristais de quartzo transparente de extremidade dupla. Para acentuar os efeitos, uma ágata azul rendada repousa a cada lado da celestita com uma turquesa logo acima. Alimentando a turquesa, há uma sílica-gema de cada lado e um cristal indigolita mais acima, conduzindo energia proveniente do terceiro olho.

Cristais do coração

No centro do peito, encontra-se a pedra primordial do coração, o quartzo rosa, criando autoestima e compaixão. Este foi cercado nos quatro lados pela energia curativa da aventurina verde, com pequenos bastões de turmalina rosa postos entre elas para a expansão do amor. Cinco peças de turmalina verde e rosa cobrem o peito na parte superior, para facilitar ao coração expressar-se em palavras – na altura da garganta, a kunzita repousa abaixo da extremidade final da aventurina verde para ativar o chakra do coração, sendo acompanhada, em cada lado, pelas energias condutoras da rodonita. Uma gema do tipo rodonita foi colocada sobre o ponto do plexo solar, para unir a energia amorosa do coração ao centro do umbigo.

Cristais expurgadores do plexo solar

No centro do plexo solar há uma grande malaquita olho de boi, para penetrar na emoção reprimida. Esta foi cercada por seis cristais geradores de quartzo transparente, para dissolver quaisquer cargas emocionais que venham a aflorar. Nos lados superiores direito e esquerdo da malaquita estão as pedras malaquita-crisocola, enquanto abaixo ficam as malaquita--azurita colocadas nos lados direito e esquerdo inferiores. Com uma gema de rodocrosita acima e abaixo da malaquita, o caminho estará livre para que a energia flua entre o centro do coração e o chakra do umbigo.

A conexão do umbigo

No ponto do umbigo, encontra-se uma gema de citrino facetada, que está sendo energizada em ambos os lados por dois cristais geradores de citrino em estado bruto. Cristais de topázio dourado de acabamento natural também apontam para o citrino facetado, bem como os quatro pequenos cabochões de quartzo-rutilado em cada canto, para energizar ainda mais o chakra. Dois cristais geradores de quartzo transparente ativam o topázio superior. Com âmbar nos dois lados do topázio e o olho de tigre inferior como pedra-base, as frequências mais elevadas do raio dourado são fixadas dentro do corpo.

Pedras energizantes e fixadoras

Sob o umbigo está colocado um agregado de rosalgar vermelho-real com um cabochão de cornalina vermelho-escura diretamente abaixo, para estimular a energia criativa do segundo chakra (sexual). A cada lado desta, encontram-se pedrinhas menores de cornalina alaranjada. Pequenos cristais de quartzo de extremidade dupla acentuam o poder dessas pedras. Abaixo da cornalina do meio, há um cristal de granada acompanhado a cada lado por um jaspe vermelho, para gerar energias criativas. Um cabochão de rosalgar completa o número de pedras vermelhas, sendo energizado por dois cristais geradores de quartzo transparente de cada lado. Recebendo as energias vermelhas no primeiro centro estão três hematitas vermelho-mosqueadas (a pedra central maior, ladeada por duas menores). Um olho de falcão, encontra-se logo abaixo, fixando as energias curativas diretamente no corpo. Para ativar o chakra da base, uma gema de quartzo enfumaçado repousa sobre cada ponto da virilha. Grandes bastões de turmalina são encontrados acima e abaixo das pedras facetadas, para canalizar a energia ao corpo e fortalecer o sistema físico.

Disposição dos cristais no corpo inteiro

A disposição de cristais no corpo inteiro é uma combinação de cada disposição já descrita. Os cristais de quartzo transparente também foram colocados nas mãos e nos pés, com as extremidades apontando para o corpo, a fim de fazer circular a energia de cura. Quartzos enfumaçados em estado bruto voltados para os pés vão completar a circulação da energia.

Ao colocar os cristais com a intenção de entrar em contato com outras vidas, é preciso que haja pelo menos uma pedra em cada um dos pontos de chakra a fim de concentrar e equilibrar todo o sistema de chakra enquanto estivermos movimentando a consciência em outras dimensões. As pedras da oitava superior da garganta são as melhores para serem usadas no centro da garganta, com o objetivo de canalizar pela voz aquilo que é visto e vivenciado em estados alterados. Essas pedras podem ser a água-marinha, a celestita e a sílica-gema.

Pode-se usar um gerador de quartzo transparente na aura depois da disposição inicial das pedras, mantendo-o suspenso acima de cada pedra do chakra principal (começando na base) por quinze segundos, para energizar cada um dos centros e equilibrar os sistemas de energia sutil. Quando o cristal gerador atinge os pontos do terceiro olho e da coroa, seja sensitivo e intuitivo nas respostas que servirão para guiar o movimento posterior do cristal. Talvez você venha a sentir que o cristal o está orientando de forma a girá-lo no sentido anti-horário, para abrir o terceiro olho, ou sentirá que será benéfico tocar de fato a pedra do terceiro olho. Não existem regras determinadas; depende das circunstâncias, da pessoa e do momento.

Reevocação de vidas passadas e futuras

Algumas vezes, durante as sessões de cura, aparecerão imagens que não têm um significado aparente, ou, então, memórias ligadas a elas. Tais impressões podem ocorrer ao se observar as áreas sombreadas da aura, na técnica de olhar o corpo de cima, ou então resultam de sentimentos que estão sendo rastreados de volta à sua origem. Quando quer que ocorram, aceite-as e aumente a profundidade delas por meio de uma visão mais detalhada sobre o fato, permitindo que os registros da memória subconsciente se manifestem. Em casos assim, use a bolha de proteção e mantenha-se identificado com a luz que flui ao longo da linha central a cada ato de respiração. Qualquer carga emocional pode ser neutralizada e podem ser apreendidos os efeitos dos laços kármicos, que são desfeitos se a consciência se mantiver fixa na luz, no eu superior. De outra forma, será fácil envolver-se em excesso com as identidades de vidas anteriores e perder por completo o significado do cenário como um todo. Nesse tipo de terapia, o papel da pessoa que ministra a cura com cristais é continuar orientando o receptor, dirigindo sua percepção para a luz, a fim de que veja a cena da perspectiva da linha central. A função da pessoa que está sendo curada é querer se desprender, liberar e entregar tudo à luz no interior de seu ser. A própria anuência é o que permite o reconhecimento das lições pessoais, a descarga da emoção reprimida, a cura do corpo e a autorrealização da alma.

Trabalhei certa vez com uma mulher que sentia muito peso nas coxas, o que estava afetando sua autoimagem e a habilidade de estabelecer relacionamentos significativos em sua vida. Ela se sentia muito desassociada e incomodada com o corpo dos quadris para baixo. Uma gema de luvulita de alta qualidade aliada à sílica-gema e à azurita foram colocadas sobre o terceiro olho para penetrar até o subconsciente e alcançar uma visão e compreensão superiores. Foi colocada também uma sílica-gema sobre a garganta para ajudar na expressão verbal daquilo que a visão interior vislumbrava. O quartzo rosa e a turmalina rosa formavam uma bela mandala de amor sobre o coração, para ser usada na cura de si mesma e na verbalização. Um cristal de citrino em estado bruto sobre o umbigo apontava para três peças de cornalina de alta qualidade, colocadas em formato triangular sobre o segundo chakra, para orientar o poder pessoal e a energia criativa nas pernas e nas coxas. Cristais de turmalinas negra e verde-escura foram colocados no dorso de cada pé, sobre os tornozelos, joelhos, quadris e virilha, com as extremidades voltadas para baixo, a fim de direcionar e energizar a parte inferior de seu corpo. Com a malaquita sobre o plexo solar a fim de refletir as emoções reprimidas e a rodocrosita abaixo deste para unir o coração ao umbigo, estávamos prontas para seguir com a terapia.

Começando por observar o corpo de cima, ela viu nuvens escuras ao redor das coxas, em particular a direita. Envolvendo-a em luz com a bolha de proteção, entramos na área obscurecida, e minha cliente, de imediato, começou a ver imagens de si mesma como homem, no início dos anos 1900, em uma densa floresta no Canadá. Próximo a uma cabana de toras, ela (ele) cortava lenha para o inverno e, acidentalmente, feriu a coxa quando o machado escorregou-lhe das mãos. Estando muito distante da cidade, não conseguiu assistência médica adequada e, em consequência, veio a ter a perna direita amputada, deixando a esposa e uma criança pequena sem ajuda, sem um "homem" na casa. Não podia trabalhar e, com isso, sentia-se cada vez mais inútil e irritável com o passar dos anos. Ela (ele) carregava um fardo imenso de culpa, sentindo-se um fracasso como marido e pai. (Isso viria a afetar sua habilidade para atrair relacionamentos significativos na vida atual.) Neste caso, usei um cristal gerador de quartzo transparente e orientei a energia curativa em pontos dos dedos do pé, dos tornozelos, dos joelhos, das coxas e dos quadris, especialmente os pontos do lado direito.

Nessa viagem pelo tempo, minha cliente uniu sua consciência àquele homem e o orientou no sentido de tirar o melhor proveito da situação e não ceder à autopiedade, mas, ao contrário, fazer o que pudesse e o que estivesse a seu alcance, e também abraçar tudo o que chegasse a sua vida. Enquanto o subconsciente do homem recebia essa mensagem, ele plantou sementes que viriam a afetar o resto de sua vida de uma forma positiva. Dessa maneira, ela reescreveu sua memória: em vez de o homem morrer sentindo-se um inútil, ela o viu aprender com sua experiência à medida que ele passou a apreciar a vida do modo que era. Como resultado, ele pôde ultrapassar suas limitações e se fortalecer por causa disso. Depois da sessão de cura, minha cliente sentia-se como se ela mesma houvesse incorporado as lições que o homem tinha aprendido. Suas pernas davam-lhe a sensação de estarem leves e livres, e também mais firmes sobre a terra. A mulher estava consciente de ter reescrito sua história pessoal e, como resultado, cada uma das existências simultâneas havia melhorado.

Quando você está trabalhando com uma pessoa e a memória dela começa a se desenrolar, deixe que haja total verbalização do que está sendo vivenciado, de modo a poder ajudar na compreensão de como esses eventos estão ligados às circunstâncias presentes, e qual é a lição global a ser aprendida. Muitas vezes, a pessoa que ministra a cura terá visões e perspectivas mais amplas das implicações, visto que é possível ser mais neutra quando não se trata de uma experiência pessoal.

Remontando às origens

Esta é uma das técnicas empregadas na reevocação de vidas passadas. Neste caso, isolamos um sentimento que prevaleceu durante toda a vida da pessoa, digamos, raiva, temor ou aflição. Haverá várias ocasiões no decorrer desta vida em que situações básicas os representarão, tendo papel no drama das emoções. Quando estiver remontando às origens, oriente a pessoa no sentido de retornar para a vida presente buscando as principais lembranças que envolvem o sentimento em questão. Ao fazer isso, descarregue cada memória com a respiração, e cuide dos eus vividos nesta existência: o jovem, o adolescente, a criança, o bebê. Muitas vezes, só esse processo levará várias sessões de cura antes que se alcance esclarecimento suficiente para permitir que a mente consciente possa transpor a ponte que a separa da vida passada ou futura. Ao trabalhar neste exercício de retorno à memória inicial, esteja preparado para as imagens ou impressões sutis que virão à tona, provenientes dos níveis mais profundos do subconsciente. Oriente seu cliente no sentido de se manter relaxado enquanto respira concentrado na linha central. Você pode instruí-lo assim:

> *Fique bem quieto e receptivo à lembrança ou ao sentimento de outras expressões de si mesmo em uma estrutura de tempo diferente. Aceite de imediato, sem sombra de dúvida, quaisquer impressões que entrarão na sua mente, permitindo que a memória se desenvolva à medida que a cena se desenrola à sua frente.*

(Neste caso, pode ser que você deseje incorporar também a técnica da tela de cinema e da bolha de proteção.)

Ao ser aceita a recordação dos eventos, é importante manter uma conexão consciente no nível da alma, por meio da respiração e do foco na linha central. Enquanto as imagens são descarregadas e as lições envolvidas se tornam aparentes, é importante chegar à compreensão da necessidade de atrair todas as circunstâncias e qual é a culminância da experiência como um todo. É aconselhável, nessa situação, basear-se na sabedoria interior para dar à mente consciente o propósito específico de todos os eventos paralelos. Com essa compreensão, podem-se neutralizar os padrões kármicos, purificar e selar a aura, colher o produto das experiências de vidas passadas e alinhar-se com a fonte pessoal de luz e energia que será conscientemente manifestada a partir desse ponto.

Reversão do tempo

Outra maneira de iniciar a reevocação de vidas passadas é fazer com que seu cliente visualize um relógio à sua frente. Enquanto ele fixa os olhos no relógio, este passa a se mover no sentido contrário, e as imagens da vida vão sendo sobrepostas no mostrador. Dirija-o gradualmente para trás, resgatando as memórias do dia, da semana ou do ano anterior. Durante esse tempo, os ponteiros do relógio vão se movendo cada vez mais rápido. (Essa técnica pode também ser usada em várias sessões de cura aliada ao processo de rastreamento para se trabalhar e limpar as memórias e os sentimentos sombrios de épocas passadas ainda retidos na vida atual.) À medida que o relógio se move para trás, à época do nascimento, do pré-nascimento, da concepção e da vida anterior, peça a presença da alma para guiar a mente ao momento mais significativo em relação ao fato com que se está trabalhando. As imagens, com bastante frequência, inundarão a mente enquanto cenas de vidas passadas passam a fazer parte da visão interior. Neste caso, mais uma vez, é preciso levar o eu-adulto consciente do presente de volta para confortar, guiar e equilibrar o *alter ego* do passado. Este é o instante em que de fato se constrói a ponte da consciência e se atinge a ilusão do tempo.

Trabalhei com uma mulher que havia sido sequestrada e estuprada aos 4 anos de idade. Ela se sentia incapaz de confiar em Deus, por não ter sido protegida do terrível evento que lhe acontecera. Também se recuperava de uma histerectomia, que, conforme já havíamos determinado, era resultado do trauma dessa experiência.

Cercando uma sílica-gema com oito pequenos cristais de quartzo transparente de extremidades duplas sobre o terceiro olho, e posicionando um grande quartzo tabular de extremidade dupla sobre a coroa, foram feitas as conexões para permitir que sua mente entrasse na zona de tempo alternada. A água-marinha na garganta ajudava na expressão verbal da visão alterada, enquanto a cornalina sobre o segundo chakra transmitia a energia criativa. Seis peças de turmalina verde foram dispostas no centro do coração para fortalecer a paciente contra as lembranças dolorosas da infância, e um topázio em estado bruto foi direcionado para um quartzo-rutilado sobre o umbigo, para lhe proporcionar autocapacitação. A malaquita e a rodocrosita limpavam e abriam o plexo solar, enquanto um quartzo enfumaçado sobre os pontos da virilha e uma turmalina negra nos pés facilitavam a transposição da experiência curativa com os cristais para a realidade.

Iniciando o método de reversão do tempo, a paciente foi levada de volta em sua memória genética até o momento em que tivera uma posição de poder na Rússia e usava sua energia sexual para manipular e controlar os líderes daquela época, com a intenção de se servir deles em seus propósitos egoístas. Ao tomar conhecimento disso, ela compreendeu por que havia sido estuprada em idade tão tenra, sendo tão indefesa. Ela perdoou a si mesma pelos abusos de cunho sexual de sua vida passada e confortou a criança ferida da vida presente. Após incorporar as lições cumulativas, sentiu-se capaz de usar conscientemente suas energias criativas pessoais para propósitos positivos.

A imagem do relógio também pode ser usada para iniciar a progressão para a vida futura, por meio da visualização dos ponteiros movendo-se para a frente, no sentido horário.

O propósito pré-natal

Usando as técnicas mencionadas, em algumas circunstâncias é oportuno demorar-se no período compreendido entre a concepção e a vida, para observar as decisões que foram sendo tomadas na ocasião pela alma no que diz respeito a quando e onde deveria nascer para receber a carga cultural apropriada e cercar-se de determinados ambientes para aprender certas lições. A partir da perspectiva do pré-nascimento, pode-se compreender a finalidade da escolha de certos pais, entender quais padrões foram escolhidos para se desenvolver ao longo do desenrolar da vida e quais lições se tinham como objetivo. Essa zona de tempo é onde o conhecimento da alma pode ser contatado com mais facilidade, visto não estar ela ligada a nenhuma forma física definida. É o tempo em que as decisões são tomadas e o curso de vida, projetado. Perscrutando mais detidamente esse espaço neutro e benéfico, você pode compreender por que foi pessoalmente responsável por atrair todas as circunstâncias que o cercam. Sintonizando-se com esse estado de percepção lhe é permitido ver quais escolhas ditaram os acontecimentos da sua vida, para que possa alcançar crescimento e evolução pessoal. As razões implícitas em circunstâncias inexplicáveis passam, então, a ser claras, e a harmonização com essa compreensão torna possível iniciar ativamente a ação consciente em relação às escolhas a serem feitas dali por diante.

Ao trabalhar com a técnica do propósito pré-natal, é vital que o conhecimento das decisões tomadas antes do nascimento derive da orientação interior de seu cliente e não de você, a pessoa que ministra a cura. (A função da pessoa que está efetuando a cura é ajudar o cliente a chegar à fonte dos próprios conhecimentos.) Recorrer a recursos pessoais é muito importante para os clientes de cura pelos cristais, uma vez que isso os capacita a saber exatamente por que sua vida se desenvolveu de determinada maneira. Com essa compreensão, baseados na experiência pessoal, torna-se muito mais fácil para eles aceitarem de forma total a responsabilidade pelo processo da cura.

Rastreamento

Trata-se de um procedimento avançado que só deve ser usado quando o receptor tem a disciplina mental necessária para se desprender por completo, desassociando-se de qualquer identificação ligada à vida presente. A capacidade de livre fluidez da mente provê o ímpeto para a visão alterada que, muitas vezes, origina a reevocação da vida passada ou futura. É possível mesmo ordenar que isso aconteça, caso o receptor tenha desenvolvido um poder mental adequado. Mais uma vez, o propósito de fazê-lo é quebrar o padrão mental ou o hábito que está afetando a vida atual. Por exemplo, se uma pessoa sabe que, em uma vida anterior, viveu no Egito, e que isso tem um efeito direto sobre a vida presente, deveria se escolher alinhar sua consciência com essa frequência de tempo e relembrar determinadas circunstâncias para observar e aprender com elas. Rastreando registros de memórias de vidas passadas ou futuras para conhecer a exata sequência do tempo, a reevocação dessas é obtida, podendo ser feita uma comunicação consciente com os *alter egos*. Esses *alter egos* podem estar, igualmente, pesquisando suas vidas passadas e futuras, que poderiam ser você, neste momento. Esse tipo de experiência é algo que transforma a qualidade da vida para sempre, pois você passa a se conhecer como parte de um eu mais amplo, e sua consciência pode se fundir com a "sobrealma", aliando-se com a fonte de todo ser. Essa experiência de autocapacitação pode ser realizada por aqueles que tenham desenvolvido a mente a ponto de estarem aptos a se desassociar conscientemente da existência atual.

Capítulo 11

A Cura

Exorcismo – a liberação de energias negativas

O exorcismo, como é definido neste livro, é a capacidade de ajudar a se libertar de influências ou de entidades negativas. Os cristais (em especial o quartzo transparente) desempenham um papel importante no fortalecimento das forças de luz de modo a conseguir isso. É possível que você jamais venha a atrair alguém que precise ser exorcizado. No entanto, se pretende se dedicar à prática ativa da cura pelos cristais, é bem provável que se depare com essa pessoa. As informações a seguir baseiam-se em minha experiência com esses encontros durante a prática de cura pelos cristais que venho desenvolvendo há algum tempo. Encorajo-o a usá-las se surgir a necessidade, e sugiro que faça mais pesquisas sobre o assunto se acaso decidir concentrar-se nessa área.

A natureza dos demônios é dualista. Muitas vezes somos possuídos por nossos próprios padrões de hábitos negativos que querem ter controle sobre nossas funções conscientes. Essas tendências habituais podem, por si sós, se tornar entidades vivas dentro de nós, entidades que usurpam nosso poder pessoal e nos tornam incapazes de agir de acordo com nossa vontade superior. Tais barreiras emocionais podem, com frequência, nos fazer agir como se estivéssemos sob o poder de uma força estranha à natureza do nosso ser. Nesses tipos de situação, por meio do desenvolvimento da vontade e da ativação da força da luz através dos cristais, é possível suplantar nossos demônios da raiva, da inveja, do medo, da avareza, da tristeza etc., que podem nos prender a uma dor contínua e à falta de controle pessoal. Na cura pelos cristais, é possível trazer luz suficiente para dissolver espíritos belicosos que nascem da insegurança das pessoas.

Outro tipo de demônio encontrado com frequência é de fato uma entidade externa que se prendeu ao corpo áurico da pessoa e se alimenta de sua força vital. Essas influências demoníacas podem manipular o subconsciente de modo a agir dentro de certo comportamento. Esse tipo de possessão costuma ocorrer quando a pessoa também está, em grande parte, atormentada por demônios emocionais pessoais, resultando em um campo áurico fraco e vulnerável. Também nesses casos, trazer mais luz e energia para a aura por meio de sessões de cura pelos cristais servirá para exorcizar as forças das sombras e da ignorância, invocando a luz interior para fortalecer os recursos pessoais.

O fator mais importante nesse tipo de prática de cura avançada é afirmar sua completa autoridade sobre as forças presentes, demandando e comandando que esses demônios se harmonizem com os propósitos da pessoa ou se afastem, para nunca mais retornar. Ocasionalmente, a presença demoníaca poderá preferir se alterar e integrar-se às mais elevadas características da alma. Na maioria das vezes, porém, ela vai preferir se afastar, uma vez que se sente incapaz de se alinhar com a luz. Ao se afastar, envie-lhe palavras de amor e estímulo, afirmando que um dia ela virá a servir à luz. Então, libere-a para sempre da consciência.

Em qualquer um dos casos, trabalhar com influências negativas é uma oportunidade para adquirir controle individual sobre as forças e as tendências que podem invadir o caráter humano. Quer sejam os demônios, atitudes extremas e respostas emocionais fora de controle, quer sejam entidades externas, a chave para sua extirpação é não ter medo e reivindicar autoridade consciente sobre eles. Muitas vezes, ao lidar com demônios durante as sessões de cura, a pessoa possuída já cedeu o direito de exorcizar o controle pessoal sobre eles. Essa rendição subconsciente é o que alimenta esses parasitas estranhos e suga as forças da luz e da vida da pessoa, deixando-a desvalida em relação a elas.

A cura pelos cristais é um meio eficiente de eliminar as forças demoníacas que atormentam o caráter e a integridade humana. É muito importante para quem está efetuando a cura ser corajoso nessas circunstâncias e orientar o receptor no sentido de que o seja também. Quando a sessão de cura revelar os padrões neuróticos pessoais inimigos ou a entidade externa que se prendeu à aura, mantenha a presença de espírito e oriente seu cliente a concentrar toda a sua atenção na linha central, pedindo que se identifique com a força de sua luz interior. Reivindique para si o comando absoluto e ofereça uma escolha entre se render e integrar-se, ou então partir. Normalmente, acontecerá uma vívida visualização dos demônios dentro da mente do receptor; eles podem ser trabalhados à medida que você, o praticante da cura, acrescentar informações que fortalecerão a nova autoimagem do cliente.

Quando lidamos com influências demoníacas, o cristal mais eficaz para o caso é o quartzo transparente. Pequenos montes podem ser colocados sobre cada ponto de chakra, com cristais de quartzo de extremidades duplas entre cada um desses centros, para integrar os sistemas de energia. Cristais geradores de quartzo unitários podem ser dispostos na coroa, sobre as mãos e na sola dos pés, com as extremidades voltadas para o corpo, no sentido de direcionar mais força de luz à circulação. O quartzo transparente, com sua carga dinâmica e radiação de luz branca, quando usado em quantidade, torna-se uma força mais poderosa do que qualquer sombra existente. É essencial que, depois de exorcismos, esses cristais sejam limpos de maneira adequada (pelo método água-sol).

Trabalhei com um homem que tinha um temperamento violento incontrolável, e, em consequência, sua vida familiar estava desmoronando. Em várias ocasiões, sua raiva ficara tão fora de controle que ele já havia batido na mulher e no filho. Em uma sessão de cura, ele foi envolvido totalmente pela luz do quartzo transparente enquanto remontávamos às causas desse comportamento no tempo de criança, quando havia levado surras do padrasto, com quem sua mãe escolhera ficar em vez do pai verdadeiro, a quem ele amava intensamente. Em sua mente, ele via a própria raiva como um tenebroso demônio vermelho de dentes afiados que lhe corroía o coração. Encorajei-o a visualizar uma energia azul de cura entrando no coração junto com cada inspiração (um antídoto calmante para o violento vermelho) e a liberar a torturante raiva vermelha a cada expiração. Pedras verdes e azuis também foram dispostas sobre seu coração, por exemplo: aventurina verde, sílica-gema e ágata azul rendada. Procedemos, então, à travessia do tempo, e seu eu-adulto consciente voltou para confortar o garotinho que estava zangado com a mãe por ter deixado seu pai, zangado com o pai por ter partido, e furioso com o padrasto por estar ali e lhe causar dor. Esse homem libertou-se da raiva de si mesmo à medida que se desfez também do sentimento de responsabilidade pessoal por se considerar, de alguma forma, a causa de todos os acontecimentos. Enquanto trabalhávamos, o poder do tenebroso demônio vermelho foi se extinguindo, e o homem pôde ver que sob ele estava seu vulnerável eu sensitivo, que pôde então se integrar ao seu eu presente na vida atual.

Houve ocasiões, durante as sessões de cura, em que senti a presença de demônios de origem externa. Em certo caso, o demônio de fato começou a me atacar psiquicamente enquanto eu trabalhava com a cliente para adquirir poder sobre ele. Nesse momento, agarrei-me à minha bola de obsidiana negra (que raramente uso em sessões de cura) e segurei-a à minha frente para me proteger contra essa força maligna (veja no Capítulo 4 o item "Obsidiana negra"). Afirmando nossa força de luz sobre a presença maligna, conseguimos com sucesso rechaçá-la, e minha cliente adquiriu mais confiança e capacidade para controlar a própria vida.

Ocasionalmente, quando liberamos poderosas energias negativas, será necessário colocar obsidianas negras sobre o terceiro olho ou centro do coração para obter uma compreensão mais clara da natureza do mal e de sua origem. A obsidiana negra refletirá irretocável e impiedosamente as áreas obscurecidas da mente a fim de estabelecer conexão com o superconsciente. A obsidiana negra só pode ser usada quando ambos, a pessoa que ministra a cura e o receptor, estiverem conscientes de seus efeitos e preparados para processar as mudanças inevitáveis que ocorrerão. Mesmo assim, as pedras de obsidiana devem ser cercadas de pelo menos quatro cristais de quartzo transparente, de extremidade dupla, para dissolver quaisquer elementos do temível desconhecido, tão logo surjam.

As curas acontecem em grande escala quando estamos inclinados a banir as forças negativas que estão impedindo nosso desenvolvimento pessoal. Em primeiro lugar, é uma questão de compreender que existem atitudes, emoções ou entidades externas que têm de ser liberadas. Depois, a aceitação da necessidade de mudança, seguida da coragem de olhar para dentro das áreas obscurecidas de si mesmo. Por fim, a autoridade destemida da vontade constante poderá dissolver quaisquer sombras que estejam bloqueando a luz interior.

Correlação entre mente, corpo, coração e alma

O corpo é a forma mais densa que possuímos da matéria. A alma, a mais sutil, liga-se a uma fonte infinita de luz e energia espiritual. Os corpos mental e emocional existem entre os corpos espiritual e físico. Quando qualquer aspecto do ser está fora do alinhamento com a luz da alma, ocorre o desequilíbrio. A conexão entre os corpos espiritual, mental, emocional e físico é bastante real, embora invisível e quase sempre não reconhecida. Durante as práticas de cura pelos cristais, podem-se ver as correlações diretas entre as diferentes facetas do eu e como elas interagem influenciando o restante. Muitas vezes, padrões mentais e atitudes provocarão respostas emocionais enquanto as emoções serão registradas em outro lugar do corpo.

O plano físico é uma manifestação de regiões mais sutis. A saúde do corpo é o reflexo de nossos pensamentos e sentimentos. O bem-estar planetário é o resultado do pensamento coletivo. Ao ganharmos o controle consciente sobre nossos pensamentos e alinharmos a mente e o corpo com a luz na fonte de nosso ser, teremos a habilidade de realizar nosso grande potencial. O espírito fluirá através de cada indivíduo e manifestará sua inteligência criativa em uma miríade de formas únicas e fascinantes.

A doença física é um dos últimos sinais a refletir o fato de o corpo mental, emocional ou material estar fora do alinhamento com a luz. O corpo costuma ser a fase final de manifestação, refletindo a relação não harmoniosa com o eu. A doença é o retorno biológico do organismo, que diz: "Preste atenção. Alguma coisa está errada aqui. É melhor investigar". Com uma visão interior adequada, o corpo pode ser interpretado com facilidade.

Uma mulher com lúpus, doença que provoca confusão no sistema imunológico, que começa a atacar os glóbulos vermelhos, remete a sentimentos passados confusos associados a tendências suicidas. O homem que sente que não tem "uma perna em que se apoiar" tem joelhos e tornozelos cronicamente fracos. A criança que precisa usar óculos aos 3 anos de idade tem, é óbvio, dificuldades para ver e se ajustar à vida.

Atitudes de mente fechada do tipo "não quero nem ouvir falar disso" podem causar dificuldades na audição. As implicações psicológicas e emocionais da doença física estão sempre presentes e podem se revelar como informações importantes sobre qual tipo de cura precisam ser implementado e a que nível. A cura completa só pode ocorrer quando padrões mentais, atitudes e sentimentos responsáveis pelo desequilíbrio físico são compreendidos, quando se aprende com eles e quando conseguimos transformá-los.

Quando a mente está em sintonia com o espírito, podem-se obter sabedoria e uma inimaginável visão interior. Dessa fonte, surge a nascente da criação. Com o alinhamento adequado, o próprio ato de projetar um pensamento pode criar a realidade. Os pensamentos de paz, saúde, alegria e amor moldam uma aura de energia de cura com a qual outros podem se beneficiar pelo simples fato de estarem em sua presença. As possibilidades criativas são infinitas à medida que aprendemos a nos curar e a afastar crenças ou limitações que estejam aquém do nosso verdadeiro potencial.

Pedras curativas do coração

Existem várias pedras do centro do coração que podem ser usadas em um número infinito de combinações e disposições sobre o peito, durante as sessões de cura pelos cristais, para atuar com a força do amor. Além da trindade do coração (quartzo rosa, kunzita e turmalina rosa), várias outras pedras merecem ser reconhecidas como importantes na cura desse órgão.

O quartzo rosa é a pedra fundamental para assuntos pertinentes ao coração, sendo símbolo de autoestima, perdão e paz interior. A kunzita ativa o poder do amor enquanto a turmalina rosa expressa isso de forma dinâmica. (Todas essas pedras foram descritas em detalhes na primeira parte deste livro.)

A rodonita assegura o poder do amor no dia a dia, enquanto a aventurina verde possui a capacidade de acalmar e curar o que quer que o esteja afligindo. A turmalina verde fortalece o corpo emocional em preparação para a expressão mais elevada do sentimento, e a rodocrosita cor de pêssego erguerá uma ponte com o plexo solar que unirá o poder do umbigo ao coração, em uma fusão harmoniosa das energias físicas e espirituais.

Ao empregar qualquer uma dessas pedras sobre o coração durante as sessões de cura, fique atento para o propósito específico de cada uma e use as pedras de modo a criar o efeito desejado. Uma disposição avançada de pedras sobre o chakra do coração para propósitos mais abrangentes pode ser feita colocando-se um grande quartzo rosa no centro do peito para conduzir a energia para dentro com vistas à renovação pessoal. Quatro aventurinas verdes podem ser colocadas em cada direção, ao redor do quartzo rosa, para atrair a energia de cura. Pelo menos quatro peças de turmalinas verde e/ou rosa devem ser postas sobre a parte superior do peito, direcionadas para a garganta, para canalizar a força do amor ao chakra da garganta, visando obter uma expressão verbal clara. A rodocrosita sobre o plexo solar, com a kunzita logo acima e a rodonita logo abaixo, ativará o poder de cura do amor conduzindo-o ao umbigo, onde será incorporado para uso direto em atividades diárias.

Qualquer que seja a forma ou a combinação de uso dessas pedras do coração, elas trazem a realidade da compaixão para a experiência pessoal, tornando-se também nossas melhores amigas na prática da cura pelos cristais, uma vez que transmitem várias e maravilhosas expressões e lições de amor.

Liberação, purificação e desprendimento

A cura depende de nossa capacidade e vontade de nos livrarmos dos obstáculos que inibem a união com o eu superior. Esse processo pode nos levar com frequência a várias mudanças drásticas na vida, à medida que velhas associações, relacionamentos, carreiras e padrões de hábitos são deixados para trás. O processo de desprendimento pode ser daqueles que tocam as fibras do coração assim que o novo eu é impelido em direção a pessoas com a mesma mentalidade e para ambientes onde o desenvolvimento pessoal possa ser incrementado. Às vezes, as pessoas contraem certas doenças como maneira de despertar e iniciar uma mudança radical na vida. Embora o sacrifício pareça imenso, a recompensa de viver em harmonia com a própria consciência superior não pode ser sobrepujada por nenhuma outra coisa que a vida venha a oferecer. A experiência costuma ser como a de um renascimento, embora mantendo o mesmo corpo.

O renascimento em espírito é a oportunidade para as transformações que todo indivíduo tem diante de si, a cada momento. Desprender-se de tudo aquilo que significa uma falsa segurança e de associações do ego trará uma colheita abundante de saúde e alegria. Isso é obtido apenas quando a coragem e a fé o fazem mergulhar no buraco negro dos próprios medos tão somente para que depois se possa emergir em luz do outro lado. Comprometimento e dedicação pessoais a esse processo são os catalisadores que permitem uma aceleração incrível no progresso do crescimento espiritual na vida de um indivíduo. Os cristais servem para dissolver as sombras de falsidade que podem obscurecer a irradiação interior, enquanto fortalecem e reforçam o poder da vontade e do autocontrole.

Uma vez iniciado esse processo, levará meses ou mesmo anos para você se sentir completamente renascido; porém, cada dia trará um pouco mais de claridade, um pouco mais de força. Cada ato de respiração consciente o levará para mais perto da fonte do próprio ser; toda vez que observar um cristal, isso o lembrará da luz, e os efeitos são cumulativos. Você crescerá e, ao fazê-lo, a transformação e autocapacitação serão os resultados naturais. A presença curativa está aguardando seu reconhecimento contínuo e o acesso a suas atividades diárias. Ela está aqui e agora. A cura está a distância de uma respiração.

Conclusão da cura

Durante o fluxo natural de uma sessão de cura pelos cristais surgirá naturalmente o momento ideal para seu término. Este se dá, em geral, depois que tenha ocorrido uma modificação importante ou depois que tenha havido uma constatação. É melhor não tentar realizar a cura em uma única sessão, uma vez que o receptor necessita de tempo para digerir e assimilar a experiência e incorporar os efeitos atuais em um plano de manutenção pessoal. Portanto, é mais vantajoso concluir a cura no momento que pareça o mais apropriado para a pessoa que de fato a está efetuando. Segundo minha experiência, a cura pelos cristais leva pelo menos duas horas desde o instante da chegada do cliente até que um plano de manutenção adequado tenha sido elaborado, e isso é algo que não pode ser feito às pressas. Quanto mais curas você ministrar, melhor será seu próprio senso de tempo adequado para cada sessão.

É importante fazer com que o receptor respire profunda e completamente antes de abrir os olhos para o mundo físico. Incentive-o como segue:

> *Respire profunda e integralmente (sobretudo nas muitas áreas onde a cura estiver ocorrendo), e traga luz e energia curativa para seu corpo. Sinta-a circulando na corrente sanguínea e pelo sistema nervoso. Dirija a luz da sua linha central para dentro de cada célula, de cada tecido e de cada órgão. Canalize a respiração para dentro das pernas e através da sola dos pés. Agora, gostaria que você se preparasse para abrir os olhos. Quando o fizer, eu lhe darei um espelho, e a primeira imagem que você verá é de si mesmo e das pedras que foram espalhadas sobre seu corpo. Ela será uma afirmação, uma manifestação física da cura que ocorreu e da beleza de sua própria luz interior. Quando se sentir pronto, abra lentamente os olhos.*

Tenha um espelho à mão e, no momento que seu cliente abrir os olhos, toque gentilmente o centro do coração e diga: "Nós asseguramos a luz e a cura que foi realizada". Depois, passe-lhe o espelho e deixe que ele veja a beleza da luz e da cor que foi mostrada em seu corpo.

Não existe uma regra fixa para a remoção das pedras. Em geral, as que cercam as pedras do chakra principal são retiradas primeiro, deixando-se as pedras iniciais da cura por último. Por exemplo, se a cura se refere à habilidade de expressar com clareza pensamentos e sentimentos, as pedras do chakra da garganta deveriam ser deixadas por último. É também bastante benéfico deixar as pedras do chakra da base e as dos joelhos e dos pés até o final, para continuar fixando as energias de cura no corpo. Limpe cada pedra com um pano de algodão úmido conforme forem sendo removidas e coloque de lado as que precisam de limpeza especial, para que sejam purificadas pelo método de água-sol (malaquita, quartzo rosa etc.). O restante pode ir para um aglomerado de quartzo ou defumação (veja no Capítulo 20 o item "Outras técnicas de limpeza e reenergização").

Depois da sessão de cura, o receptor se sentirá um pouco aéreo e desorientado. É da responsabilidade da pessoa que ministra a cura assegurar-se de que o cliente seja inteiramente devolvido ao plano terreno antes de retornar ao mundo exterior. Faça com que ele se levante, respire profundamente, dê uma volta pela sala, vá ao banheiro, tome água ou chá; aconselhe-o a ingerir uma refeição com bastante proteína o mais cedo possível. Elabore, então, um plano adequado de manutenção.

É uma prática igualmente agradável acender um defumador de cedro e artemísia (veja novamente no Capítulo 20 o item "Outras técnicas de limpeza e reenergização"), ou um incenso de boa qualidade, e rodear a aura do cliente com essa fragrância purificadora antes que ele se retire do ambiente. Isso também limpará o ar antes que o próximo cliente chegue, ao mesmo tempo que perfumará o local.

Capítulo 12

Manutenção: Responsabilidade Pessoal pelo Progresso da Cura

Depois de completada a cura, é importante passar algum tempo trabalhando com o cliente na definição de um programa de manutenção pessoal. Esse é um dos aspectos mais significativos do processo. Durante as sessões de cura, temos acesso a fontes muito profundas e sagradas, criando um espaço para que as mudanças aconteçam. A vitalidade da experiência, contudo, se perderá e se tornará apenas uma lembrança se não for ativamente incorporada à prática diária pessoal. Da mesma forma como cirurgiões espirituais nas Filipinas podem remover doenças físicas do corpo, a doença pode retornar se os hábitos mentais e emocionais correlatos não forem modificados.

A ideia é ajudar cada indivíduo a explorar os próprios recursos internos em vez de se tornar dependente da pessoa que ministra a cura, ou mesmo dos cristais em si. Às vezes, é preciso apoiar-se nos outros até que estejamos fortes o suficiente para firmarmo-nos por nós mesmos. O papel da pessoa que ministra a cura com cristais é "estar ali" e ajudar no processo de cura. Entretanto, a verdadeira autocapacitação vem quando o indivíduo reivindica pessoalmente a luz e aprende a usá-la na vida diária. Essa responsabilidade pessoal pelo processo de cura faz com que esta se torne uma realidade. Isso significa um esforço consciente constante e a ação disciplinada diária para incorporar as mudanças ocorridas em níveis sutis do subconsciente e do superconsciente.

Um fator importante para fixar a realidade do que está sendo testemunhado e vivenciado durante as curas depende das pedras usadas nos primeiro, segundo e terceiro chakras quando da disposição delas. Quando citrino, quartzo-rutilado ou topázio dourado (veja no Capítulo 20 o item "A conexão do umbigo: o topázio dourado e o quartzo-rutilado") são colocados sobre ou ao redor do umbigo, os sistemas físicos injetarão as energias douradas da coroa no chakra do umbigo. O olho de tigre dourado sobre o umbigo é uma força estabilizadora que ajuda imensamente na assimilação das frequências superiores dentro do corpo. A cornalina, a granada ou a hematita, no segundo centro, estimularão a criatividade e purificarão o sistema físico de maneira a integrar as frequências mais elevadas dos chakras superiores, canalizando a energia criativa por todo o sistema de chakras. A turmalina negra ou verde-escura, o quartzo enfumaçado, o ônix negro ou o olho de falcão, colocados sobre os pontos da virilha, dos joelhos e dos pés, canalizarão a consciência espiritual do terceiro olho e da coroa para dentro da densidade do plano material.

Meditação

Uma das melhores técnicas para iniciar a prática pessoal é a meditação. O melhor momento para a meditação é no primeiro horário matinal, com o intuito de estabelecer os parâmetros para o dia, ou, então, antes de se deitar à noite. Meditar antes do sono permite à mente liberar as tensões que se acumularam durante o dia e que de outra forma se localizariam no subconsciente, provocando um sono inquieto ou a continuação da ansiedade no dia seguinte. Meditar, mesmo que por quinze minutos, duas vezes ao dia, pode fazer uma diferença considerável em como você se sente. Usar a técnica simples de seguir o curso da respiração pela linha central despertará uma resposta da alma e ajudará a integrar os efeitos positivos da cura pelos cristais. Inspirar e visualizar o verde penetrando em áreas doentes ou desequilibradas, enquanto se expiram os velhos pensamentos ou sentimentos conflitantes, perpetuará a continuidade do processo de cura. Meditações pessoais também podem ser empregadas, e o que é mais importante é que se dedica um tempo e se reserva um local tranquilo para a interiorização da percepção e a harmonização consciente à visão do bem-estar.

Quando a travessia do tempo é praticada nos processos de cura, e o eu adulto consciente retorna à sua criança (ou a atual identidade se relaciona com seu eu passado ou futuro), é fundamental, no programa de manutenção, que se continue acompanhando, alimentando e integrando o *alter ego* na realidade adulta. Deve-se visualizar novamente a cena e retornar com frequência a ela para cuidar e alimentar a criança, de modo que a cura se faça por completo.

Uma simples meditação eficaz que pode ser facilmente aplicada para ajudar a fixar os efeitos sutis das sessões de cura dentro da realidade prática pode ser obtida com dois cristais geradores de quartzo enfumaçado naturais. Sentando-se com o corpo ereto em uma cadeira, com os pés apoiados no chão, silencie a mente, seguindo o fluxo da respiração. Segure um quartzo enfumaçado em cada mão com as extremidades voltadas para baixo e para longe do corpo. Respirando, sinta o poder do negro radiante sendo canalizado no primeiro chakra, ao inalar, e através do ânus e para fora das solas dos pés, ao exalar. O foco mental ativará o centro da base, enchendo-o de luz, fertilizando e alimentando as sementes plantadas durante a cura pelos cristais. Após onze minutos de meditação com o quartzo enfumaçado, é aconselhável desviar a atenção para outras formas de manutenção, por exemplo, afirmações, reprogramação consciente etc.

Afirmações

Repetir em voz alta as afirmações é muito eficiente em um programa de manutenção pessoal. Crie as imagens do eu conforme ele prefere ser e traga as palavras para o tempo presente, dizendo "eu sou" em vez de "eu serei". Isso vai fazer com que as mudanças ocorram agora, no presente, em vez de em algum tempo além, no futuro. As afirmações usadas devem estar em relação direta com as experiências e transformações ocorridas na sessão de cura. Por exemplo, se alguém estava trabalhando ativamente em liberar a raiva e o ressentimento contra a mãe, a afirmação deveria ser:

> *Estou realizado no amor e no recebimento do meu afeto para mim mesmo. Compreendo e perdoo minha mãe por sua incapacidade de preencher minhas necessidades. Envio a ela, agora, o meu amor e agradeço-lhe por fazer parte do meu processo e me ensinar a lição do perdão.*

Conforme essa afirmação for repetida com sinceridade e mergulhar no subconsciente, ela conterá mais e mais substância genuína, criando os padrões de pensamentos necessários para mudar as velhas trilhas mentais e emocionais que, de outra forma, continuariam atuando de modo subconsciente e descontrolado em sua vida.

O trabalho individual com cristais e pedras

Todo cristal e pedra que tenha se mostrado mais eficiente durante a sessão de cura pode ser incorporado à prática pessoal. Se a sessão girou em torno da autoestima, o quartzo rosa pode ter sido usado; ou, se estiver trabalhando no poder de manifestar os resultados na vida, provavelmente usou o citrino, e assim por diante. Essas pedras podem, então, ser utilizadas pelo receptor da cura, que poderá usá-las, levá-las consigo, segurá-las ou meditar com elas em sua privacidade. Também podem ser espalhadas sobre o corpo nas áreas dos chakras associados, enquanto a pessoa está deitada iniciando a cura.

Cristais projetores podem ser programados com pensamentos e imagens dos resultados desejados para aumentar os efeitos da cura (veja no Capítulo 4 o item "Cristais projetores programados"). Quando os cristais são trabalhados dessa maneira, é possível criar efeitos que de outra forma levariam muito mais tempo, visto que o cristal, uma vez programado, continuará a emitir a projeção positiva para dentro do plano causal, de modo a manifestar os resultados com muito mais rapidez. Deve-se ter cuidado quando se estiver programando os cristais. O indivíduo tem de estar preparado para receber o que for projetado dentro do cristal e apenas as formas de pensamento mais positivas devem ser programadas neste.

Uma das melhores pedras para fixar os efeitos positivos em um plano de manutenção pessoal é a turmalina negra ou verde-escura. O que usualmente parece ser uma turmalina negra é, de fato, uma pedra verde-escura que fixa a essência curativa do verde nas profundezas do primeiro chakra. Essa é uma pedra perfeita para se usar, levar consigo e se meditar com ela, ou apenas segurá-la, quando se estiver integrando os efeitos sutis de uma cura pelos cristais dentro das atividades diárias. A turmalina escura serve de canal para as forças espirituais na Terra, sendo uma amiga consoladora nos tempos de transição, que ajuda a neutralizar padrões de hábitos neuróticos e a substituí-los por atos conscientes.

Reprogramação consciente

Por meio da prática contínua é possível desprogramar de forma consciente velhos registros mentais e reprogramar na mente aquilo que servirá para a vontade consciente. Essa prática envolve dedicação e perseverança diárias. Uma vez consciente de um hábito mental que não é mais produtivo, prefira outro e sobreponha-o ao velho registro. Para isso, sente-se em silêncio em uma posição confortável, segurando um de seus cristais favoritos contra o terceiro olho. Visualize a si mesmo sentindo, vendo, respirando e agindo dentro dessa nova programação. Afirme-a no tempo presente, em voz alta, trazendo-a para dentro da realidade ao longo do dia, substituindo conscientemente a velha mentalidade, as velhas atitudes e os sentimentos associados por essa nova alternativa escolhida.

Se for muito tímido, introvertido e se sente pouco à vontade quando cercado por muita gente, sintonize-se com um cristal de citrino e veja a si mesmo como alguém confiante, seguro e espalhando amor sobre os outros. Visualize uma interação fluente com todo tipo de pessoa, desde o frentista de um posto de gasolina até os relacionamentos mais íntimos. Tendo essa nova imagem previamente estabelecida e firmemente assentada, é muito mais fácil substituir os padrões mentais em meio às atividades do dia. Com o programa predefinido e determinado com força de vontade, a manifestação física dos resultados torna-se mais fácil, e a vida se transforma. Esse processo de reprogramação consciente devolve o poder às mãos do indivíduo, ao mesmo tempo que lhe permite mudar tendências habituais e curar seu coração.

Quando a vontade é conscientemente focada e dirigida, torna-se possível recorrer à fonte infinita de energia e canalizá-la para a cura de qualquer aspecto do eu. Todos temos acesso a essa fonte da força da alma dentro de nós e podemos usá-la para desanuviar a mente, curar o coração e equilibrar o corpo. No momento em que pensamentos, sentimentos e ações entram em sintonia com o espírito, a identificação pessoal torna-se mais do que um simples corpo, uma mente ou um sentimento. Passamos a nos conhecer então como parte de um esquema muito maior de coisas, e podemos conduzir, para nossa vida e para o planeta, a saúde e o bem-estar que passamos a representar de forma concreta.

PARTE III

CRISTAIS MESTRES

Capítulo 13

Cristais Mestres

Os cristais mestres são exatamente isto: "mestres". Existem em um estado de forma perfeita, manifestando absoluta sintonia com a fonte de luz. Cada um deles demonstra princípios únicos e abre portas pelas quais pode ser vivenciada a entrada em um mundo de espírito e terra integrados. Esses cristais são mensageiros dos céus e mestres na lei divina. Alguns são implacáveis no desnudar a escuridão das atitudes e identidades egocêntricas; enquanto outros servem para construir uma comunicação consciente com as regiões do eu superior.

Os cristais mestres são todos educadores (veja no Capítulo 4 o item "Cristais mestres"). O surgimento desses cristais nesta época e a compreensão de como usá-los indicam que estamos prontos para receber um vasto conhecimento que só recentemente nos preparamos para compreender. Como uma raça de seres, já nos é possível incorporar aos processos de pensamento ideias e conceitos que só agora nos foi permitido entender. Usamos tão somente um décimo do poder do cérebro; estamos capacitados para usá-lo cem por cento. Os cristais mestres transmitem frequências que ativam os poderes superiores da mente e direcionam nossa atenção para o nível da alma. Cada vez mais, os cristais mestres vêm sendo localizados e minerados sobre a superfície da Terra para serem atraídos por pessoas ansiosas e prontas para proceder a uma transformação fantástica.

As formas geométricas dos cristais canalizadores, dos cristais transmissores e dos cristais naturalmente polidos são as características que mais os distinguem. Eles são simbolicamente profundos, numerologicamente significativos e a constatação física da ordem divina. Nesses cristais mestres, a geometria é precisa e específica, determinando sua finalidade e uso. Os bastões de *laser* e os guardiães da Terra são instrumentos imbuídos do conhecimento ancestral da raiz das civilizações, enquanto o quartzo elestial abre espaços através da escuridão da mente, permitindo a revelação da verdade e a sintonização com os reinos celestiais.

Os cristais mestres são os usados com mais frequência na meditação pessoal ou com um parceiro, e mesmo em um grupo de pessoas com afinidades mentais e igualmente intencionadas. É preferível que não haja outras pessoas tocando esses cristais enquanto estiver trabalhando ativamente com eles. Cada cristal comunica sua essência e função; além disso, a receptividade límpida e clara das pessoas que lidam com eles é essencial para o pleno conhecimento do que está sendo transmitido. Portanto, a primeira lição é a habilidade de silenciar pensamentos avulsos que surgem constantemente do subconsciente e disciplinar a mente para receber os ensinamentos dos cristais mestres. Aprende-se a arte da comunicação interdimensional ao se treinar a mente para perceber a frequência do cristal mestre, e, assim, pode-se unir o espaço que existe entre as formas humanas e minerais.

Conhecemos atualmente mais de 12 cristais mestres, cada um apresenta atributos energéticos e magísticos específicos. Considerados cristais raros, geralmente são quartzos límpidos e, para acessarmos sua vibração energética, a meditação pode ser uma ferramenta. O excitante é que estamos preparados para aqueles que são conhecidos agora, e esses estão prontos para serem ativados pela nossa sintonização consciente com eles. Use esses cristais com absoluto respeito e pureza de intenções. Eles são nossos guias, mestres, amigos. E estão aqui. E quanto a você, está preparado?

Capítulo 14

Cristais Canalizadores

Significado geométrico e numerológico

Os cristais canalizadores podem ser reconhecidos por uma larga face heptagonal em seu centro frontal, com o lado posterior oposto assumindo um formato triangular perfeito. Com o triângulo, existem outros cristais menores projetando-se na parte de trás.

Do ponto de vista da numerologia, sete é o número metafísico simbólico do estudante, do místico, do pesquisador da verdade mais profunda. O sete representa a intuição da mente superior e aquele que busca dentro de si a sabedoria. Sete é o número das verdades místicas compreendidas quando se alcança o desprendimento, permitindo a visão do terceiro olho. A ampla configuração heptagonal, que os cristais canalizadores demonstram de maneira tão óbvia, é o portal de entrada pelo qual pode ser revelada a verdade interior.

As três faces do triângulo tornam possível a expressão verbal dessas verdades. O número três representa o poder da palavra e a habilidade de se expressar de modo criativo e alegre. A combinação poderosa do sete leva a mente para dentro de si em busca da sabedoria. O três permite que essa sabedoria se manifeste e seja compartilhada pela palavra falada. (Muitas das informações que recebi pessoalmente em relação ao poder e potencial dos cristais foram recebidas por meio de um cristal canalizador antes de eu sequer saber que tal coisa existisse.)

A face heptagonal representa as sete qualidades que a consciência humana tem de conquistar para ter acesso à sabedoria da alma e canalizá-la. Cada uma das linhas que formam o heptágono representa uma das virtudes em equilíbrio e em harmonia com as outras seis. São elas: o amor, o conhecimento, a liberdade, a manifestação (a capacidade de projetar e criar), a alegria, a paz e a unidade. Quando essas virtudes estão todas integradas em um ser, a porta para canalizar a verdade é aberta e a sabedoria flui.

O uso e o potencial mau uso da canalização

A palavra "canalizar" vem sendo muito usada ultimamente e significa diferentes coisas de acordo com os círculos em que é empregada. Com referência aos cristais mestres canalizadores, quer dizer canalizar e expressar a fonte da verdade e sabedoria do fundo da alma. Significa uma ligação consciente com a fonte última do conhecimento que existe dentro do eu.

Canalizar é algo que pode ser usado de forma abusiva. Muita gente está canalizando hoje em dia. Muitas fontes estão sendo contatadas e estamos tendo acesso a informações variadas. Há um grande sensacionalismo em torno da canalização e, não raro, ela pode ser uma armadilha do ego. Muitas almas fora do corpo desejam usar veículos físicos para se expressar. Essas entidades desencarnadas podem ou não ser mais evoluídas e ter acesso mais claro ao conhecimento do que a pessoa através da qual escolhem falar. A informação pode ou não ser pertinente ou correta. Deve-se tomar muito cuidado ao se receber uma canalização ou ao se tornar um canal. Não entregue seu poder a uma força sem saber, sem nenhuma sombra de dúvida, que as intenções são puras e que servirão para o bem maior. Gostaria de sugerir que antes de sessões de canalização o canal e o receptor se sentassem e, juntos, rogassem por proteção e orientação usando técnicas pessoais para se cercarem ambos de luz, fazendo também a prece descrita na página 181-82 do Capítulo 8 – Preparação. Isso assegurará a disseminação adequada da informação de fonte mais elevada.

Se uma pessoa abre seus canais psíquicos a uma entidade menos evoluída que ela, sua própria energia vital pode ser usurpada e muitas vezes acontece de ela, depois, sentir-se extremamente cansada e desorientada. Se uma pessoa deseja ser canalizada e abre seu subconsciente a uma entidade que presume conhecer mais sobre ela do que ela a si mesma, essa pessoa também pode ser seriamente mal direcionada caso a fonte esteja fora do verdadeiro caminho. Quando nossa mente está receptiva, recebe conselhos inverídicos e acredita neles, as próprias forças intuitivas são suprimidas e baseamos nossa realidade em algo que alguém percebe, em vez de olharmos para dentro de nossa própria fonte de poder e saber. Isso não quer dizer que não existam fontes confiáveis de entidades desencarnadas que estejam dispostas a nos ajudar em nosso processo. A questão é que todos temos o conhecimento dentro de nós mesmos se olharmos nos lugares certos, sendo possível obter a informação de nossa própria fonte infinita e canalizar a sabedoria para dentro de nossa vida.

Indubitavelmente, existem muitas almas nobres das quais podemos extrair força em momentos de necessidade, sintonizando nossa consciência com elas de modo a receber conhecimento e luz. Há guias espirituais que estão sempre presentes com nós, para ajudar no processo evolutivo, e há forças às quais podemos apelar para obter proteção e orientação. Entretanto, nossa verdadeira força e sabedoria reside dentro de nós, e, quanto mais essa fonte estiver sintonizada, mais a segurança pessoal e a capacidade própria evoluem.

Os cristais canalizadores estão aqui para nos ensinar o modo de recorrer à sabedoria dentro de nós mesmos. Por meio de sua geometria sagrada, eles representam virtudes associadas à simbologia numerológica, a habilidade de penetrar nossa própria fonte, de ter acesso à verdade e, então, de expressá-la por meio da palavra. Esses cristais surgiram para nos ensinar como alcançar e canalizar nossa luz das profundezas mais puras e verdadeiras de nossa alma. Às vezes, durante esse processo, podemos (e com frequência o fazemos) encontrar outras entidades que somos capazes de reconhecer e com as quais aprendemos. A diferença é que não estamos entregando nosso poder, e a anuência ou discordância em relação à informação sempre pode ser comprovada com nossa própria pedra de toque interior. À medida que confirmamos dessa forma nossa sabedoria, aprendemos a usar os recursos pessoais para nos guiar na vida.

A arte de usar cristais canalizadores

Os cristais canalizadores podem ser usados para muitas finalidades. São instrumentos nas práticas de meditação pessoal a fim de se adquirir clareza interior e canalizar a luz da sabedoria para a mente e as atividades diárias. Podem ser usados quando respostas específicas a perguntas específicas forem necessárias, ou quando você quiser receber uma informação sobre determinada área. Eles são grandes companheiros para se trabalhar quando se precisa recuperar uma informação dos cristais arquivistas ou em conjunto com os cristais transmissores. Podem ser usados em grupos ou quando se trabalha com outra pessoa. Em qualquer um dos casos, a intenção consciente de qual informação deve ser recebida tem de ser previamente combinada por todas as pessoas envolvidas. Essa união mental consciente permite que o grupo (ou as pessoas) sintonize mentalmente uma mesma fonte para perceber a informação desejada.

Antes de trabalhar de fato com o cristal canalizador, segure-o na mão esquerda e silencie a mente por meio da concentração no fluxo da respiração. Medite sobre os sete princípios, focalize-os mentalmente, identifique-se com eles. Visualize uma pura luz azul em torno do chakra da garganta e um raio violeta profundo no terceiro olho. Outros cristais e pedras podem ser usados para ajudar na ativação desses centros: água-marinha, indicolita, celestita azul e sílica-gema para o chakra da garganta; e ametista, fluorita ou luvulita para o terceiro olho. Podem-se usar essas pedras próximo do corpo, segurá-las na mão ou utilizá-las previamente na meditação e colocá-las sobre os pontos associados para ajudar os poderes intuitivos da visão do terceiro olho e a expressão verbal na área da garganta. Depois de ativar esses dois chakras, convoque verbalmente a luz e a sabedoria de sua alma para tomarem a frente e guiá-lo, protegê-lo e informá-lo.

Depois de clarear, silenciar e programar a mente de forma consciente, podem ser empregadas duas diferentes abordagens: a primeira consiste em segurar a face heptagonal sobre o centro do terceiro olho e respirar, longa e profundamente, enquanto você se concentra; a segunda consiste em colocar juntos os dedos indicador e polegar de cada mão, conectando a sabedoria de Júpiter (o dedo indicador) com a da identidade do ego pessoal (o polegar). Faça, então, que os dedos indicador e polegar da mão direita toquem os mesmos dedos da mão esquerda, mantendo esticados os outros dedos. Coloque este *mudra* sobre o ápice da extremidade do cristal canalizador, feche os olhos e permita que sua mente se mantenha silenciosa e receptiva.

Quaisquer impressões, símbolos, imagens ou sentimentos que sejam recebidos, uma vez que os cristais canalizadores estejam em ação, devem ser reconhecidos e expressos, sem que haja dúvidas ou desconfianças. As impressões a princípio podem ser vagas ou sutis, porém, uma vez ajustada a mente à frequência do cristal canalizador, essa visão fluirá sem hesitação. Deixe a informação vir através de você, sem intelectualizar ou pensar a respeito. É uma boa ideia gravar cada sessão de canalização ou ter alguém tomando notas, na hora ou logo depois. Embora você esteja totalmente consciente, o estado da mente ao qual temos acesso estará alterado e, com frequência, nos parecerá pouco familiar, o que muitas vezes tornará difícil lembrá-lo de memória.

À medida que a sintonização é feita e aperfeiçoada, torna-se possível sentir que outros seres que possuem certo conhecimento estão presentes. Se sentir que será útil se comunicar com essas presenças, poderá optar conscientemente por ligar sua mente à delas e receber a transmissão da informação. Durante o tempo de canalização em voz alta, esta pode vir a mudar ou se alterar enquanto estiver sintonizando sua consciência com a de um desses seres. Se isso acontecer, sugiro que mantenha uma ligação forte e clara com sua fonte de luz, bem como sua identidade pessoal, enquanto, ao mesmo tempo, permite que a outra entidade se manifeste.

No processo de deixar que as entidades desencarnadas ajudem, é importante não transferir à outra fonte o poder de ser a autoridade final. Em vez disso, veja a entidade como parte de você (ou como sua "sobrealma"), conectada à mesma fonte de luz. O benefício de permitir que outras entidades (ou vozes) se comuniquem é viabilizar a desassociação de sua própria identidade linear e ver a si mesmo como parte de um todo muito maior. A intenção dos cristais canalizadores é ensinar a capacitação pessoal, permitindo canalizar todas as diferentes facetas e os vários raios de luz que há dentro de cada pessoa.

Existem alguns poucos cristais canalizadores que foram programados por seres avançados e anciãos sábios de nossa raça. Esses cristais destinam-se a pessoas muito especiais, que os atrairão para sua vida tendo a consciência de que têm um trabalho a realizar com eles. Apenas quem estiver destinado a receber informação desses cristais será capaz de sintonizar sua mente na frequência da pedra e ativá-la. Quando o fizer, informações muito específicas serão reveladas e canalizadas. Esses cristais canalizadores especialmente programados possuem partes obscuras, incrustações espiraladas, além de espectros ou marcas de cristais arquivistas (veja no Capítulo 4 o item "O cristal arquivista"). Raros, costumam também ser grandes e belíssimos. Os outros cristais canalizadores encontrados com mais facilidade servirão os companheiros humanos no sentido de sintonizá-los e de nitidamente canalizar a sabedoria para a alma deles, respondendo a quaisquer questões ou ponderações.

Capítulo 15

Cristais Transmissores

Simbologia geométrica e numerológica

Os cristais transmissores também são identificados pela geometria de suas faces e também manifestam o número sete: três coeficientes (como no cristal canalizador). Porém, nos cristais transmissores existe um perfeito triângulo no centro do cristal conectado por duas faces simétricas com sete lados nos dois lados do triângulo. O sete representa a habilidade de controlar os sentidos e os desejos físicos a fim de compreender a verdade com a mente superconsciente. Sete é o próprio Deus realizado, e o três representa isso por meio da consciência individual que deve ser pessoalmente expressa e revelada.

A combinação numerológica do 7-3-7 indica, em termos simbólicos, a habilidade pessoal e a revelação (o três) mantidas em equilíbrio pelo par de sete que se liga diretamente à superconsciência. O próprio ato de combinar a superconsciência à consciência individual abre na Terra um caminho para adquirir conhecimento e sabedoria universal, de modo a se ter com isso um resultado prático.

O triângulo central é o ponto de conexão, a ponte entre a identificação pessoal e universal, e representa a unidade. As faces com sete lados personificam as virtudes dos seres iluminados por Deus, que são, uma vez mais: amor, conhecimento, liberdade, revelação, alegria, paz e unidade.

Por meio do uso dos cristais transmissores é possível conectar a mente consciente à sabedoria universal e receber informações específicas pertinentes a uma circunstância individual ou alcançar a verdade cósmica (dependendo da intenção).

Aperfeiçoando a comunicação

Os cristais transmissores, quando devidamente usados, podem transmitir formas de pensamento humanas imaginadas para a mente universal de modo a serem recebidas e devolvidas de modo adequado. A primeira lição que os cristais transmissores ensinam é a arte de aperfeiçoar a comunicação das pessoas. Quando os pensamentos são definidos e projetados com clareza a um cristal transmissor, emitirão essas vibrações mentais para o universo a fim de que sejam respondidas com precisão. Se uma pessoa estiver confusa, desfocada ou for incapaz de esclarecer os próprios pensamentos, o resultado também será disperso. Esta é a maneira de ser do universo. Se uma pessoa é precisa e exata em comunicar ao universo o que deseja, a resposta refletirá essa clareza. Um dos principais elementos na comunicação é ser capaz de expressar para o universo exatamente o que você sente que precisa para atingir a totalidade. O outro aspecto tão importante quanto é poder se sentir capaz de receber a resposta quando ela lhe for transmitida.

Em grande parte, nossos pensamentos se tornam uma cópia mental que cria nossa realidade física pessoal. Temos aquilo que já transmitimos ao universo. Se não temos o que queremos, pode ser porque não o definimos nem transmitimos nossas intenções com clareza. É possível também que não tenhamos sido capazes de trazer para nossa vida os efeitos de nossas projeções de pensamento positivo. Quando se trabalha com cristais transmissores, pode-se compreender a arte da comunicação ao se informar com clareza nossas intenções com a segurança de que estamos prontos e querendo incorporar a energia que retornará.

Os cristais transmissores são um sistema de verificação e equilíbrio – se você não receber uma resposta clara, significa que não foi muito preciso ao fazer a pergunta, ou que precisa ser mais franco e receptivo para receber a resposta. Os cristais transmissores são ótimos professores que nos ajudam a esclarecer o que queremos e a desenvolver a habilidade de projetar essa intenção para o universo, capacitando-nos a receber a resposta correspondente.

Como usar os cristais transmissores

Os cristais transmissores podem funcionar de duas maneiras. Seja qual for o caso, você vai enviar, de forma consciente, pensamentos ou perguntas a fim de receber uma resposta direta. O primeiro método, e o mais usado, consiste em conectar e sintonizar a mente de uma pessoa com a mente universal. (Essa técnica é muito semelhante à do uso dos cristais projetores programados; veja no Capítulo 4 o item "Cristais projetores programados".) Outra maneira é entrar conscientemente em comunicação com guias espirituais e professores peritos que estejam fora do corpo. Em ambos os casos, a intenção deve ser definida e especificada com clareza.

Devido à habilidade que os cristais transmissores têm de transmitir energia do plano terrestre para dimensões mais elevadas, esses cristais podem ser usados como base de comunicação para estabelecer conexão consciente com outras formas de vida. Os cristais transmissores são dispositivos de aprendizado por meio dos quais se podem desenvolver outras faculdades intuitivas e comunicação telepática. Também podem ser usados entre duas pessoas para enviar e receber mensagens. Uma vez recebida a informação pelo receptor apropriado, a transmissão se completa e o cristal se esvazia da forma de pensamento. Isso serve como um dispositivo de autoproteção.

Antes de programar esses cristais com seus pensamentos, relaxe e sente-se com calma, respire profundamente e concentre-se de modo consciente nas virtudes que os sete lados representam. Alinhe-se com os atributos espirituais enquanto segura o cristal transmissor com a mão esquerda. Então, defina com clareza a pergunta em sua mente, coloque o triângulo sobre seu terceiro olho e projete mentalmente a pergunta ao cristal transmissor. Ponha o cristal sobre um altar ou em um lugar especial e deixe-o ali por 24 horas. Nesse período, durante a transmissão, os cristais precisam ficar em posição vertical. Caso não possuam uma base plana natural para ficarem em pé por si próprios, precisarão de um apoio, de preferência de madeira. Não use outro cristal ou pedra preciosa para apoiá-los, pois isso vai interferir na transmissão. Durante o período de 24 horas, quanto maior for a exposição do cristal transmissor à luz natural (luz do sol, da lua etc.), mais fácil será a força de projeção do cristal. De preferência, à mesma hora do dia seguinte, sente-se com calma outra vez, sintonize com os sete atributos e, depois, tranquilize sua mente: mantenha-se receptivo e em prontidão. Mais uma vez, coloque o triângulo na testa e receba as informações que serão dadas a você. O período ideal para programar os cristais transmissores é ao nascer ou ao pôr do sol, quando as forças da luz estiverem mudando e os éteres celestes estiverem mais expostos.

Durante o tempo em que estiver trabalhando diretamente com os cristais transmissores, é melhor não deixar ninguém tocá-los, pois as vibrações alheias podem interferir com a sua energia transmitida ao cristal. Do mesmo modo, após a transmissão, o cristal deverá ser purificado (veja sobre o método água-sol no item "Reenergização" do Capítulo 2).

Esses cristais são forças poderosas quando programados de forma consciente. Eles podem de fato conectar a consciência humana aos campos onde existem entidades celestiais. Nessa divisão não existe dualidade, apenas luz e a expressão consciente de luz. Os seres que existem nessa dimensão não sabem como é a existência da polaridade dualística. Ao estabelecer comunicação consciente com eles, nós, da Terra, podemos receber a luz, que é constante na realidade deles, para nos ajudar na manutenção de nossa própria conexão estável com a fonte, apesar de vivermos em um mundo de metade dia, metade noite. Em troca do envio de sua luz, eles aprendem o que é viver em uma realidade em que a força da luz não está continuamente presente, precisando ser encontrada dentro do eu – algo que requer fé, confiança e domínio. Trabalhando em conjunto através dos cristais transmissores, cada raça ganha mais experiência, conhecimento e desenvolvimento. Esse tipo de comunicação interdimensional também ajuda bastante na transmissão da luz da consciência pelo universo.

Polaridades equilibradas

Cristais transmissores e canalizadores são polaridades. O transmissor é masculino, *yang*, visionário e assertivo. O canalizador é feminino, *yin* e receptivo. Contudo, cada um em si são polaridades equilibradas. Os cristais transmissores projetam formas de pensamento para fora, mas possuem também a habilidade de receber, manter e reter informações. Os cristais canalizadores guiam o estado de consciência para dentro a fim de perceber a verdade, mas também são capazes de projetá-la para fora através da voz, para que a sabedoria possa ser recebida com clareza. Cada um desses cristais mestres são excelentes na arte da comunicação, demonstrando a habilidade de dar e receber. Eles exemplificam a clareza mental, o foco consciente e a projeção, enquanto, ao mesmo tempo, manifestam receptividade e percepção.

É possível encontrar as duas faculdades, canalizadoras e transmissoras, incorporadas no mesmo cristal. Esses cristais especializados demonstram uma geometria perfeita com as seis faces que compreendem sua extremidade, alternando-se entre triângulos e figuras com sete lados. A relação desses cristais é 7:3:7:3:7:3, com o triângulo marcando a face posterior do cristal canalizador, ficando o mesmo triângulo no centro do cristal transmissor. Eles foram carinhosamente denominados "cristais Dow", por terem sido descobertos por JaneAnn Dow. Muito exclusivos e raros, são de fato mestres da comunicação e forças extremamente poderosas para se trabalhar, incorporando ambas as características, do canalizador e do transmissor.

Caso você escolha trabalhar com esses cristais, sejam os transmissores ou os canalizadores, ou com os cristais Dow, fique de olhos abertos, coloque um raio de luz em um deles, ou programe um de seus cristais projetores programados e comece a reparar na geometria específica dos cristais que encontrar. Confira também sua coleção particular. Pode ser que haja um ali só esperando pela ativação por meio da sintonização consciente.

•

Capítulo 16

Cristais Polidos Naturalmente

Como identificar o verdadeiro cristal polido naturalmente

Os cristais polidos naturalmente são aqueles que possuem no centro uma grande parte polida em forma de diamante. Essa, de fato, torna-se o sétimo lado, com as quatro pontas do diamante intersectando-se com os outros ângulos principais do cristal. Em outras palavras, a ponta mais alta do diamante se liga com o plano que leva diretamente à extremidade; as pontas laterais se ligam com os ângulos formadores das faces opostas; e a ponta mais baixa orienta-se para a extremidade que vai até a base do cristal (veja foto a seguir).

Cristais desse tipo se diferenciam dos cristais normais lapidados por possuírem uma parte polida naturalmente, límpida e grande o bastante para se olhar para dentro do mundo do cristal. Neles, o diamante é grande o suficiente em relação às faces que formam a extremidade, a ponto de ser considerada uma face por si só, criando um cristal com sete faces em vez de seis. Isso atribui aos cristais polidos naturalmente uma dimensão desconhecida entre outros membros da família do quartzo.

Cristais com faces de diamante regulares, encontrados mais comumente, não são todos cristais polidos naturalmente. Os diamantes nos cristais com faces adiamantadas são menores, sendo encontrados em geral nos triângulos laterais (na parte dianteira do centro, como nos cristais polidos naturalmente) e se constituem em atração especial em vez de serem o elemento principal. Os cristais com faces de diamante pertencem à mesma família dos cristais polidos naturalmente, mas não são da mesma dimensão ou poder. Caso tenha de refletir se se trata de um cristal desse tipo, é provável que não o seja. A parte polida é evidente e óbvia. Seus quatro lados representam a ponte que liga os mundos superior e inferior, onde as duas configurações triangulares se encontram. Isso permite uma visão clara do significado espiritual mais profundo da realidade física. A forma adiamantada simboliza o equilíbrio e a integração entre o superior e o inferior, o interior e o exterior, o espiritual e o físico.

Mestres da reflexão

Os cristais polidos naturalmente são como janelas abertas para o reino da alma, através das quais pode-se enxergar além das identidades ilusórias e o interior da essência do eu. Eles refletem a alma e, ao fazê-lo, com frequência espelham as sombras mais tenebrosas do medo e da insegurança que inibem a expressão de luz da alma. Dessa forma, tornam-se mestres muito poderosos. São como gurus cuja reflexão é tão límpida que apenas devolvem a imagem de si próprios. São vazios e desprovidos de ego, proporcionando meios para se olhar nas mais profundas regiões do ser.

O cristal polido naturalmente é bastante pessoal, e seu poder aumenta à medida que vai sendo usado. Torna-se facilmente um companheiro de meditação pessoal, pois faz que você queira penetrar em seu interior, ou queira ficar quieto e testemunhar a si mesmo. Esses cristais refletirão o indivíduo que estiver trabalhando diretamente com eles, sendo receptores tão límpidos de energia que de imediato emitirão o que receberam de volta à consciência humana. Eles não retêm impressões nem carregam registros consigo. Eles refletem. Caso identifique neles algo de que não goste, não culpe a última pessoa que se refletiu nele. É você, ou algum aspecto seu, que precisa ser revisto. Onde quer que se situe em relação a si mesmo, você se verá quando o olhar fixamente. Ele refletirá de volta toda a luz de uma pessoa, da mesma forma que refletirá as sombras do subconsciente. Trata-se de um cristal honesto, que não discrimina as partes que vai refletir; apenas reflete o que está lá. Assim como existem muitos tipos de vidro, mas só um tipo que é espelho, o cristal polido naturalmente é único e especializado em seu campo.

Não existem muitos cristais desse tipo. Em todos os meus anos de trabalho com cristais, vi somente alguns. No entanto, podem ser atraídos quando se deseja olhar com clareza para si próprio. Para incorporar aquilo que os cristais polidos naturalmente refletirão, é preciso querer libertar-se de pensamentos, ações, padrões e comportamentos que bloqueiam a aceitação da responsabilidade de viver na verdade. De outra forma, pode-se entrar em conflito na vida por se ter presenciado o potencial da alma mas não ter podido ou desejado expressá-lo.

Como usar os cristais polidos naturalmente

Existem duas maneiras de usar esses cristais. A primeira é acalmar a mente e, em seguida, fixar o olhar em sua parte polida. É como trabalhar com bolas de cristal (veja no Capítulo 4 o item "Bolas de cristal"), em que a parte polida refletirá na mente as cores, as impressões e os sentimentos do corpo áurico. Quanto mais se trabalhar dessa maneira com os cristais, mais fácil será perceber as impressões sutis que surgirão ao olho da mente quando o olhar estiver focalizado na forma do diamante. A face adiamantada expande a perspectiva, visto que a verdadeira natureza do diamante é cintilar e refletir. Muitas vezes, ao fixar o olhar no cristal polido naturalmente, as pessoas veem um número infinito de diamantes expandindo-se, ligando sua consciência a um senso de infinito.

Outra maneira de usá-los é fechando os olhos e colocando a face do diamante voltada para cima, sobre a testa. Cristais polidos naturalmente são muito vistosos. Quando você segura sua parte polida naturalmente no terceiro olho, eles lhe apresentam figuras. Dessa forma, podem ajudá-lo a olhar para dentro de algum aspecto especial de si próprio, de uma situação ou de um relacionamento. Antes de usar esses cristais para refletir sobre algo específico, primeiro desanuvie a mente e depois concentre-se no aspecto em questão, o qual foi escolhido para que você encontrasse uma perspectiva maior. Coloque essa imagem na parte polida naturalmente e, uma vez mais, desanuvie a mente e olhe para dentro.

Usar ou não esses cristais para olhá-los, ou para colocá-los sobre o terceiro olho, depende da pessoa que os está usando, ou da situação em si. Se escolher trabalhar com esses cristais, tente os dois métodos e verifique qual funciona melhor no seu caso.

Existem várias maneiras de usar os cristais polidos naturalmente fora do âmbito da meditação pessoal. Eles podem ser usados para ler a aura de outra pessoa, colocando-se a parte polida naturalmente voltada para a pessoa e virando-a depois para seu terceiro olho. Esses cristais também podem ser usados dessa forma para ajudar a definir o propósito da alma de uma pessoa. A parte polida vai ajudá-lo a ver os intervalos entre os períodos de existência, quando as decisões foram tomadas com base nas experiências necessárias para que se cumprisse o destino de cada um. A ligação com essa energia pura da alma permite que se olhe tanto para o passado como para o futuro a fim de se descobrir o verdadeiro objetivo. Assim como se olha pela janela e se vê que aquilo está do outro lado, quando se olha através desse tipo de cristal é possível visualizar as atividades interiores das coisas e se conscientizar da realidade invisível que está por trás dos acontecimentos. Ao usar dessa forma esses cristais com outras pessoas, é muito importante desanuviar a própria mente e concentrar-se com antecedência, de modo que você, assim como o cristal polido naturalmente, possa se tornar um refletor límpido.

Esses cristais também podem ser úteis na localização de pessoas desaparecidas, projetando-se a imagem da pessoa no cristal e observando, então, as imagens nele criadas. Dessa maneira, podem ser ótimos instrumentos para médiuns que trabalham com a polícia para ajudar a encontrar crianças desaparecidas ou objetos roubados.

Eles são também poderosos instrumentos a serem usados em experiências de morte, quando se quer ver além das limitações do corpo físico e se deseja conscientemente preparar-se para a entrada no mundo do espírito. Pelo trabalho com eles, nestes tempos de sensitividade e transitoriedade, é possível acalmar as perturbações da dor física, sintonizando a mente no nível da alma e focalizando além do plano material.

Capítulo 17

Os Elestiais

Uma dádiva dos anjos

Os cristais elestiais costumam ser denominados quartzo de esqueleto. Esses cristais de quartzo especializados são dádivas introduzidas no planeta com a finalidade de ajudar na purificação de massa, curando e reanimando tudo o que estiver ocorrendo na Terra. Eles trazem consigo muita energia, em especial a energia para superar cargas emocionais.

Os cristais elestiais encarnam a própria substância do plano físico enquanto se sintonizam, simultaneamente, com as vibrações angelicais. Sua origem está além do tempo em si e reside no reino celestial. Quando as forças celestiais se materializaram em tempo e espaço físico, os cristais elestiais incorporaram os quatro elementos e se solidificaram. Muitos deles surgem chamuscados, pois trazem com eles o elemento Fogo e, não raro, possuem uma verdadeira qualidade esfumaçada. São os mais puros do plano físico; tendo emergido do ventre da Mãe Terra e vindo através dos éteres para a atmosfera, representam o ar. Formam em geral à parte dos outros cristais de quartzo, sendo minerados ou encontrados junto às nascentes de água; muitas vezes, se parecem com o quartzo em solução aquosa, e, com frequência, os cristais encontrados contêm bolhas de água.

Carregando consigo o conhecimento do estado pré-físico, os cristais elestiais trazem grande conforto àqueles que se encontram em processo terminal, aliviando-lhes as dores e ajudando-os a se livrar dos temores de deixar o corpo físico, de modo a se identificar com a imortalidade da alma. Tendo também surgido da Terra, ajudam na assimilação dos elementos terrestres vitais a fim de serem nutridos e alimentados por esse planeta, provendo um senso de equilíbrio e bem-estar, em particular aos que não são nativos deste mundo.

Características elestiais

Os cristais elestiais possuem configuração bem diferente de qualquer outro cristal. Têm uma ponta natural sobre o corpo do cristal, não tendo nenhuma face obtusa ou fragmentada. Isso permite que haja uma incrível radiação quando a luz se reflete de todas as faces naturais. Ao contrário do quartzo regular, os cristais elestiais podem possuir várias pontas em uma só peça, ou podem ter uma peça com uma única extremidade, ou ainda não ter nenhum ápice de extremidade.

A característica mais distintiva desses cristais é o fato de serem gravados e dispostos em camadas com marcações. Trazendo na estrutura do esqueleto a totalidade do material da vida primitiva original, exibem padrões geométricos e construções que por si sós exprimem as leis profundas do universo. É como se os símbolos de um alfabeto cósmico tivessem sido escritos e configurados neles. Segurando-os na mão direita e estando com a mente calma, sintonizada e receptiva, enquanto se passa o dedo indicador da mão esquerda sobre seu contorno, é possível sintonizar-se com a fonte de conhecimento e interpretar a linguagem universal ainda desconhecida à mente humana.

A linguagem que os elestiais transmitem é a do supremo conhecimento. Eles representam a mente mais elevada da humanidade, e muitos deles até se parecem com o tecido cerebral. A combinação do material de quartzo altamente energizado com sua formação em camadas leva a mente para dentro de si mesma, permitindo a descoberta e eventual identificação com a consciência cósmica. Quando se olha para um cristal elestial, pode-se ver em seu corpo camada por camada de dimensões interiores. Com o simples ato de olhar esses cristais e fechar os olhos, você terá meios de ir mais fundo no próprio ser, porque a matriz interior do cristal registrará subliminarmente para a mente subconsciente algo como um portal para as profundezas do ser.

Esses cristais estabilizam as frequências das ondas cerebrais e neutralizam formas de pensamento erráticas e confusas. Quando isso ocorre, o chakra da coroa é ativado e a glândula pineal segrega, resultando em um estado de consciência expandida. Quando a mente se estabiliza em um estado neutro, as frequências do reino celestial podem se infiltrar nela.

A natureza do cristal elestial leva-nos profundamente para dentro do eu, ligando-nos com aquilo que é a mais íntima verdade interior, a fonte e o fundamento da existência. Nesse processo, muitas das antigas identificações têm de ser colocadas de lado e lá ficar, para que descansem em paz. Os elestiais representam a mente daquele que pode se harmonizar com o seu eu superior e, ao fazê-lo, interligar-se com a própria fonte de poder cósmico. O poder dos elestiais reside em sua habilidade de comunicar à mente aquilo que é certo, seguro e verdadeiro. Essas frequências podem ou não ser identificadas com facilidade. Se uma pessoa estiver acostumada a se achar fisicamente bela e construiu uma forte identificação ao redor dessa imagem, os elestiais podem lhe mostrar que, em um plano superior, a aparência física não é nada além de uma pobre sombra do que a pessoa realmente é. Essa imagem da sombra do eu pode não ser fácil de aceitar, assim como a ideia de o eu ser maior que a forma. Mas a verdade desse fato se mantém. Esses cristais o levarão ao âmago da matéria, à verdade, à base da linha fundamental do eu. Eles surgem em geral na vida de alguém em uma época em que o enraizamento interior na essência básica está para ocorrer. Caso encontre um, receba-o como um amigo, que é o que ele de fato é: um amigo que o ajudará a ter acesso à mais profunda fonte de sua natureza celestial.

Como iniciar a purificação

Quando se está intensamente envolvido com o estresse emocional, é muito difícil pensar com clareza, comportar-se de modo racional ou expressar as virtudes do eu superior. Muitos hábitos emocionais se formam cedo na vida e são levados ao comportamento adulto; as atitudes podem ser tão sutis que chegamos a acreditar que se trata de uma resposta a uma situação atual. Na realidade, porém, trata-se com frequência de um padrão emocional profundamente arraigado que pode ser interpretado muitas e muitas vezes, com diferentes pessoas e situações. Essas amarras emocionais podem ser rompidas com a ajuda dos cristais elestiais. Devido a sua natureza multifacetada, profundidade arraigada e a textura de sua formação, são ferramentas que podem ser usadas para livrar o coração de cargas emocionais e direcionar energia ao chakra do coração, em busca de iluminação cósmica.

O uso desses cristais exige cautela e conscientização. Eles são muito poderosos e é preciso ter total conhecimento de seus efeitos antes de usá-los em curas pelos cristais com outras pessoas. Eles revelarão tudo o que não estiver em harmonia ou em sintonia com a frequência do chakra do coração, procurando neutralizar a desordenada fluência dos pensamentos e das emoções, de modo a levar a consciência a se sintonizar com o centro de energia mais elevado no corpo humano. Ao fazê-lo, eles podem agir de forma muito semelhante à obsidiana negra, à malaquita ou à azurita, no sentido de trazer à superfície o que precisa ser tratado e purificado, revelando à consciência aguçada aquilo que a vem impedindo de vivenciar a verdade. Não que os cristais por si sós sejam necessariamente expurgadores; mas, se for necessário proceder a uma limpeza, eles purificarão até o fundo do ser. Não é incomum para quem trabalha bastante com cristais elestiais ver surgirem do subconsciente pensamentos e sentimentos que há muito considerava processados e liberados. Por outro lado, se uma pessoa estiver plenamente receptiva e concentrada, o cristal elestial abrirá o centro da coroa e iniciará a conexão, a comunicação e a integração das formas celestiais.

Antes de se entregar a uma experiência elestial, é importante indagar-se: "Estou querendo ver e conhecer a verdade?", pois esses cristais representam a verdade nua e crua e põem à mostra todos os elementos externos da personalidade e do ego. Se manuseados de forma adequada, podem mudar a qualidade de vida de uma pessoa. Pensamentos de autovalorização ou de preocupação consigo mesmo não podem continuar existindo quando se trabalha com esses cristais. Quanto maior for o cristal, mais luz refletirá; quanto mais poderoso, maior energia terá para expor o que não é real. A energia emitida por eles pode ser devastadora caso não se esteja bem preparado para conhecer a verdade.

O processo de limpeza que os cristais elestiais iniciam pode ser traumático se a pessoa não estiver preparada; portanto, é preciso usá-los com a mais absoluta consciência. Se a pessoa estiver confusa ou emocionalmente desequilibrada, esses cristais aumentarão e ampliarão esses sentimentos, e os efeitos poderão ser severos e radicais caso não se esteja pronto nem capacitado para processar as mudanças inevitáveis que ocorrerão. Os cristais elestiais só devem ser usados nesse processo de cura com a permissão e plena conscientização do cliente quanto ao potencial da crise que possa ser deflagrada. Com esse consentimento, eles podem ser usados no centro do peito, no centro do terceiro olho ou no topo da cabeça, para limpar o chakra do coração e concentrar energia na coroa. Será muito benéfico usar uma turmalina verde ao redor do coração e uma turmalina azul ao redor do terceiro olho, em conjunto com os cristais elestiais. Quando a purificação ocorrer e a iluminação se expandir, a turmalina ajudará na assimilação das forças superiores do corpo e reforçará o sistema nervoso, permitindo ao veículo físico agregar o fluxo maior de força espiritual.

Como equilibrar mente e coração

Ao segurar os cristais elestiais, meditar com eles ou colocá-los sobre o corpo, eles primeiro trarão à vista aquilo que precisa ser esclarecido e, em seguida, conduzirão a mente a um estado racional. Atingindo o equilíbrio mental, as ilusões que aprisionam a mente ao mundo dos sentidos são penetradas, e o véu da confusão é descerrado. Esse estado calmo e centralizado da mente é obtido quando os cristais elestiais limpam os caminhos mentais e concentram energia na glândula pineal, no centro do cérebro. É como se todos os pensamentos e sentimentos estranhos fossem reunidos de forma bem nítida no topo da cabeça. Ao experimentar a paz mental e emocional, será então possível visualizar os pensamentos e sentimentos que costumam desequilibrar a vida de uma pessoa. Observando de uma perspectiva destituída de paixão, o poder pessoal pode ser alcançado e pode-se empreender uma reprogramação consciente (veja no Capítulo 12 o item "Reprogramação consciente").

Olhando de certa distância as emoções para analisá-las com objetividade, torna-se evidente que muitas vezes o culpado é o julgamento que fazemos dos nossos sentimentos reais, e não o sentimento em si. Sentimentos por si sós são a resposta natural do coração à vida. As emoções surgem quando não colocamos em movimento nossos verdadeiros sentimentos no instante em que os vivenciamos. Em sua verdadeira expressão, eles são sentidos, expressos e liberados no momento em que surgem, quer o sentimento seja de raiva, alegria ou tristeza. As emoções ocorrem quando a resposta espontânea à vida é julgada, retida ou reprimida por nossa censura pessoal ou a preocupação sobre o que os outros poderão pensar a nosso respeito se agirmos como nós mesmos. Emoções são sentimentos nada tranquilos.

Uma vez que os cristais elestiais têm origem em regiões não influenciadas pela emoção humana, podem ser excelentes mestres para nos ajudar a entender a verdadeira natureza dos nossos sentimentos e para firmar nossa expressão natural sobre eles. Por esse motivo, este tipo de cristal é muito benéfico para pessoas que reprimiram pensamentos e sentimentos, ou que são emocionalmente hipersensíveis.

À medida que aprendemos a expressar nossos sentimentos no momento em que os sentimos e, ao fazê-lo, a liberar a energia, seremos capazes de manter o coração aberto e a mente desanuviada. Equilibrando perspectiva racional com sensibilidade emocional, o coração e a mente tornam-se ótimos amigos, e as qualidades angelicais da alma encontram expressão por meio de ambos.

Como aplicar as energias elestiais

Os elestiais são uma rara espécie de cristais que servem a múltiplos objetivos. A profundidade inata de que são dotados levam-nos para dentro de nós mesmos e, como que ao descascar uma cebola camada após camada, eles vão limpando aquilo que impede a iluminação. Neutralizando, então, a mente e criando uma perspectiva racional clara, o chakra da coroa é aberto à medida que os cristais elestiais o convidam a ingressar no âmago iluminado do próprio ser interior.

Esses cristais são muito poderosos e, dependendo do estado de conscientização da pessoa, agirão de forma diferente. Se a pessoa necessitar de purificação, vão expor os traços do ego e focalizar com precisão as falhas da personalidade. Se a pessoa estiver purificada e concentrada, servirão para abrir o chakra da coroa. É responsabilidade de quem possui esses cristais estar bem ciente do poder e potencial deles antes de usá-los. Sugiro que, antes de utilizá-los em clientes, o terapeuta os use em si mesmo. Uma vez sintonizado com suas energias, siga estas instruções:

1. Sintonize o cristal em si próprio e na pessoa com quem estiver trabalhando, e sinta se é adequado usar o cristal elestial.
2. Pergunte à pessoa com a qual está trabalhando se ela de fato quer, conscientemente, olhar, processar e responsabilizar-se por qualquer coisa que os cristais elestiais trouxerem à tona.
3. Peça permissão ao cliente para usar os poderes dos cristais elestiais com ele. Caso não obtenha consentimento, não os use.
4. Siga as informações contidas na Parte II para esclarecer o que quer que venha à tona.
5. Esteja seguro de que ajudará o receptor a realizar um plano adequado de manutenção para integrar e processar os efeitos criados pelos cristais elestiais.

Segue um exemplo de disposição avançada de cristais elestiais que pode ser feita quando se está totalmente preparado para a purificação espiritual. Coloque um cristal elestial no topo da cabeça, um no terceiro olho e um no centro do coração. Use quatro peças de turmalina verde em volta do cristal, no coração, e quatro peças de turmalina azul em volta do cristal, na testa. Coloque uma malaquita no plexo solar, uma azurita acima do cristal elestial do terceiro olho e uma peça grande de turmalina negra no dorso de cada pé (para saber mais sobre os efeitos das pedras citadas anteriormente, procure os itens específicos referentes a elas no Capítulo 4). Faça com que seu cliente respire longa e profundamente, concentrando-se na linha central por cerca de quinze minutos enquanto, de modo consciente, absorve a energia das pedras. Essa disposição de pedras só deverá ser feita quando se tiver total consciência dos poderes das pedras envolvidas e se estiver preparado e desejoso de lhes processar os efeitos. A disposição das pedras não deverá ser repetida enquanto não se tiver aprendido nem integrado por completo as lições que surgirão a partir da cura.

Quando a mente estiver límpida e receptiva, o quartzo elestial também poderá ser usado junto com a sílica-gema no terceiro olho para iniciar experiências visionárias poderosas. Essa combinação dinâmica de energias pode criar um lampejo da imortalidade, provocando temores mesquinhos e problemas de perspectiva, mostrando assim sua parte individual exclusiva no esquema das coisas como um todo.

Os cristais elestiais se provaram de grande valia no tratamento da epilepsia e da esquizofrenia. O quartzo elestial é também um dos melhores cristais para uso em casos de danos causados por drogas. Um dos efeitos do uso de drogas psicodélicas é que suas substâncias químicas fazem as glândulas pineal e pituitária segregarem com mais rapidez, criando reações químicas anormais no cérebro, o qual, por sua vez, cria estados de consciência ampliada e alterada. Geralmente, o corpo não é capaz de resistir aos efeitos hormonais e químicos, e, em resultado disso, o sistema nervoso se enfraquece, as células do cérebro são destruídas e o funcionamento pineal-pituitário diminui.

O quartzo elestial também foi reconhecido por sua utilidade no tratamento de tecidos do cérebro destruídos pelo uso excessivo de drogas e na restauração do devido equilíbrio entre as glândulas superiores do cérebro. Com o uso contínuo do cristal elestial (e da turmalina verde), é possível rejuvenescer e revitalizar áreas do cérebro e do sistema nervoso fatigadas e superestimuladas. Nessas circunstâncias, coloque um cristal elestial na base do crânio e um no centro do terceiro olho, enquanto vira um bastão de turmalina verde no sentido das extremidades do crânio. É bom também ter uma turmalina negra nos pés ou nas laterais da virilha, para ajudar a fixar as energias elestiais no corpo físico.

Os cristais elestiais também podem ser usados entre duas pessoas que desejam vivenciar a ligação entre almas. Sentando-se uma em frente da outra, com as pernas cruzadas e a coluna ereta, a pessoa deve segurar um cristal sobre a palma da mão esquerda virada para cima. O parceiro coloca a palma da mão esquerda virada para baixo, sobre o cristal, e as duas pessoas fecham os olhos e abrem a mente. As imagens que aparecerão não serão apenas de vidas passadas ou futuras, mas também da profunda ligação que ambos vivenciaram através das eras do tempo.

Os elestiais são grandes mestres e servidores da nossa Terra. São coração, mente e alma – poderosas fontes de luz. Se usados de forma adequada, podem abrir as portas do reino celestial e integrar em nossos seres características angelicais.

Capítulo 18

Bastões de *Laser*

O ressurgimento dos bastões de *laser*

Os bastões de *laser* são cristais poderosos e dotados de uma discreta dinâmica. Têm sido mantidos em custódia na Terra desde seus primórdios, quando foram usados nos templos de cura da Lemúria. Foram colocados para descansar antes da queda do grande Império Lemuriano pelos anciãos dessa raça e permaneceram em hibernação até há pouco tempo. Foram acomodados em câmaras sagradas de templos subterrâneos e agora estão sendo realojados, a maioria, em minas do continente sul-americano. Os seres do interior da Terra mantiveram esses cristais em segurança e protegidos, e só recentemente eles foram liberados para utilização sobre a superfície do planeta, mais uma vez em práticas de cura avançada. Dentro desses cristais reside o segredo do raio *laser*. Nós, como raça, somente agora estamos prontos para utilizar de maneira consciente uma pequena parte de seu potencial. Em mãos erradas, esses objetos de poder podem causar muitos danos e resultados negativos. Nas mãos certas, tornam-se ferramentas muito eficientes e mestres de grande serventia.

Os bastões de *laser* trazem consigo o conhecimento não só das antigas raízes das civilizações, mas também dos espaços estelares de onde se originaram. Têm um relacionamento profundo e íntimo tanto com o espaço exterior como com as profundezas da Terra. Quando manuseados por humanos na superfície do planeta, servem para estender uma ponte entre os mundos. Costumam ter forma tabular (veja no Capítulo 4 o item "Cristais tabulares"), representando a integração, o equilíbrio e a união das dimensões, das polaridades ou das frequências. Quando usados na meditação pessoal, é possível construir pontes de comunhão com o eu, assim como estabelecer melhor comunicação com o reino dos cristais.

Como identificar bastões de *laser*

Os bastões de *laser* têm aparência primitiva e rudimentar. Não são necessariamente cristais atraentes. Na realidade, alguns deles podem ser considerados grosseiros. Isso faz parte do seu disfarce. Não são considerados belos com relação ao consenso do que é belo no que diz respeito a cristais. Esses bastões têm de ser considerados pela sua energia. Se alguém estiver procurando apenas a imagem de perfeição de uma superfície externa, não se sentirá atraído por eles. Para aqueles que aprenderam a verdade acerca das aparências externas e desenvolveram a visão do terceiro olho, esses cristais surgirão como guias de pura luz.

Os bastões de *laser* são cristais longos e delgados, com pequenas faces, entre elas sua extremidade. Parecem dedos; as unhas seriam as faces que formam a extremidade, com o corpo comprido e estreito, apesar de se expandir em largura na base do cristal. Essa aparência de cone de pinheiro afilado caracteriza-se como bastões através dos quais a energia pode ser direcionada e projetada.

Os bastões de *laser* mostram, muitas vezes, desenhos ou marcas que diferem das de quaisquer outros cristais. Neles, a escrita assemelha-se a hieróglifos, o que induz a decifrar os símbolos que obviamente são apresentados. Esses cristais, já usados nos templos de cura da Lemúria, registraram suas próprias experiências à medida que reuniam conhecimentos sobre a condição da humanidade e como curá-la. Por isso, quanto mais curas veiculavam, mais poderosos se tornavam, mais conhecimento continham, e mais marcados ficavam. Por meio da meditação e da sintonização pessoal com bastões de *laser*, pode-se literalmente aprender as artes curativas avançadas praticadas antes pelos lemurianos.

Os bastões de *laser* muitas vezes parecem gatos listrados; a única diferença está nos ângulos, que não são retos. Ângulos obtusos e quebrados são as marcas que os distinguem. Os ângulos que formam o corpo do cristal em geral começam pequenos, no ângulo da base da face do cristal, e se expandem de maneira considerável ao lhe atingirem o fundo. Os ângulos dos bastões de *laser* são únicos no sentido de serem curvos, embora ainda contenham uma frequência direta de energia contínua. Isso simboliza a ilusão da forma imperfeita, uma das principais lições que esses cristais ensinam. Sua forma parece imperfeita, mas eles são puros em sua essência, energia e projeções.

Nos cristais de *laser*, os ângulos inclinam-se apenas até onde atingem as faces que formam a extremidade; por isso eles são retos. Isso permite à energia mover-se em velocidade muito rápida pelo corpo do cristal, como a água que corre por um riacho sinuoso na montanha. Porém, quando essa energia é direcionada e abruptamente focalizada por sua pequena extremidade, ela se irradia com a força de um raio *laser*. Essa dupla força do movimento energético permite que os bastões de *laser* sejam usados com finalidades para as quais outros cristais não se qualificam.

Antes de esses cristais terem sido transportados para a Terra, seus ângulos eram perfeitamente retos. Mas, assim que baixaram sua frequência para se manifestarem no plano físico, as vibrações mais densas do mundo material alteraram os ângulos tão logo os cristais entraram em alinhamento magnético com os polos do nosso planeta. Ao fazê-lo, a luz, atravessando o cristal, tornou-se tão intensa que a forma dos ângulos se alterou. Por isso, as frequências mais elevadas de luz podem ser transmitidas através desses cristais, que são iguais na essência, apesar de ajustados às leis aparentemente imperfeitas do mundo físico.

Como usar o poder do *laser*

O raio *laser*, com sua luz muito intensa, é projetado através desses bastões de cristal, e pode ser usado para criar campos de força energética ou escudos protetores em volta de pessoas ou lugares. Segurando um bastão de *laser* na mão direita e projetando uma linha direta de energia através do cristal, é possível definir um campo de força que é impenetrável. Para fazer isso, desenhe ângulos retos ao redor do objeto enquanto delineia uma forma quadrada ou retangular. Em outras palavras, se quiser criar um campo de força de proteção ao redor de sua casa ou veículo quando tiver de deixá-los desprotegidos, mantenha a ponta do cristal voltada para o lado oposto enquanto o faz. Para proteger pessoas, crianças ou clientes, projete o raio *laser* através dos bastões andando ao redor da pessoa, definindo assim os ângulos que selarão sua aura contra influências negativas. Esses cristais não devem ser apontados diretamente para as pessoas, pois podem romper o campo áurico delas. Sendo assim, deve-se segurar o cristal com a ponta voltada para fora, para longe da pessoa, enquanto se definem as linhas de proteção. Isso significa que você deve ficar dentro do corpo áurico da pessoa, com as costas voltadas para ela, dirigindo a energia para o meio ambiente exterior.

Os bastões de *laser* possuem utilidade especial na arte da invisibilidade. O raio de energia que pode ser direcionado através desses cristais, quando combinado com a luz proveniente da projeção humana consciente, pode ser tão brilhante a ponto de cegar. Por meio do uso dedicado e de treinamento avançado, esses cristais podem criar ao seu redor um campo de força como se fosse uma barreira entre seu corpo, sua aura e o mundo exterior. A arte da invisibilidade reside na remoção da atração. Você, de fato, não desaparece de verdade. Ao contrário, projeta uma luz tão forte ao redor dela que outras pessoas não conseguem enxergar, criando a ilusão do desaparecimento. Aumentando o campo de força até fundi-lo com a frequência dos raios de luz existentes, você se ajusta de tal modo ao ambiente que passa despercebido, tornando-se invisível.

Instrumentos cirúrgicos

Nas práticas avançadas de cura pelos cristais, os bastões de *laser* podem ser usados em especialidades de alto treinamento, como a cirurgia espiritual e emocional de coração aberto. Esses tipos de cirurgia áurica só devem ser praticados quando o receptor estiver bem ciente do processo, além de já ter visto, trabalhado e lidado com atitudes, sentimentos ou conexões que os bastões de *laser* cortarão. A não ser que a pessoa esteja de fato pronta e ansiosa por se libertar dos padrões de pensamento, dos conceitos e das amarras da emoção, e queira se identificar com uma imagem de si mesma mais positiva, os padrões retornarão para que deles se extraiam lições a serem aprendidas. A cura que pode ocorrer com o uso desses cristais só se realiza quando se está verdadeiramente pronto para sair do atoleiro terrestre e aliar-se a um sentimento mais elevado a respeito de si mesmo. Em geral, várias sessões de cura pelo cristal e dedicação a um plano de manutenção devem preceder qualquer trabalho com os bastões de *laser*.

O raio *laser* da energia projetada através desses cristais assemelha-se àquele a que os cirurgiões espirituais das Filipinas recorrem, emitindo-os pelas pontas dos dedos para separar as moléculas da carne a fim de penetrar em um corpo doente. Com a luz criada quando a pessoa que ministra a cura projeta, de forma consciente, sua própria luz através dos bastões de *laser* pode-se cortar até o aço. Mas o que está sendo cortado e removido são velhas maneiras de pensar, acreditar e sentir não mais construtivas para os propósitos mais elevados do indivíduo.

Os lugares mais comuns para se trabalhar com esse tipo de cura são as áreas do peito e do plexo solar, onde as ervas daninhas emocionais sufocam o coração, ou ao redor do terceiro olho ou da base do pescoço (occipício), onde antigas programações e padrões mentais estão armazenados.

Antes de usar os bastões de *laser* em cirurgias áuricas, coloque uma malaquita no plexo solar e uma azurita no terceiro olho. Essas pedras trazem à tona padrões mentais (azurita) e emocionais (malaquita), e as memórias responsáveis por criá-los. Então, de acordo com os procedimentos da Parte II, trate do assunto a partir do nível da alma.

Entendendo as causas e os propósitos dessas experiências, compreendendo a evolução resultante, aprendendo as lições envolvidas no processo, será possível separar o padrão do corpo áurico através do uso dos bastões de *laser*.

Os cristais de *laser* se transformam em bisturis nas suas mãos. Usá-los é uma imensa responsabilidade. É preciso estar muito bem orientado antes e durante seu uso, devendo haver um treinamento anterior. Nessa forma, os bastões de *laser* são como a obsidiana negra (veja no Capítulo 4 o item "Obsidiana negra") – você não deve trabalhar com eles em outra pessoa sem a permissão e a compreensão de seus procedimentos e efeitos.

Devem se segurar os bisturis com o polegar e o dedo médio nas laterais do cristal, com o dedo indicador em cima. Os dedos anular e mínimo podem sustentar o cristal pela superfície inferior ou se manter afastados dele. O dedo indicador está sintonizado com o planeta Júpiter, que emana sabedoria. Ao orientar sua sabedoria inata através do bastão de *laser*, permita que sua mão seja guiada pelo cristal à medida que corta os cordões de ligação que atam a alma em dor à Terra. O movimento do cristal, durante o ato de cortar, costuma envolver ângulos retos, delineando outra vez um quadrado ou retângulo ao redor da área onde se está trabalhando. É importante fazer o receptor da cura pelo cristal respirar e, com consciência, focalizar luz na área, enquanto se corta e se extrai o entulho áurico. A anuência do seu cliente facilitará a completa remoção de antigas frequências e o processo de cura resultante da cirurgia.

O quartzo rosa e a aventurina verde, para o coração, e a sílica-gema e a ametista, para a cabeça, são as principais pedras usadas depois dos bastões de *laser*. Essas pedras levam energia de cura às áreas submetidas à operação, de modo que não haja trauma ou desagregação. É importante transmitir energia de cura extra depois desse tipo de prática. É como se uma verdadeira cirurgia tivesse sido feita. A aventurina verde, o quartzo rosa, a ametista e a sílica-gema são os pontos que costuram a área, que retorna assim a seu aspecto normal. Nos dias seguintes, a pessoa que receber a cura deve trabalhar com essas pedras como parte de seu plano pessoal de manutenção.

Os bastões de *laser* podem ser usados para ajudar a curar relacionamentos, cortando os cordões emocionais do ciúme, da insegurança, da raiva, da pena e da culpa. Podem também ser usados para ajudar a quebrar conexões com pessoas ou coisas. Nesse caso, procure identificar o chakra de onde essa ligação emana. Dirija, então, os bastões de *laser* sobre a área em três linhas retas (uma em cima da outra), enquanto o cliente respira profundamente e se concentra em se libertar e se desapegar ao exalar o ar. Quando os cordões de ligação são cortados, uma identidade baseada em autoestima e segurança pessoal precisa ser reconstruída. É uma responsabilidade vital usar esses cristais em práticas de cura. As pedras que melhor trabalham nesse sentido são a trindade do chakra do coração – o quartzo rosa, a kunzita e a turmalina rosa, assim como a aventurina verde.

Depois disso, o receptor da cura deve estar bem atento antes de dirigir um carro ou enfrentar o mundo dos negócios. Pessoas hipersensíveis costumam se sentir um pouco vulneráveis depois de uma sessão de bastão de *laser*, e seria melhor que tirassem o resto do dia para se curar, processar e se integrar. Este é o período em que um cuidado extraespecial precisa ser dispensado a si mesmo, para assegurar bem-estar e cura completa. Mais do que qualquer outro cristal, os bastões de *laser* exigem respeito, sintonização e orientação antes de serem usados em práticas de cura com cristais; eles têm uma responsabilidade muito grande. À medida que aprendermos mais sobre esses instrumentos especializados, será possível impedir que várias doenças físicas se manifestem no corpo, mediante a remoção prévia de suas réplicas mentais e emocionais.

Capítulo 19

Cristais Guardiães da Terra

Gigantes emergentes

Os cristais guardiães da Terra são cristais de quartzo incrivelmente grandes que só foram localizados no planeta em 1986. Esses majestosos espécimes de luz estão emergindo à superfície da Terra, extraídos por mineiros conscientes, e medem em média de 1,50 até 2,10 metros, com peso aproximado de 4 toneladas. Esses cristais maciços estão sendo escavados de 9 a 18 metros abaixo do solo, e mesmo no mais quente dos dias são gelados ao toque. Fui abençoada com a visão de vários desses cristais quando chegaram aos Estados Unidos, e espero poder passar muito mais tempo junto deles. Apenas poucos cristais guardiães da Terra foram escavados até agora; há rumores de que existem muito mais.

Esses cristais são como sequoias gigantes. Suas auras chamam a atenção, desconcertando a mente com sua enorme presença. Resistiram a muitas eras de rotações terrestres e, no decorrer do processo, incorporaram uma imensa bagagem de experiência de vida. Os guardiães da Terra são uma sólida demonstração de vida, crescimento, evolução e perfeição que não pode ser ignorada. Sua presença inspira respeito e seu propósito é nos conduzir além de nós mesmos.

A lenda histórica dos cristais guardiães da Terra

Há uma história muito especial envolvendo os cristais guardiães da Terra. Sente-se, relaxe. Vou contá-la a você.

Há milênios, quando o mundo ainda era um bebê, e o universo, mais jovem, nossa Terra foi visitada por seres avançados originários de algum lugar mais perto do núcleo da galáxia, onde floresciam sob a fonte de luz abundante que emanava do grande sol central. Possuindo mais luz disponível e estando mais perto da fonte de energia pura, eles se desenvolviam mais depressa e se punham a caminho de outros sistemas estelares em busca de conhecimento e aventura. Quando viram nossa terra primitiva e testemunharam a presença das águas azuis, do verde denso e do solo rico, chamaram-na de Terra, significando "aquela que produz a vida".

Observando as leis físicas naturais que regem a Terra, chegaram à conclusão de que o planeta estava maduro para conceber. Esses seres, aos quais nos referiremos como Anciãos, trabalharam com diligência com as forças elementares, preparando o planeta para o nascimento de formas de vida consciente. Usaram o material natural da Terra, o dióxido de silicone, e irradiaram dentro dele sua força de luz, criando imensos cristais de quartzo, conhecidos entre nós por guardiães da Terra. Com os cristais guardiães da Terra como seus predecessores, o campo de força eletromagnético da Terra foi posto em funcionamento para sua encarnação no campo físico. Quando os elementos estavam prontos e os cristais guardiães da Terra haviam sintonizado o planeta com uma força cósmica superior, os Anciãos tomaram a forma humana e passaram a viver no mundo dos sentidos. Muitos deles encarnaram e formaram as raízes das grandes civilizações (Mu, Lemúria e Atlântida) da Antiguidade, às quais todos os mitos, lendas e religiões fazem referência.

Em evolução no planeta Terra daquela época estava o homem de Neandertal, uma forma de vida animal originária do ventre do planeta. A existência simultânea de uma espécie animal e de uma raça de seres altamente evoluídos marcou o início de um novo ciclo cósmico para a Terra, ciclo esse que poderia levá-la a seu mais alto destino.

As civilizações avançadas usavam os cristais guardiães da Terra em suas práticas diárias e se banhavam em sua irradiação. Os cristais serviam para manter a consciência sintonizada com as frequências mais elevadas de sua terra natal, e todos os que chegavam até seu campo áurico eram investidos de poder. Assim, tornavam-se instrumentos poderosos através dos quais a força cósmica podia ser canalizada para criar comida, água, joias e roupas sagradas para seu uso. Em certos casos, esses cristais eram empregados como juiz da corte. Doze pessoas ficavam ao seu redor, lado a lado, e, quando oito das onze pessoas recebessem a mesma resposta, esta era considerada a verdadeira.

Como parte do plano divino para o progresso das espécies originais da Terra, decidiu-se que algumas das almas dos Anciãos entrariam no ciclo evolutivo dos primatas, a fim de elevá-los um dia ao nível de conscientização em que também entrariam em sintonia com a força da luz que abrange o universo. Os que preferiram permanecer aqui e encarnar repetidas vezes fizeram um grande sacrifício quando mergulharam no mundo da matéria, sabendo que algum dia ressurgiriam e levariam consigo seus companheiros, irmãos e irmãs. Quando esse processo ocorreu, o véu da memória caiu e a lembrança do que eram e dos motivos pelos quais haviam encarnado ficou oculta, de modo que se tornaram iguais aos terrestres.

Com o passar do tempo, acostumaram-se com a Terra e muitos se ligaram aos prazeres dos cinco sentidos, passando a usar a força cósmica gerada pelos cristais para a própria realização. Assim, dirigiram essa força para sua ganância e interesses pessoais, causando com isso a decadência final das raízes das civilizações.

Presenciando o perigoso e inadequado uso do poder, muitos preferiram deixar a Terra nessa época e continuar seu trabalho de semeadura evolucionária. Estes se cruzaram com os seres terrestres e o resultado dessa mistura genética foi um passo gigantesco tomado no sentido da evolução dos habitantes originais da Terra. Como consequência, uma nova era surgiu para o homem. À medida que as raças se misturavam, novas linhagens de seres foram criadas e um novo ciclo de evolução começou, levando éons para se completar. Estamos agora perto do resultado, e nos tornamos uma raça aprimorada de seres capazes de reivindicar a herança das estrelas de onde vieram nossos antepassados.

Os cristais guardiães da Terra foram enterrados em grande profundidade no solo, na época do êxodo em massa do planeta. Eles deveriam ser, literalmente, os "guardiães da Terra", tendo de zelar pelo processo e pelo registro da experiência de queda e ascensão do espírito sobre a matéria. Quando o destino revelou mais uma vez esses gigantes na superfície do planeta, eles deveriam ser o instrumento principal que reavivaria a lembrança do antigo plano, descerraria os véus da memória e reuniria a consciência dos que preferiram ficar com a dos que haviam partido. Os guardiães da Terra, quando ativados por aqueles que levam consigo o conhecimento ancestral, servirão para personificar a consciência dos Anciãos, permitindo que a nova raça da Terra estabeleça uma comunicação consciente com sua linhagem celestial. Uma vez ativados, eles também poderão transmitir aos Anciãos o conhecimento da evolução da vida na Terra para ser usado no desenvolvimento da consciência em outros mundos.

Os guardiães são, de muitas maneiras, como um monólito simbólico, no sentido de que chegaram ao planeta em períodos muito remotos, e se mesclaram aos habitantes animais, fazendo-se então um silêncio de milhares de anos. Quando o homem estava preparado e tinha evoluído a ponto de poder chegar às estrelas, o monólito (os guardiães da Terra) reapareceu, dirigindo sua atenção para reinos de conscientização que os terrestres não seriam capazes de alcançar sozinhos sem estimulação mental superior.

Os guardiães estão conosco. Eles vieram com os grandes sábios que trazem consigo não apenas o conhecimento de toda a história da Terra, mas também da vida em espaços estelares iluminados, de onde sua essência se originou. São manifestações de força maciça de inteligência. Neles está contida a sabedoria de como resistir ao tempo, ao espaço e à existência do plano físico, colhendo deste a verdade e o amor.

Ativação

Os cristais guardiães, quando extraídos, encontram-se em estado de inatividade e possuem uma grossa camada leitosa endurecida na superfície. O interior do cristal é claro como o gelo. É como se a poeira do tempo precisasse ser varrida deles. Depois de serem ativados, esses cristais servirão mais uma vez para canalizar frequências cósmicas mais elevadas para o planeta, propiciando a consumação da sintonia consciente e a sintonia com essas forças.

A partir da ativação desses cristais, podemos aprender os segredos de como permanecer em um corpo físico e em um mundo material sem ficar preso a eles. Quando os guardiães se encontram em estado de ativação completa, sua presença criará por si só maior conscientização e a expansão do pensamento. Seria muito benéfico se esses cristais fossem usados nos centros de cura, ou nos encontros de grupos nos quais muitas pessoas ficassem expostas a sua energia.

Sua ativação depende da fusão com as formas de pensamento humano. Quando 21 pessoas, com a mesma afinidade de pensamento, se juntarem ao redor deles num círculo, dando-se as mãos e tornando-se uma só mente, o cristal redespertará e a linha de comunicação para as regiões cósmicas será reaberta. As pessoas que formarão o círculo ao redor dos grandes guardiães da Terra unirão suas frequências de vibração para se tornarem como as moléculas de um cristal, em sincronia com a energia cósmica. A disposição para se desprender do ego pessoal, do sentido do eu, e unir-se conscientemente ao todo maior é o elemento necessário para ativar os guardiães da Terra e conectar nossa consciência coletiva ao conhecimento, à informação e à energia que de outra forma seriam inatingíveis.

Como despertar a consciência de grupo

Quando os guardiães da Terra são usados em práticas de meditação de grupo, eles ajudam as pessoas na expansão do seu conceito de "eu", para incluir todos os que participam da meditação. Com a unidade da mente, a inteireza de coração e a sincronização do espírito, o poder que um grupo tem para criar mudanças positivas multiplica-se milhares de vezes. Os guardiães da Terra podem nos ensinar a mudar o foco limitado de conduta e a compreender os múltiplos potenciais que podem ser criados, quando aprendemos a enxergar além do nariz e vislumbrar um esquema bem mais amplo. Com todas as pessoas vibrando na mesma frequência ao redor dos grandes guardiães da Terra, aprenderemos como nos transformar neles, o que resultará em uma imensa consagração para este planeta. À medida que as pessoas aprenderem a se unir dessa forma em grupos, a unificação da raça humana em um único ser estará prestes a acontecer. A impessoalidade que esses cristais ensinam não é a da indiferença, mas a da preocupação com o compromisso de se desapegar dos interesses do ego individual a fim de dedicar tempo, espaço, energia e concentração ao sentido de unidade.

Esses cristais despertam a ação positiva. Eles criam harmonia. Estão aqui para nos unir com a fonte de onde emergimos e para nos ensinar como manter a ligação tanto com a Terra como com o céu. Esses cristais trazem consigo a memória de terem sido transportados para a Terra e podem nos ensinar a arte de viajar pelo tempo. Também podem nos ensinar como manter uma existência física e liberar nossa identidade com relação a ela, conforme atingimos dimensões mais elevadas da realidade. Como raça, estamos prontos. Prontos outra vez para dar um passo gigantesco na evolução e ajudar a sintonizar a entidade terrena da Terra com os raios cósmicos que emanam do grande sol central no núcleo da galáxia. Quando isso ocorrer, toda a conscientização humana renascerá para as realidades que agora estão além da compreensão. Os guardiães da Terra são parte desse ressurgimento e inspirarão nosso potencial latente, estimulando áreas dormentes de nosso cérebro a abraçar nosso destino final. A Terra está amadurecendo. Ela está pronta para atravessar o limiar da maturidade e se tornar uma vasta expansão do espaço cósmico do qual é parte vital.

PARTE IV

NOVIDADES VARIADAS

Capítulo 20

Novidades Variadas

Os capítulos a seguir são dedicados às pedras que comecei a apreciar desde que a primeira parte deste livro foi impressa e a outras novidades sobre informações, reflexões e opiniões pessoais.

Como renovar conceitos evolutivos

No processo de educação social, fomos orientados no sentido de ver a vida em termos de uma hierarquia evolutiva. Nessa espécie de programação mental, visualizamos o mundo mineral como a forma de vida inferior depois das plantas, seguida dos animais e, no topo da escala, estamos nós, os humanos! Bem, acho que depende de como definimos "o mais elevado ou o mais desenvolvido". Se mudarmos nosso modo de pensar para dizer: "Aquele que é capaz de viver em sintonia mais perfeita com o fluxo divino e refletindo a luz mais pura é o mais desenvolvido", então, o ser humano, na maioria das vezes, terá de descer de seu trono.

Uma pesquisa feita no reino das plantas prova que elas têm sentimentos e, definitivamente, são sensíveis ao amor e a vibrações generosas.

Os golfinhos são conhecidos por possuírem uma estrutura de cérebro mais avançada do que a dos humanos, e as tendências instintivas dos animais muitas vezes são superiores ao conhecimento intelectual do homem. A luz refletida dos cristais não raro pode exceder em brilho as auras nebulosas das pessoas que estão emocional e mentalmente estressadas.

Se pudermos abrir a mente para o fato de que todas as formas de vida são constituídas do mesmo espírito e de que, na realidade, ninguém é maior ou menor do que o outro, nosso amor e apreciação pela vida se expandirão para incluir nossa individualidade junto às demais. Como recebemos toda a vida como parte de nós mesmos, um vasto mundo de conhecimento se abrirá para nós. Imagine-se sentado com uma rosa e sentindo toda a sua beleza, ou nadando com os golfinhos, que dividem com você o conhecimento que trazem consigo desde os dias da Atlântida. Veja-se colocando a extremidade de um cristal de quartzo transparente à sua testa e aprendendo através dele os segredos da manifestação da luz.

A arte da comunicação interdimensional é possível no nosso próprio planeta quando renovamos conceitos evolucionários para incluir toda a vida da Terra como algo único e equiparável em espírito. Então, e só então, será possível a verdadeira comunicação interdimensional com entidades extraterrestres, encarnações celestiais e seres multidimensionais. Todos nós somos dotados da mesma força vital. Todos reivindicamos o trono em condições de igualdade.

O surgimento do cristal arquivista

Trabalhando de perto com os cristais arquivistas (veja no Capítulo 4 o item "O cristal arquivista"), testemunhei pessoalmente a manifestação de fenômenos estranhos. Às vezes, tem-se a impressão de que os arquivos só aparecem nos cristais até que a pessoa destinada a possuí-los esteja presente para ativar a manifestação do sinal do registro triangular. Em várias ocasiões, testemunhei tal fato. Quando recebo um novo estoque de cristais, examino-os com muito cuidado e procuro por espectros, arco-íris, geometria específica e arquivos. Quando o cristal arquivista aparece no momento exato em que determinada pessoa está presente, então sei que esse cristal está destinado a ser usado somente por esse indivíduo em particular. Costumo guardar com cuidado os cristais arquivistas em minha coleção particular quando se revelam para mim. Porém, estou verificando que alguns deles esperam para apresentar sua verdadeira identidade e objetivo na presença de seu parceiro, a fim de serem manuseados por essa pessoa em especial.

Em determinada ocasião, eu estava dando uma palestra em um lugar bem-conceituado, não metafísico, e não tinha a intenção de abordar "assuntos esotéricos" tais como os cristais arquivistas. No momento em que pretendia passar um grande cristal gerador para as pessoas olharem (eu já havia feito isso antes em outros dois grupos de trabalho e o conhecia muito bem), dúzias de arquivos apareceram nele diante dos meus olhos. Perplexa, parei no meio da frase e disse: "Oh, meu Deus, esse é um arquivista principal!". Ao que a classe retrucou com inocência: "O que é um cristal arquivista?". Depois de explicar a história dos arquivistas, disse a mim mesma: "Esse cristal destina-se a alguém que está aqui". Dito e feito: uma mulher do grupo não podia sair de perto dele e sabia, sem dúvida alguma, que precisava trabalhar com aquele cristal. Esse tipo de experiência aconteceu várias vezes comigo.

Por isso, mantenha os olhos abertos e não fique surpreso se um dia, quando menos esperar, aparecerem triângulos diante dos seus olhos quando uma das faces do cristal brilhar e ele disser: "Sabe de uma coisa? Temos trabalho a fazer!".

Desmaterialização

Muitos cristais valiosos desapareceram por completo sem nenhuma razão aparente. Não há meio de recuperá-los, pois se desmaterializaram do plano físico a fim de realizar algum trabalho em corpos sutis. É como se esses cristais se implantassem na sua aura de modo a facilitar a limpeza, a cura, o equilíbrio, ou para ajudar a atrair certas forças para sua vida. Às vezes, esses artistas do desaparecimento reaparecerão na forma material – quem sabe, exatamente no mesmo lugar onde você sabia que os havia deixado ou procurou por eles uma dúzia de vezes. Outras vezes, não é necessário que tornem a se materializar, visto que foram implantados de modo permanente no campo áurico. Se esse for o caso, não se lastime. Eles se mudaram para uma frequência mais alta e ainda estão ajudando você a aumentar a força de luz em volta de seu corpo. Em estado desmaterializado, o cristal pode, na realidade, ajudar a purificar os corpos mentais e emocionais e a selar as lacunas áuricas que tornam a pessoa vulnerável a influências negativas. A sintonia consciente com esses cristais pode servir para abrir sua mente a realidades não manifestadas que existem além do escopo normal da visão sensual. Com as forças de luz dos cristais desmaterializados trabalhando no seu campo de energia, o processo de aprendizado pessoal sobre a arte da desmaterialização é facilitado caso você escolha se concentrar conscientemente nesse fenômeno.

Cristais polidos e feitos pelo homem

Hoje, muitos cristais de quartzo lapidados e polidos pelo homem (criados de forma artificial) invadiram o mercado. Pessoalmente, nunca senti atração por esses cristais e, em certas ocasiões, fui até repelida por eles. Agora, depois de muita deliberação, entendo a razão disso.

Os cristais de quartzo em si existem em um estado natural de forma perfeita. Eles vibram em um nível de harmonia cósmica porque cada componente individual está sintonizado com a força cósmica. Em outras palavras, os elétrons e prótons que compreendem os átomos, os átomos que criam as moléculas e o arranjo molecular que forma a estrutura dos blocos para o mineral, todos vibram na mesma frequência. (Não existem ordens aleatórias.) Quando isso ocorre, eles se alinham com naturalidade à força criativa original e manifestam a verdadeira expressão de harmonia cósmica e perfeição material. Esse é o motivo pelo qual o simples fato de você segurar ou usar um cristal de quartzo o fará também procurar harmonizar sua vibração com a própria essência unificada dele.

A não ser que o ourives seja muito habilidoso, treinado e sintonizado na frequência do cristal, as tentativas de alterar sua forma natural muitas vezes não correspondem à manifestação do verdadeiro reflexo das partículas atômicas e moleculares naturalmente sintonizadas com a frequência cósmica. Vi cristais tão traumatizados pela estéril tentativa humana de lapidá-los que nada que eu pudesse fazer poderia neutralizar os efeitos. Vi cristais geradores com extremidade única natural transformados em cristais de extremidade dupla, com a ponta facetada, e cristais com pontas artificiais quando era óbvio que elas não existiam. Cheguei até a ver cinco faces em um cristal de quartzo em vez de seis, e uma vez alguém tentou me vender um cristal lapidado como se fosse natural e que, depois de examinado, mostrava possuir sete faces formando a ponta. As bordas desses cristais costumam ser planas e obtusas, e menos eficazes para canalizar a energia de cura do que os cristais formados naturalmente. Também sei que muito desse tipo de trabalho estava e continua sendo feito em países do Terceiro Mundo, onde a mão de obra é muito barata e a tecnologia na delicada arte de lapidar, deficiente.

Não que polir ou lapidar um cristal não seja bom ou ético; afirmo apenas que, para se proceder a esse trabalho, deve-se estar em profunda sintonia com a natureza do cristal, de modo a fazer-lhe justiça. Polir a face de um cristal para permitir que exponha sua beleza natural, ou reparar uma lasca em uma ponta, muitas vezes é de grande ajuda para a beleza, o objetivo e o valor de uma pedra. No entanto, oponho-me por completo à alteração de sua forma natural, que é perfeita.

Por outro lado, esses cristais com frequência são lapidados de grandes blocos disformes de material que, de outro modo, seriam moídos para fins tecnológicos; ao menos talhando-os dessa maneira é possível aumentar sua vibração e possibilitar que sejam úteis em um âmbito mais elevado. Também conheci pessoas que lapidavam cristais com muita consciência e grande amor, para serem usados em práticas de cura. Conversei com algumas pessoas que trabalham com cristais lapidados, com resultados positivos. A palavra final é: não tome minha palavra como a última. Verifique por você mesmo e experimente. Ache um tipo de cada, coloque-os alternadamente sobre seu coração e no terceiro olho, e veja o que eles têm para lhe transmitir.

Outras técnicas de limpeza e reenergização

Durante séculos, os índios americanos usaram ervas sagradas para limpeza e purificação. O cedro e a sálvia são as ervas aromáticas de cura mais poderosas dessa tradição, e podem também ser usadas para limpar cristais. Ao queimar essas ervas, deixando que a fumaça aromática envolva os cristais e as pedras de cura, eles são purificados da maneira mais agradável possível. Antes e depois de cada sessão de cura pelos cristais, adotei a prática de acender defumadores (combinações de cedro e sálvia), não só para limpar os cristais, mas também para limpar o ar de qualquer resíduo que possa ter ficado viajando no éter. Esse maravilhoso aroma também pode ser usado em várias práticas de purificação, por exemplo, antes da meditação, em saunas, para limpar o ambiente depois de discussões ou conflitos, ou antes de se mudar para um novo local, de modo a desalojar dali as antigas energias.

Outra maneira de reenergizar os cristais e pedras preciosas é colocando-os sob uma estrutura piramidal. Todos os meus bastões, bisturis e geradores usados com frequência têm lugar permanente dentro das pirâmides. A estrutura perfeitamente geométrica da pirâmide transmite suas energias cósmicas para purificar e energizar tudo o que estiver dentro dela. Colocar cristais traumatizados, irradiados ou usados em demasia dentro das pirâmides por um longo período foi uma das formas que encontrei para lhes devolver o devido equilíbrio.

Como escolher geradores singulares para a prática da cura pessoal

Várias coisas precisam ser levadas em conta quando se está em busca de um cristal gerador singular para uso na prática da cura. Um dos fatores mais importantes a serem observados é a extremidade do cristal. É melhor que não haja lascas ou entalhes na ponta ou nas faces que a formam. Observando-se também suas faces, é bastante benéfico que pelo menos uma delas forme um triângulo perfeito. Isso permitirá que a energia se mova em um feixe direto conforme passa do fundo do cristal através da face triangular, ao longo dos lados simétricos opostos, antes de sair pela extremidade. Além disso, quanto mais limpo for o interior do cristal, melhor será. A limpidez interior é importante para que sua energia de cura seja transmitida com pureza através do cristal.

Os geradores que você usa ao praticar a cura (ou para suas meditações pessoais) ficam energizados com sua própria força vital. Assim que você irradia sua luz de cura através desses cristais, sua energia está sendo purificada, aumentada e intensificada à medida que passa pelo cristal e é irradiada para fora da extremidade. Não se deve deixar que outras pessoas ou parceiros presentes durante a cura toquem nesses cristais, para que a sintonização deles com você permaneça em harmonia. Tendo os cristais energizados com sua própria força de cura, eles serão muito úteis também nos momentos em que estiver se sentindo pessoalmente fora de foco, hesitante ou precisando de energia de cura.

O raio do arco-íris

O raio do arco-íris tem uma belíssima lição para compartilhar conosco. Em nossos céus, os arcos-íris surgem quando o sol reflete os minúsculos cristais de água e os transforma, como um prisma, em um arco colorido que desce do céu para beijar a Terra. A verdadeira natureza dos elementos necessários para criar esse evento espetacular pode ser descrita de maneira simbólica. O sol é a luz com frequência bloqueada pelas espessas nuvens de chuva da vida, mas, quando a luz irrompe, quando o espírito se irradia, testemunhamos uma das mais belas visões, quando da escuridão e da unidade surge uma coleção de cores provando que tudo está na mais perfeita ordem. De fato, é muito bom estar ao ar livre e respirar profundamente quando um arco-íris aparece no céu; nessa ocasião, podemos absorver os raios coloridos de cura, mesmo que para isso tenhamos de nos molhar um pouco.

O arco-íris nos ensina a não olhar para um único aspecto do que quer que seja. Mostra-nos como olhar para os diversos raios da vida: para a alegria, a raiva, a tristeza e a beleza, tudo de uma vez. O arco-íris contém tudo isso em equilíbrio e perfeição. O rosa é a alegria, o verde é a cura, e o azul irradia a paz.

Os arcos-íris também podem ser encontrados nos cristais de quartzo. De forma surpreendente, são gerados, na maioria das vezes, no interior de cristais que, por causa de uma provável queda ou algum trauma, neles foram incluídos quando cresciam no ventre da Terra. Uma vez mais, os arcos-íris nos ensinam que é por meio de duros golpes que aprendemos a equilibrar as muitas facetas da vida, à medida que a luz impenetrável brilha através de tempos obscuros.

Os arcos-íris são um símbolo de esperança e de inspiração, e, quando incorporados em um quartzo (ou em outros cristais), representam a habilidade de extrair o melhor da vida; assim fazendo, podemos galgar a escala prismática de luz em direção ao céu. Eles são a ligação direta da

Terra com os éteres, através dos quais se transmitem orações, esperanças, sonhos e visões. Por isso, os cristais arco-íris são muito úteis para se trabalhar, orando ou enviando sua energia de cura para outras pessoas.

O arco-íris é um símbolo de unidade, pois combina com harmonia cada cor com o restante, mostrando-nos como receber os elementos em nossa vida. O arco-íris prova que é possível ligar uma energia a outra, um chakra a outro. Os cristais arco-íris são ótimos para se trabalhar em meditações pessoais, quando nos concentramos de forma consciente em centros de energia interligados. Quando um cristal que contém um arco-íris é colocado entre dois outros centros de energia não integrados, servirá para ligá-los em uníssono. Desse modo, podem ser usados para unificar o sistema de chakras na cura pelos cristais ou, então, utilizados em meditações pessoais, ou ainda usados quando se está aprendendo as lições de raio de arco-íris. Ao sintonizar conscientemente os cristais arco-íris, eles transmitirão à aura a habilidade de observar as coisas em uma atitude menos séria, além de mostrar como trabalhar com alegria e humor em relação a tudo o que fazemos.

Cristais empáticos

Às vezes, é difícil imaginar que um cristal ou pedra possa mesmo saber o que se está pensando ou sentindo. Eles não são dotados de sistemas nervosos; portanto, como podem sentir? Não possuem cérebro, então, como podem pensar? Não se comportam como nós, os humanos; portanto, como podem ter alguma ideia do que está acontecendo conosco? Bem, é verdade. Os cristais e as pedras preciosas constituem um tipo bem diferente de forma de vida, e sua dimensão da realidade por certo não é a mesma: mas como afirmar que, de um modo próprio e desconhecido, eles não podem ser sensíveis a tudo o que se refere a nós? Em minha experiência no mundo dos cristais, testemunhei, em diversas ocasiões, que cristais e as pedras não só sentiam o que estava acontecendo, mas reagiam de maneira amorosa, prestando apoio e, às vezes, até se sacrificando.

Uma grande amiga minha trabalhava com um cabochão de cristal de quartzo em suas meditações diárias enquanto procurava firmar o pensamento em sentimentos de autoestima. Durante o processo, muitos conflitos não resolvidos vieram à tona. Um dia, após uma dessas meditações, durante a qual ela estivera segurando a pedra com força enquanto liberava uma antiga carga emocional, ela colocou a pedra no altar, levantou-se e estava prestes a sair do quarto quando a pedra se espatifou em uma dúzia de pedaços. No momento em que isso aconteceu, ela sentiu de imediato que estava livre da pressão emocional e soube que estava curada. Curvou-se para apanhar os pedaços de pedra que ela tanto amara e compreendeu que o quartzo não só sentira sua dor, mas se apoderara da carga emocional e, no processo de liberação, se sacrificara em seu favor.

Essa não é uma história incomum para o quartzo rosa, uma pedra amorosa que cura as feridas emocionais, a pedra fundamental para o chakra do coração, que ensina a autoestima e o perdão. Por esse mesmo motivo, é importante limpar o quartzo rosa com bastante frequência depois de usá-lo em práticas de cura. Essa é uma das pedras da Nova Era que pode absorver o sofrimento humano a ponto de levá-la ao autossacrifício. É muito comum observar que o quartzo rosa, depois de ter sido usado várias vezes sobre os chakras do coração, fica embaçado e escurecido, perdendo seu brilho natural. Isso deve ser considerado um sinal direto da necessidade de se limpar a pedra, permitindo-lhe se regenerar, para que possa executar seu trabalho sem sacrificar a própria vida.

Os cristais geradores de quartzo singular são conhecidos por se romperem em pedaços durante sessões de cura com cristais, quando o trabalho áurico estava sendo feito com eles e ocorriam importantes transições. As joias ficam bastante escurecidas ou apresentam rachaduras quando usadas em dias especialmente fatigantes, e os cristais e as pedras se tornam menos lustrosos se negligenciados ou usados de forma inadequada. Por outro lado, os cristais usados na meditação pessoal podem ficar de novo límpidos depois de escurecidos a partir do momento em que projetamos amor e bons pensamentos para eles; as pedras de cura ficam até mais poderosas quando usadas com consciência e são bem cuidadas e apreciadas. É responsabilidade das pessoas que trabalham com cristais e pedras limpá-los com regularidade, devolvendo-lhes os elementos necessários à sua sobrevivência e, sobretudo, água, luz do sol, atenção e amor.

Cristais autocurados

Quase sempre um cristal termina em uma ponta. Em ocasiões especiais, eles têm ponta dupla. Igualando-se à qualidade distinta do cristal de ponta dupla, temos o cristal com extremidade natural na base. Esses tipos de cristal não possuem um cume ou ápice de seis lados, como os de dupla ponta, mas se formam naturalmente, em vez de parecerem quebrados na extremidade oposta.

Os cristais costumam brotar de uma superfície de pedra dura que lhes serve de base e através da qual um lado do cristal consegue se projetar. Os de ponta dupla formam-se em terra muito mais fofa e não sofrem limitações em seu crescimento pela rigidez da rocha, por isso podem crescer dos dois lados, formando duplos ápices. Nos cristais com extremidade natural, uma das extremidades é quebrada ou separada da base da rocha em algum ponto de seu desenvolvimento, embora continue crescendo, mesmo sem o espaço ou o meio ambiente necessário para formar uma ponta completa. Esses são os chamados cristais autocurados, pois, apesar de terem sido separados da segurança de sua base, continuaram crescendo até atingir um estado natural de perfeição, formando faces com pontas menores, porém não menos especiais.

É fácil distinguir um cristal autocurado olhando para a base de um cristal gerador singular e observando suas marcas. Se o cristal tiver o lado de baixo inacabado e se assemelhar a uma rocha, então não será um cristal autocurado com extremidade natural. No entanto, se ao observá-lo você testemunhar um lindo desenho de pontas rendadas, saberá que encontrou um mestre na arte da autocura.

Em seu processo evolucionário, os cristais autocurados aprenderam como curar a si mesmos e podem, dessa maneira, ceder seu conhecimento e compartilhar sua experiência ensinando-nos lição semelhante. Esses cristais podem se tornar ótimos companheiros durante o processo de cura, ou ser parceiros maravilhosos, ajudando-nos nas sessões de cura pelos cristais. Colocando cristais autocurados nas mãos ou sobre qualquer parte do corpo do receptor, é possível transmitir ao corpo, à psique, ao coração ou ao subconsciente a arte de curar o eu. Esses cristais sabem como enfrentar situações que parecem devastadoras e lidar com elas da melhor maneira possível, tendo em vista a mais completa ordem e uma perfeição natural.

A força estriada – delineando os traços da turmalina, do topázio dourado, da kunzita e da água-marinha

Existem muitas formações de cristais que exibem estrias paralelas que passam pela extensão do cristal. Na turmalina, na kunzita, no topázio e na água-marinha, as estrias constituem um fenômeno natural. Toda vez que essas linhas de energia se manifestam, é sinal de que a força dinâmica acompanhada de uma carga elétrica elevada passará com rapidez pelo corpo do cristal. As estrias são como linhas elétricas através das quais uma corrente de alta voltagem pode ser transmitida para o plano físico.

Cada um dos cristais mencionados possui uma ponta que estabelece a direção para onde a energia será dirigida. Por exemplo, se uma turmalina rosa com extremidade natural for colocada acima do chakra do coração, apontando para a garganta, isso canalizaria a expressão de amor pela voz e para a força da palavra falada. A extremidade de um topázio apontada para o umbigo dirigirá o raio dourado da coroa para o corpo físico visando a manifestação do desejo consciente.

A kunzita rosa é o ativador do chakra do coração, e sua força transforma dinamicamente inseguranças e inibições em atos de amor. A turmalina, em sua variedade de cores, cura e reforça os sistemas do corpo, capacitando a força do espírito a se infiltrar no sistema nervoso. A água-marinha estimula o funcionamento acelerado do chakra da garganta, facilitando a oitava maior da voz a ser utilizada na expressão da verdade. Dependendo da direção para onde a extremidade é apontada, os cristais de topázio dourado transmitirão energia da coroa para o corpo ou dirigirão os desejos físicos para os centros da consciência.

Esteja atento a esses e a outros cristais que possuírem o desenho geométrico de longas linhas estriadas traçadas em paralelas perfeitas. Isso significará poder e habilidade para canalizar forças dinâmicas a qualquer área em que forem usados. Essas pedras, mais do que qualquer outra forma cristalina, transmitirão energia de alta frequência para o plano material e o corpo a fim de ativar os chakras e reforçar os sistemas físicos para a transformação espiritual.

A trindade mental: fluorita, calcita e pirita

Eu gostaria de falar a vocês a respeito de três pedras que aprendi a amar, respeitar e usar com frequência quando estou trabalhando com a mente e o desenvolvimento mental associado; são elas: a fluorita, a calcita e a pirita. O curioso é que essas pedras costumam ser encontradas nos mesmos terrenos e chegam a crescer lado a lado ou uma em cima da outra. A pirita em geral é encontrada em octaedros de fluorita ou crescendo em drusas de fluorita. A calcita também costuma estar presente com sua boa amiga, a fluorita. Todas elas têm muita coisa em comum e cumprem funções e objetivos semelhantes, produzindo efeitos e estabilizando as frequências da mente superior.

A fluorita significa, para a canalização, o poder intuitivo da mente na atividade física. A calcita é a pedra usada por ocasião da ocorrência de transições mentais, ajustes e alterações. A pirita fortalece a capacidade mental e desenvolve as faculdades mais elevadas da mente humana; também facilita o crescimento do conhecimento mais elevado. A calcita ajuda a aliviar atitudes e conceitos antigos para que assim ocorra um conhecimento maior; e a fluorita colocará esse conhecimento maior em ação no plano físico.

Essa trindade mental é uma grande combinação de pedras para se trabalhar quando se estuda, quando se trabalha em mudanças de padrões mentais antigos ou quando se desenvolvem, de modo consciente, habilidades psíquicas. Essas pedras são auxiliares maravilhosos para canalizadores de energia, curadores psíquicos ou conselheiros profissionais.

Nas disposições de pedras durante as sessões de cura com cristais, a fluorita, a pirita ou a calcita podem ser colocadas no centro do terceiro olho, para estimular frequências mais elevadas de ondas do cérebro, ou na base do crânio, para redespertar a inteligência latente. Elas podem ser usadas, manuseadas durante a meditação ou em auxílio à integração do intelecto com a intuição e no desenvolvimento do Q.I.

A conexão do umbigo: o topázio dourado e o quartzo-rutilado

O centro do umbigo é onde nossa força pessoal se manifesta no plano físico. Sua cor é o amarelo-alaranjado, e sua energia é vital para nossa felicidade e realização. Quando o centro do umbigo está comprimido ou bloqueado, a habilidade de projetar nosso desejo consciente nos trabalhos da vida diária fica drasticamente limitada. O centro do umbigo forma o ápice do triângulo de energia inferior, que inclui o primeiro, o segundo e o terceiro chakras, regendo nosso plano de ação físico e o sentido de nossa identidade pessoal.

Semelhante à frequência de cor do umbigo, temos o raio dourado que fica no chakra da coroa e que dota o indivíduo com a identificação pessoal do espírito infinito. Sendo semelhante na vibração da cor ao amarelo do centro do umbigo, o chakra da coroa pode ter influência direta no controle do desejo pelo corpo. Com o chakra da coroa diretamente ligado ao umbigo, as possibilidades de manifestação da força divina na Terra aumentam milhares de vezes.

Há três pedras principais que podem ser usadas no centro do umbigo para canalizar a sabedoria dourada da coroa nas atividades diárias: o citrino (veja no Capítulo 4 o item "Quartzo-citrino"), o quartzo-rutilado e o topázio dourado. Cada uma dessas pedras tem o poder de transmutar os padrões de hábitos negativos e tendências habituais para a ação consciente regida pelo desejo permitido.

Os cristais de topázio dourado com extremidade natural, quando colocados com a ponta voltada diretamente para o centro do umbigo, canalizarão a intenção do chakra da coroa para a estação de força do corpo. Por outro lado, se quiser concentrar o excesso de poder da força física nos centros de consciência de energia na cabeça, essa ponta deverá ser apontada para o coração. Isso costuma ser feito quando uma pessoa está muito concentrada em si mesma, consumida pelos negócios ou manifestando tendências excessivas para o trabalho. Sendo estriado (veja no Capítulo 20 o item antes mencionado "A força estriada – delineando os traços da turmalina, do topázio dourado, da kunzita e da água-marinha"), o topázio dourado canalizará as correntes de alta frequência elétrica pelo corpo do cristal, dando força e mais energia em qualquer área em que for colocado.

O quartzo-rutilado é límpido ou enfumaçado, com pequenas agulhas de rutílio douradas incrustadas no cristal. Essas linhas douradas de energia tornam-se superenergizadas pela presença dinâmica inata do quartzo e, quando isso ocorre, tornam-se canais através dos quais a energia dourada da coroa pode mergulhar nas raízes da Terra. Os quartzos geradores rutilados com extremidade natural podem ser usados da mesma maneira que os cristais de topázio dourado. Pedras lapidadas, polidas, facetadas ou cabochões de quartzo-rutilado podem ser usados para cura ao serem colocados em cima ou ao redor do centro do umbigo, para ativar o poder da vontade. Também podem ser colocados ao redor de qualquer área carente de energia extra, sendo usados com frequência, em conjunto com a malaquita, no plexo solar para ajudar na dissipação do excesso de carga emocional.

O topázio dourado, o quartzo-rutilado e o citrino também podem ser usados no chakra da coroa quando se deseja ter uma perspectiva maior e penetrar na conexão da alma com o infinito e com o objetivo da existência.

Capítulo 21

Mais Pedras de Cura

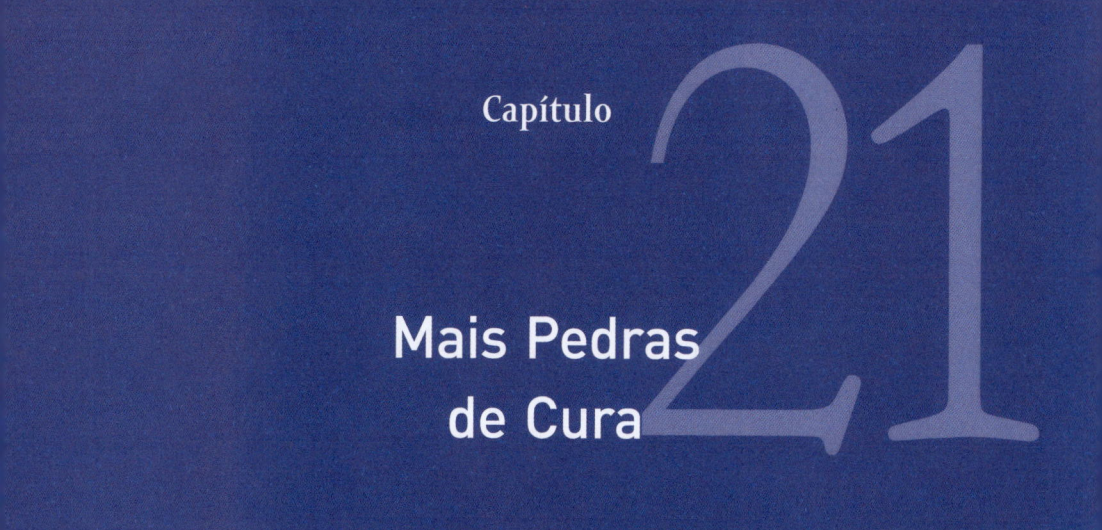

Pedras preciosas

Pedra preciosa pode ser qualquer uma de uma grande variedade de pedras. "Pedra preciosa" é o nome coletivo para qualquer pedra que possua uma característica preciosa com grande transparência, quer tenha ou não pequenas manchas em sua composição interior. Porém, qualquer formação cristalina pode ter espécimes com características de pedra preciosa.

Uma das características da pedra preciosa é ser suficientemente dura para ser lapidada, facetada ou polida. Com a aplicação da tecnologia humana, as pedras preciosas podem valer uma fortuna para os que gostam de se enfeitar com opulência. Elas possuem uma beleza resistente, não superada pelas pedras semipreciosas ou por outros espécimes minerais. Grande parte de sua beleza é realçada pelo ourives, que muitas vezes recebe o material rústico, inteiro e pouco atraente, e o transforma em joias brilhantes.

As pedras preciosas costumam ser pequenas e vendidas por quilate. Os preços variam de acordo com o peso e a qualidade da pedra. Por causa do tamanho e do preço, elas nem sempre são incluídas na coleção de pedras de cura. Porém, podem ser de extrema utilidade na cura pelos cristais. Uma vez que a luz que se reflete das pedras preciosas ricocheteia de volta de cada uma de suas facetas, a pedra reflete um raio de cor muito límpida de volta à aura. Por exemplo, se uma safira azul-escura fosse colocada no terceiro olho, teria o mesmo efeito penetrante de se estar usando vários nódulos de azurita. Os rubis no segundo centro de energia podem estimular o apetite sexual e ativar as forças criativas a serem canalizadas para outros centros de energia como nenhuma outra pedra vermelha pode fazer. A brilhante radiação verde das esmeraldas transmite energias negativas para os raios de cura, e o diamante é a única pedra que excede o quartzo transparente em qualidade e brilho na coroa.

Uma das melhores maneiras de usar as pedras preciosas tem relação com remédios (veja no Capítulo 2 o item "Remédios"). Desse modo, pode-se aproveitar integralmente a força de alta frequência dessas pedras sem precisar investir uma fortuna no processo.

As características da ametista, do citrino, do topázio, da turmalina e de muitas outras pedras demonstram habilidade para expressar clareza, transparência, beleza e radiação, podendo ser classificadas como pedras preciosas. Toda vez que se trabalhar com elas é preciso uma força de luz muito clara e um elevado grau de poder de reflexão. Por essa razão, as pedras preciosas sempre foram consideradas de grande estima; na Antiguidade, suas forças foram usadas de forma consciente na confecção de joias, coroas e adornos em geral. Além da beleza física e do valor intrínseco, os espécimes com qualidade de pedra preciosa também são portadores de raios de luz muito poderosos, capazes de canalizar suas forças para nossa elevação espiritual.

Indicolita – turmalina azul

A indicolita azul transmite o raio azul de paz com mais força do que qualquer outra pedra do planeta. Sendo da família das turmalinas (veja no Capítulo 4 o item "Turmalina"), a indicolita carrega consigo alta carga elétrica à medida que canaliza correntes de energia positiva ao longo de suas estrias paralelas. Ao esfregar vivamente a turmalina, ativa-se um calor natural, sendo possível sentir a carga elétrica da pedra quando uma ponta se torna positiva (a extremidade), enquanto a ponta oposta se torna negativa (a base). Esse calor natural pode ser dirigido pelo cristal a qualquer lugar onde haja necessidade de energia positiva, por exemplo, casas, escritórios, quartos de crianças, o coração etc.

A família das turmalinas tem grande variedade de cores. A indicolita se destaca pelo espectro azul, variando desde os tons azuis mais luminosos, límpidos e polidos até as profundezas do índigo. Encontram-se longos, esguios e poderosos bastões de indicolita exibindo o traço abundante da nuance do azul-escuro profundo na base, passando pelo azul-celeste, para terminar em um pico de azul-claro gelo. Esses bastões são muito especiais. Através deles, a corajosa força da paz pode ser canalizada para a Terra, pois constituem uma verdadeira dádiva e encontrarão seu caminho naqueles que querem estar em paz com a própria vida e que usam com consciência a força dos bastões para compartilhar com o mundo esse estado de tranquilidade. Os bastões de indicolita podem ser usados como geradores na aura durante a cura pelo cristal, para ajudar a desfazer conflitos mentais ou bloqueios emocionais.

As pedras de turmalina azul podem ser usadas na cura pelos cristais em qualquer área carente de um raio dinâmico de paz. São especialmente boas se colocadas na região do terceiro olho, para aliviar a mente perturbada, ou no centro do coração, para acalmar sentimentos de raiva ou alegrar um coração entristecido. Como o azul é a cor do chakra do pescoço, a indicolita é a pedra perfeita para se colocar no centro do pescoço a fim de proporcionar uma expressão verbal clara. É também uma pedra que pode ser usada para expressões mais elevadas de som por meio da voz, sendo bastante procurada por cantores, oradores e apresentadores. Visto que os colares são usados ao redor do pescoço e perto do ponto do chakra do pescoço, a turmalina azul é indicada para ativar continuamente os poderes da expressão verbal através do centro dessa área do corpo. Por essas mesmas razões, é uma das melhores pedras para serem usadas em caso de infecção crônica da garganta, problemas de tireoide, impedimentos de fala e outras indisposições relacionadas ao chakra da garganta, pois canaliza paz enquanto, ao mesmo tempo, energiza e fortalece.

Granada

Com cores que vão do verde-esmeralda até o laranja e o vermelho profundo, a granada se expressa em uma grande variedade de tons. As granadas são em geral pedras pequenas, maravilhosamente facetadas e relativamente baratas. Podem ser encontradas com frequência em joias. Por outro lado, são também indicadas para fins terapêuticos.

A linha de cores que essa pedra abrange atinge desde o coração até o segundo chakra. Essa área pode se tornar limitada caso a vitalidade criativa do segundo centro (o sexual) não for capaz de circular devido à tensão emocional no plexo solar. Quando isso ocorre, a energia criativa é usurpada e a pessoa se sente letárgica, sem inspiração ou até mesmo com tendências suicidas. Nesses casos, a granada verde é usada em conjunto com a granada vermelha no plexo solar, a fim de canalizar a energia de cura e a força vital para a assimilação correta e a integração da criatividade por meio dos centros emocionais.

As granadas vermelhas são as mais comuns e demonstram a pura energia do vermelho. São especialmente indicadas para uso no segundo chakra, para propiciar rejuvenescimento, criatividade, regeneração e purificação do sangue. Podem também ser utilizadas sobre quaisquer pontos de chakra a fim de estimular a expressão criativa desse centro de energia em especial. Por exemplo, quando as granadas vermelhas são usadas com a ametista no centro do terceiro olho, o poder criativo das forças intuitivas se ativa.

Quando usadas no corpo ou na meditação, as granadas aumentarão a energia criativa e podem ativar o apetite sexual. Assim, essas pedras são excelentes para uso em pessoas com problemas nessa área, sendo conhecidas por ajudar nos casos de infertilidade, esterilidade e frigidez. Com seu uso continuado, pode-se aprender como canalizar diretamente a força criativa do segundo chakra para quaisquer outros centros de energia, visando múltiplas experiências expressivas.

Aventurina verde

A aventurina verde é um quartzo que reflete o verdadeiro e puro raio verde. Muitas vezes, possui pequenas faíscas em seu interior, o que proporciona certa alegria e deslumbramento à pedra. Ela é uma das melhores pedras para uso terapêutico quando se deseja confortar um coração atormentado, neutralizar emoções e produzir senso de equilíbrio e bem-estar ao corpo físico.

A aventurina verde pode ser usada em essência para todo tipo de doença: mental, emocional ou física. Sua pura essência verde pode penetrar em qualquer problema e emprestar sua vibração para confortar qualquer aspecto do ser. Sendo quartzo, possui carga dinâmica muito elevada, o que a capacita a dissolver pensamentos doentios, e sentimentos e problemas físicos com eles relacionados. A aventurina verde pode ser colocada sobre qualquer parte do corpo que esteja doente ou em desequilíbrio, para refletir o raio verde de cura na aura, bem como injetar sua essência no corpo físico. As pedras de aventurina verde podem ser usadas em períodos de estresse ou agitação para ajudar a manter o equilíbrio interior. Se uma pedra pudesse ser chamada de panaceia, seria a aventurina verde, conhecida por sua força dinâmica para acalmar, curar e equilibrar.

Nas disposições de pedras para cura pelos cristais é muito bom usar a aventurina verde em volta das áreas do chakra do coração e do plexo solar, para ajudar a neutralizar emoções reprimidas. Seu objetivo não é trazer à tona ou espelhar as emoções, como faz a malaquita quando se está trabalhando conscientemente para afastar a congestão emocional da área do plexo solar. A malaquita trará à tona as emoções, e a aventurina verde as pacificará. A aventurina verde é uma verdadeira amiga do quartzo rosa, trabalhando em conjunto para curar e proporcionar harmonia ao chakra do coração.

Calcita verde e calcita dourada

A calcita é em geral a pedra da mente. A calcita verde é especificamente uma pedra de cura mental, podendo ser usada em qualquer situação em que se esteja lutando para atingir o equilíbrio mental. Ela suaviza as linhas divisórias da mente intelectual, de modo a permitir o aparecimento do verdadeiro conhecimento interior. É recomendada sobretudo para crianças com problemas de aprendizagem, sendo também ideal para pessoas com distúrbios mentais ou para uso quando se está tentando conscientemente reprogramar antigas atitudes e padrões de pensamento.

Muitas vezes, no nosso próprio processo de cura, é necessário reajustar os pensamentos para abranger uma realidade maior. A calcita verde pode ser útil nesses momentos, auxiliando bastante na liberação de antigos conceitos já superados e no reconhecimento de novos. Existe quase sempre certa vinculação, certa segurança ligada a tudo o que é conhecido, mesmo que não seja verdadeiro. A calcita verde empresta seu poder de cura para aliviar o antigo e introduzir o novo. É como se ela estivesse ali para dizer às antigas formas de realidade: "Está tudo bem. Você pode se tornar parte de um todo muito maior se se entregar". É como se a mente ouvisse quando a calcita verde fala; ela fala a linguagem do intelecto de maneira tão inofensiva que acreditamos plenamente nela.

Essa pedra é boa para ser usada no centro do terceiro olho ou na base do pescoço durante as sessões de cura pelos cristais, quando se está trabalhando de modo consciente na liberação de antigos padrões mentais. É também ótima quando colocada ao redor do chakra do coração para comunicar às emoções, muitas vezes associadas a padrões de pensamento, que tirar algo da mente é capitular diante de uma força maior, superior. A calcita verde é uma boa pedra para se levar consigo ou usar quando ocorrem mudanças mentais. Trata-se de uma pedra de cura e amiga em períodos de transição e reorganização.

Quando os padrões mentais ou emocionais se tornam muito rígidos, um dos pontos do corpo físico onde eles vão se manifestar com doença é nos ossos e ligamentos, em cartilagens e tendões. A calcita verde é a pedra indicada para casos de artrite, tendinite, reumatismo ou qualquer outro problema osteopático. Ela também pode ser usada em qualquer contusão provocada pela prática de esportes ou em acidentes que envolvam danos nos ligamentos dos ossos. É ainda ótima parceira dos quiropráticos e osteopatas, ajudando-os a canalizar a energia de cura diretamente para o tecido ósseo.

Devido ao reflexo do tom verde-claro refrescante que a calcita verde produz, ela pode ser usada também em qualquer situação em que o excesso de energia vermelha crie desequilíbrio. Febres são controladas; queimaduras e todos os sintomas relacionados à raiva podem ser atenuados. Podem ocorrer curas milagrosas ao se colocar uma pedra de calcita verde perto da área doente no corpo, enquanto mental e visualmente se concentra a energia de cura na área da aspiração, da respiração e da liberação do estresse e da dor. É importante usar essa prática durante quinze minutos, pelo menos quatro vezes ao dia, para que se consigam resultados positivos e efeitos duradouros. É importante também limpar a pedra depois de cada sessão e deixá-la se recuperar em um agregado de quartzo ou dentro da estrutura de uma pirâmide (veja no Capítulo 2 o item "Cuidado e limpeza de pedras e cristais").

Um parceiro digno de menção da mesma família da calcita verde é a calcita dourada. Mantendo também a qualidade mental, a calcita dourada tem o poder de canalizar as faculdades mentais mais elevadas do chakra da coroa para manifestação no corpo físico se colocada no centro do umbigo durante a sessão de cura pelos cristais. Também pode ser usada no chakra da coroa para estimular as frequências mais elevadas da força do pensamento a serem projetadas em esforços criativos. Trata-se de uma boa pedra para se meditar, para se usar ou levar consigo quando for preciso estar mentalmente alerta e atento às forças da mente superior.

Olho de tigre

O olho de tigre é uma das mais fascinantes pedras da família do quartzo, variando em cor desde o marrom-claro até o escuro, com nuances de amarelo-ouro. Sendo membro da família do quartzo, essa pedra carrega naturalmente elevada carga de vibração; contudo, a profundeza do raio marrom-escuro fixa a energia nas raízes da Terra.

O olho de tigre possui duas energias distintas. A profundidade do marrom-escuro é a verdadeira riqueza da Terra, que foi delicadamente guarnecida com o raio dourado do chakra da coroa. Essa combinação de energias permite que o olho de tigre seja usado no centro do umbigo para fixar a consciência elevada da coroa na realidade física. Ao colocar essa pedra no centro da barriga durante a sessão de cura, pode-se observar um influxo direto de energias mais elevadas entrando no corpo, criando uma sensação geral de bem-estar.

O resplendor dourado que o olho de tigre reflete simboliza a força pessoal, a integridade e a capacidade de trazer o céu à Terra. O olho de tigre pode enxergar através das limitações ilusórias das leis do plano físico e introduzir nele a glória miraculosa do espírito. Ele confere o poder para que se possa ver Deus em todas as suas manifestações materiais, enquanto se trabalha, ao mesmo tempo, para desenvolver a força de vontade. É uma pedra que aprendi a respeitar e apreciar, e acredito que o mesmo ocorrerá com você. O olho de tigre é classificado como uma das principais pedras do chakra do umbigo, com tanto prestígio quanto o citrino e o topázio dourado, e mais assentado ainda na Terra. É uma pedra especialmente indicada para ser usada por pessoas que estão distantes, descomprometidas com a vida, ou incapazes de manifestar seu desejo por meio da ação.

Olho de falcão

O olho de falcão é um amigo muito bom e camarada do quartzo olho de tigre. O olho de tigre tem um brilho amarelo-dourado, enquanto no olho de falcão o cinza-azulado e o verde-azulado contrastam com um profundo marrom-escuro.

Essas pedras são fascinantes para serem admiradas à luz do sol, quando as rupturas e um brilho sedoso mudam de ângulo toda vez que são giradas. Essa qualidade iridescente torna o olho de falcão uma pedra popular para uso em joias e ornamentos em geral.

O olho de falcão é uma das pedras de força que surgiram para o chakra da base. Essa pedra ajudará muito a obter a perspectiva adequada em assuntos ou situações da vida cotidiana. Se colocada no ponto do primeiro chakra (veja no Capítulo 6 o Esquema 6.1. Principais pontos para disposição de pedras), caso seja usada como adereço ou na meditação, o olho de falcão trará profunda paz e cura no que diz respeito às realidades físicas. É uma das melhores pedras para usar quando se está trabalhando com padrões negativos que se manifestam em doenças físicas, pois transmite um raio de cura sereno para o corpo.

Representando o olho de falcão, essa pedra simboliza a habilidade de enxergar a Terra e todas as ocorrências físicas como se se estivesse olhando para baixo lá de cima. Os falcões sempre foram considerados mensageiros dos deuses para a humanidade. Essa pedra pode ainda fornecer discernimento nos trabalhos de existência tridimensional e facilitar o entendimento de como o mundo funciona, permitindo melhor compreensão de como lidar de maneira consciente com as leis da Terra para atingir as metas pessoais. O olho de falcão é conhecido pela habilidade de dotar a mente humana com a visão necessária para ver a vida de uma perspectiva muito mais ampla e, para esses casos, pode ser colocado sobre o terceiro olho. Sendo uma das pedras mais agradáveis entre as pedras escuras, proporciona capacidade de assentamento de uma maneira fácil. Trabalhando em conjunto, o olho de falcão e o olho de tigre ajudam a criar uma experiência dinâmica de céu na Terra.

Diamantes Herkimer

Que raios resplandecentes de luz do sol! Que espécimes absolutamente fascinantes em termos de ângulos e esplendor! Os diamantes Herkimer refletem luz pelas suas diversas faces e detêm o primeiro prêmio na exibição de extremidades naturais. Os diamantes Herkimer são cristais de quartzo que existem apenas na cidade de Herkimer, em Nova York. Dão a impressão de ser quartzos com dupla ponta e, de fato, possuem ponta dupla e até tripla. Esses diamantes muitas vezes têm irregularidades crescendo pelos lados e muito raramente mostram uma face sem ponta. Seu fator de múltiplas pontas é o que proporciona essa carga extra de força dinâmica.

Eles são uma das melhores pedras para uso na cura pelos cristais destinada a purificar e liberar tensões emocionais ou áreas congestionadas. Quando colocados entre os chakras, servem para desobstruir as passagens a fim de que a energia límpida flua entre os dois centros. Por essa razão, os cristais Herkimer trabalham muito bem em conjunto com a malaquita na área do plexo solar. A malaquita fará vir à tona emoções reprimidas que os diamantes de quartzo dissolverão e dissiparão.

Os diamantes Herkimer são ótimos para uso pessoal quando você sentir que precisa de um pouco de impulso extra de energia. É comum aparecerem maravilhosamente dispostos em joias, tornando fascinante qualquer área onde forem colocados. São conhecidos por sua eficiência quando postos sob o travesseiro, enquanto você dorme, para iniciar experiências conscientes fora do corpo ou proporcionar a lembrança exata dos sonhos. Os diamantes Herkimer são de fato esplendorosos. São felizes, e o ajudarão a ser feliz também.

Opala

A opala é uma pedra misteriosa e fascinante que exibe a iridescência do arco-íris, mudando o jogo de cores a depender do ângulo observado. Esse fenômeno de reflexão opalescente é um dos fatores responsáveis pela natureza ilusória da sra. Opala. Variadas tonalidades de cor aparecerão quando observadas de diferentes ângulos, pois ela tem uma personalidade instável, que não se deixa surpreender. A sra. Opala pode ser apreciada por seus *shows* de luz e efeitos de cor sempre novos, pois ela sempre age para o prazer dos sentidos.

A opala sempre contém água, que age sobre o corpo emocional quando usada ou manuseada durante a meditação. É uma pedra que pode ser trabalhada com bons resultados por pessoas emocionalmente equilibradas. De outra forma, a opala aumenta e reforça o estado emocional preponderante. Essa pedra incomparável reflete o corpo emocional humano e, ao fazê-lo, espelha-o de volta em estado exacerbado. Se uma pessoa estiver com raiva ou deprimida, a opala aumentará a força negativa da energia vermelha. Caso a pessoa se sinta segura, equilibrada e estiver em paz consigo mesma, a opala iluminará cada faceta desse ser radiante.

Como ela contém 30% de água, é preciso ter cuidado no seu manuseio. Se tiver alguma rachadura, pode perder a água responsável pela sua opalescência. Para evitar o processo de envelhecimento e aumentar sua opalescência, guarde as pedras envoltas em um algodão úmido ou junto de um agregado de quartzo. Elas não devem ser colocadas perto de fontes de calor, pois sua fonte vital de água pode evaporar. Sem água, sem sua flamejante emoção, a sra. Opala perde o dinamismo de sua cor e também sua força vital.

As opalas são, na realidade, membros distantes da família do quartzo e se dividem em três grupos principais: opalas nobres opalescentes, opalas de fogo amarelo-avermelhadas e opalas-comuns. As opalas nobres costumam ser brancas ou leitosas, com uma incrustação colorida em seu interior. A qualidade preciosa também é encontrada nas cores azul-escuro, verde-escuro, cinza-escuro e, em raras ocasiões, em preto. As opalas de fogo recebem esse nome devido à cor alaranjada, e costumam ser leitosas e compactas, razão pela qual raramente são opalescentes. Elas não devem ser usadas por pessoas sabidamente raivosas ou potencialmente voláteis, pois a opala exacerbará essa energia. As opalas-comuns, na maioria, são opacas e destituídas de jogos de cores dinâmicos, podendo ser encontrados tipos que variam desde o transparente límpido até o marrom-amarelado.

As opalas não costumam ser usadas com finalidade terapêutica, a não ser que a pessoa queira exacerbar seu estado emocional. São utilizadas com sucesso pelos que estão cientes de seus efeitos e sabem que, quando as mudanças emocionais ocorrerem, a opala estará por trás de cada uma delas. A sra. Opala é muito sensível ao estresse, sendo tão geniosa quanto nós podemos ser. Todavia, quando estabilizarmos o corpo emocional, a água da opala refletirá com clareza a luz de amor do coração. As opalas, portanto, podem ser usadas ou manuseadas quando se quiser expandir sentimentos exuberantes e de alegria. A sra. Opala será sua amiga se você for amigo de si mesmo.

Capítulo 22

Não Leve Isto Tão a Sério!

Perspectivas

Cada pessoa tem uma perspectiva diferente a respeito da vida e de tudo o que se refere a ela. As visões pessoais nascem de nossas experiências que, em decorrência, levaram a crenças e conceitos sobre a vida. Em grande parte, nossa realidade pessoal também foi ditada e programada em nosso pensamento pelo modo de pensar da sociedade, das instituições, das religiões e dos pais formais que constituíram nosso meio ambiente durante os anos de formação. A vida e a realidade como a concebemos pode ser ou não verdadeira e útil ao nosso potencial maior. É comum ficarmos paralisados diante de pensamentos estabelecidos pela mente, diante de atitudes e crenças que, na realidade, reprimem as saídas criativas e limitam a expansão do pensamento. Ao aplicar as forças de luz geradas pelos cristais nas práticas pessoais e de meditação, é possível dissolver formas e padrões de pensamento incrustados que criam a estagnação mental, a incompreensão emocional e a doença física.

Muitas vezes, no decorrer da história humana, a maioria da população baseava o princípio de sua realidade em uma mentira. Como raça, as pessoas costumavam alimentar a crença comum de que o mundo era plano. Em geral, todos acreditavam que a Terra era o centro do universo e que o sol (assim como todas as estrelas) girava em torno dela. Esses conceitos de realidade dominaram a mente humana por centenas de anos, até que foram contestados por indivíduos corajosos que ousaram permanecer à parte e se manifestar contra os padrões de pensamento comuns para ver a realidade de uma perspectiva mais clara. Mesmo com provas era difícil para as massas mudar seus sistemas de crença e aceitar uma verdade mais elevada e uma realidade maior sobre a natureza da vida. Parte da dificuldade desse tipo de mudança mental (assim como da mudança dos sistemas de crença pessoal) se deve ao fato de que, em geral, estamos mais propensos a aceitar ideias que de algum modo glorifiquem nosso sentido de identidade pessoal. A verdade muitas vezes é humilhante. Aceitar que a Terra não era o centro do universo, mas sim um pequeno planeta nos longínquos limites da mãe galáxia, ou aceitar que nosso ego pessoal do sentido do eu deixará de existir (com nosso último suspiro) muitas vezes é uma dura perspectiva com a qual precisamos concordar.

Hoje em dia, a mente grupal ainda é dominada por muitos sistemas de crença antiquados que sombreiam e obscurecem a luz da verdade. Um desses conceitos é o de que a alma está ligada à Terra pelo pecado. Isso costuma ocasionar um sentido inato de medo e culpa, uma das técnicas de manipulação e controle mais poderosas das religiões dogmáticas. Outro conceito que adotamos é o de que somos muito limitados no que diz respeito à cura de doenças diagnosticadas por médicos como sendo incuráveis ou terminais. A aceitação da crença de que é impossível curar a nós mesmos faz com que esse pensamento se torne realidade. Nossa suscetibilidade às revisões gerais que condicionam nossa mente pode ter efeitos tão desgastantes que nos tornam desamparados em circunstâncias que, de outra forma, seriam úteis como situações de desafio e crescimento interior.

Um dos mais destrutivos de todos os conceitos que herdamos é o sentido do separatismo. Vemos nações, pessoas, culturas, países e indivíduos sendo separados uns dos outros. Vemo-nos separados das forças extraterrestres e a Terra separada do resto do universo. O ponto final é o sentido solitário de isolamento que sentimos de nós mesmos e da ligação consciente com nossa própria fonte de luz. A partir do momento em que começarmos a nos identificar com a luz, que é o denominador comum em toda a criação, manifesta e não manifesta, chegaremos ao fato de que, na realidade, não existe nada que esteja separado de alguma outra coisa. Experimentamos a sensação de unidade que surge ao ver a mesma luz refletida em todas as formas individuais semelhantes. Isso fará com que nos livremos da sensação de isolamento e criará um mundo sem fronteiras ou limites na expressão do amor, um mundo conscientemente unificado na luz que engloba toda a existência.

Origens

A perspectiva de criação mais comumente aceita costumava ser a teoria cristã segundo a qual Deus criou o mundo e tudo o que se relacionava a ele em sete dias. Essa teoria foi bastante modificada quando surgiu a teoria da evolução de Darwin. Mesmo hoje esse conceito vem sendo gradualmente substituído pela hipótese segundo a qual nascemos de formas de vida mais elevadas pelas quais fomos programados quando visitaram nosso planeta há milhões de anos. Esse pensamento parece crescer por toda parte, na mente e no coração de homens e mulheres que, de certa forma, sentem a grandiosidade de nossa concepção no vasto firmamento das estrelas. A crença de que a raça humana teve sua origem nos céus e de que, inevitavelmente, recebemos de nossos antepassados, inteligências altamente avançadas e desenvolvidas, uma herança divina está crescendo a cada dia que passa. Abramos nossa mente à possibilidade de que nossos ancestrais celestes originaram-se na sexta dimensão perto do centro do grande sol central, no núcleo de nossa galáxia. Suponha que há muito tempo eles dominaram as leis do tempo e as viagens espaciais, e disseminaram suas sementes pelas estrelas e pelos mundos que giravam ao seu redor, tão longe, que alcançaram uma pequena estrela chamada Sol; tão longe, que chegaram à Terra. Eles poderiam ter usado a estrela Sirius como ponto de transferência na terceira dimensão e Vênus como porta para nosso sistema solar. Visualize o potencial que você tem agora para, conscientemente, se comunicar com eles por meio de seus pensamentos. Visualize-se criando uma ponte de luz e de amor da nossa Terra, que agora existe na realidade da terceira dimensão, muito longe da fonte de luz do grande sol central, para entrar em contato com os seres que neste exato momento esperam pelos seus pensamentos na sexta dimensão. Veja a ponte de luz que o liga a eles, sintonizando todo o mundo à fonte central, criando uma única consciência unificada através de todos os reinos, dimensões e planos de existência.

A verdade é que a realidade é aquilo que acreditamos que ela seja. Sejamos inventivos, vamos nos divertir, usar nossa imaginação e criatividade, expandir nossos pensamentos e conceitos para incluir o inimaginável e o inconcebível. A verdade derradeira será maior até e mais estranha ainda.

A partir do momento em que as mudanças da mente começarem a ocorrer, será possível ficar cientes das vibrações e dos seres interestelares, e integrar frequências mais elevadas e mais aprimoradas em nossos corpos sutis para se manifestarem em realidades físicas jamais sonhadas. Trabalhar com os cristais mestres pode facilitar esse processo de comunicação interdimensional e abrir as portas a perspectivas que acomodem melhor nosso potencial humano.

Alterações

No processo de evolução da consciência, aprendemos com base em nossas experiências. Chegou a hora em que apenas a experiência pessoal da alma e de "Deus" vai funcionar. A era da crença deu lugar à Idade de Ouro do Conhecimento. Somente nossas experiências individuais servirão para desanuviar as ilusões que ligam nossa consciência à ignorância do plano terrestre.

Chegou a hora em que é de responsabilidade de cada entidade individual deste planeta dedicar-se ao processo de iniciar essas experiências em si próprio. Chegou a hora de dedicar tempo e espaço para sentar-se sozinho consigo mesmo e vivenciar o verdadeiro sentido da "existência". É hora de fechar os olhos e olhar para dentro de si mesmo, vendo quem você de fato é, e não os nomes e identidades que você achava que era durante toda a sua vida, mas a mais profunda, verdadeira e pura essência do seu eu.

Agora isso é possível; as energias estão favoráveis para se estabelecer uma ligação com a fonte do infinito dentro de nós mesmos – para reivindicá-la, nos identificarmos com ela, abraçá-la, cercá-la e manifestá-la em nossa vida. O ser humano levou milhares de anos e centenas de existências para se preparar para essa experiência transformadora tão extraordinária. Ela é possível para toda e qualquer pessoa.

É preciso um pouco de esforço e coragem para enxergar além das identificações pessoais que nos deram segurança durante toda a vida. Vai ser preciso sinceridade e escolha consciente para nos livrar dos rancores, das tristezas, dos ciúmes e das dores que sobrecarregam o coração. Acima de tudo, é preciso querer tirar da mente tudo o que estava em ordem para aceitar tudo o que precisa ser esclarecido. Confiança e fé são necessárias para mergulhar no buraco negro do medo mais profundo do seu coração e da sua mente, e saber que você entrará na luz branca, do outro lado. A hora é agora. Isso é possível neste exato momento.

Nunca antes, no decorrer da história da humanidade, o caminho esteve tão aberto para tanta gente poder expandir sua consciência para abranger a realidade do próprio eu. Quando cada indivíduo se empenhar nesse processo e se dedicar a ele, a energia aumentará e o caminho será mais fácil para todos aqueles que o seguirem. Será como o efeito do centésimo macaco, e as pessoas de todas as partes do mundo que não foram abençoadas com a liberdade e o meio ambiente para aumentar aquilo que possuem começarão a "conseguir isso". Quando o processo começar a se revelar, será como se estivéssemos acordando de um sono inconsciente, profundo, e então começaremos a ver a vida de maneira totalmente diferente. Quando nos revelarmos a nós mesmos, veremos que a luz que honramos dentro de nós está brilhando nos olhos dos outros. O amor fluirá e a paz aumentará, e o mundo vibrará em uma frequência mais elevada; o sonho, a visão que todos nós compartilhamos, bem fundo do nosso coração, se tornará a realidade viva. Seremos um, perfeitamente distintos, mas todos ligados à mesma fonte, todos refletindo a mesma luz, de inumeráveis maneiras, em uma variedade infinita de cores.

Fomos abençoados com a liberdade de escolha, com a oportunidade de decidir qual caminho tomar. Essa genuína liberdade individualizada é a força mais vital que cada um de nós tem à disposição para contribuir com a paz mundial. Cada um de nós deve decidir que aprenderá a estar em paz consigo mesmo e que não contribuirá mais com pensamentos, sentimentos, diálogos ou ações antagônicas. Em vez disso, escolha a paz, escolha o amor. Faça sua escolha. Esse é um direito divino. Essa escolha é que ligará você diretamente à fonte divina. Ela ligará você com muita força ao desígnio que orientará e dará mais significado à sua vida do que você possa imaginar. A escolha é sua. É minha. Nós é que temos de escolher nosso destino e a história suprema deste planeta. Aqui, nós somos os criadores. Fomos dotados da mais preciosa dádiva do universo: o poder de escolher. Escolher a paz em vez do conflito; o amor em vez do ciúme; o perdão em vez da raiva; a compreensão em vez da culpa; a alegria em vez da tristeza; e a felicidade em vez do dissabor. Faça sua escolha agora e reafirme-a a cada respiração. Coloque-a em ação e receba sua herança divina. Fique ligado com a fonte divina de luz e seja o que realmente é, manifestando seu mundo da maneira que imagina que ele seja.

Avanços

Em algum lugar de nossa débil memória genética está o conhecimento do universo e dos mundos onde a vida é livre da ilusão do tempo e do espaço. Assim como fomos programados para despertar no momento exato, agora nossa atenção está sendo solicitada. Temos um objetivo muito mais elevado do que poderíamos imaginar. Esse objetivo maior tenta conseguir nossa atenção agora e pede que cortemos os circuitos dos padrões de pensamento e emoções fúteis que nos mantêm ligados à ilusão e à confusão dos reinos mentais inferiores. Liberte-se, tire da mente, sintonize-se e venha à realidade do ser verdadeiro que lhe dará paz interior. O tempo está conosco e é hora de acordar para a verdade da nossa própria identidade, que está escrita nas profundezas de nosso gene. Pertencemos todos ao mesmo espírito, e esse espírito é a força unificadora que pode e vai transformar a verdadeira natureza da Terra; basta que nos entreguemos a ela. Existem tantas coisas esperando por nós, tantas coisas no reino da possibilidade quando ligarmos nosso espírito integrado a uma causa comum. Nosso sistema solar é apenas nosso quintal; a Via Láctea, nossa vizinhança; e o plano físico, nossa escola. Vamos viajar! Vamos reclamar nossa herança e transformar a doce Terra no jardim que ela merece, expandindo depois desse lar-base para nos projetarmos muito além do que agora sequer podemos conceber.

Começamos com o desejo, passamos para o esforço e a determinação e concluímos com o sucesso.

Use seus cristais para sintonizar sua consciência com a harmonia cósmica, da qual eles são prova. Trabalhe com eles e deixe que eles trabalhem para você. Deixe que as forças de luz que deles emana iluminem sua aura para que possa provar para sua vida o que é que você precisa para realizar seu maior potencial e destino. O poder do cristal existe agora em abundância para ajudá-lo a integrar sua identidade individual à de um todo muito maior.

Existe uma força de luz poderosa movendo-se em direção ao nosso planeta enquanto a entidade da Terra procura alinhar-se com o grande sol central no centro de nossa galáxia. No momento em que as frequências aumentarem de vibração, todo objeto vivo será afetado. Nada ficará imune a ela. Existem forças extraterrestres e desencarnadas que estão monitorando e ajudando na assimilação dessa força de luz no coração e na mente das pessoas por toda parte. A habilidade de tirar da mente crenças ultrapassadas e programações antigas que já não ajudam mais é a chave para se fundir com as forças que estão ao nosso alcance. Os que não querem deixar de lado estruturas de ego que só servem para seus objetivos pessoais terão problemas durante esse período, quando o influxo da energia aumentar. Essas pessoas precisarão de uma dose maior de apoio e preces durante esses tempos.

Este é o tempo de responsabilidade pessoal. O tempo da coragem para enfrentar os próprios medos e matar o próprio dragão das trevas. É tempo de ajudar uns aos outros nesse processo e de reacender o espírito de amor em cada um dos novos relacionamentos, começando conosco, para nós mesmos. É o tempo em que o raio de luz do arco-íris pode ser usado por todo indivíduo. Cada faceta, cada chakra, cada aspecto da vida pode alcançar o equilíbrio se nos entregarmos à luz na mais profunda, na mais sagrada parte de nosso coração. Deixe que essa luz entre, identifique-se com ela. Ela é você, sou eu, somos nós; ela é tudo o que existe.

Paz

É tão comum nossa mente ficar restrita ao foco limitado da nossa vida e aos eventos que causam tão grande efeito em nós. É como se devotássemos nossa preciosa energia criativa ratificando a realidade que foi programada em nossa consciência por outras fontes. Nesse túnel, a visão do mundo e da vida muitas vezes aparece através das sombras da destruição e da tristeza, que são perpetuadas e se tornam mais fortes ainda quando os pensamentos as aceitam.

Imaginemos por um momento que a vida não é feita de guerras nem de povos e nações em disputa uns com os outros. Em vez disso, vamos pintar juntos um quadro diferente e colocar nele nossa energia criativa. Temos todas as tintas e um número infinito de cores à disposição. O que é que devemos criar? Como você preferiria ser – pessoal, interpessoal, social, comunal, nacional e planetariamente? Vamos juntar nossos pensamentos para reforçar a força criativa. Enquanto você lê isto, ligue-se à mente coletiva de milhões de pessoas que também estarão lendo a mesma coisa, e imagine a paz. Paz genuína... dentro de nós mesmos em primeiro lugar. Isso significa que aqueles antigos rancores, ciúmes ou dores, culpas, tristezas, medos ou angústias precisam ser abandonados. Expire-os agora e, com a próxima inspiração, leve sua imagem pessoal de paz para o núcleo central do seu coração; expire outra vez, livrando-se de tudo o que estiver dentro de você impedindo sua experiência de paz pessoal total. Entre em sintonia com sua fonte divina de paz, de força e de amor, e proporcione tudo isso primeiro a si próprio. Sinta essa fonte, crie-a e torne-se parte dela.

Agora, expanda esse sentido de paz nos seus pensamentos sobre as pessoas mais próximas a você, livrando-se de qualquer conflito que possa existir entre vocês. Mais uma vez, expire e liberte-se. Inspire e imagine cada pessoa que você ama (e quer amar) cercada pela paz que você sente. Amplie seu pensamento de modo a incluir todas as pessoas da sua cidade. (Os que moram em cidades grandes, aumentem a voltagem!) Façam o mesmo em relação à nação e ao mundo. Expanda mais essa visão e veja a Terra vivendo em paz com a lua, com os outros planetas do nosso sistema solar e com o sol. Agarre-se a um de seus cristais favoritos e deixe que esse raio de paz o conecte ao núcleo central da galáxia e ao grande sol central, que emana luz, vida e amor pelo universo. Fique nesse centro por um momento e sinta quem você é fora da sua existência física aqui na Terra. Sintonize sua alma com as grandes forças cósmicas que criam seu ser.

Agora, a partir dessa visão, vamos para sua vida aqui na Terra. Ela é realmente tão séria? Todas aquelas pequenas coisas importam tanto assim? Seu equilíbrio pessoal depende das constantes mudanças que ocorrem neste planeta? Não. Você tem a chance de, a qualquer momento, escolher a paz, o amor, a harmonia e optar por se tornar um canal para a luz que está disponível para você.

Agora, reserve alguns momentos para unir a mente e o coração com outra pessoa que neste exato instante também está se concentrando na luz. Vamos iluminar a força. Vamos criar uma reação em cadeia tão forte que qualquer outra coisa menor do que essa luz será cercada por ela, e as energias mais escuras serão dissolvidas em seu brilho. Conecte sua luz com todas as almas, encarnadas ou desencarnadas, terrestres ou extraterrestres, que se dediquem à expansão e à expressão da luz.

Quando se sentir deprimido ou sentir as ondas de emoção prontas para engolfá-lo, chame pela luz que está dentro de você. Evoque-a. Peça que sua presença surja e o ajude. Identifique-se com ela e canalize-a para trazer equilíbrio e ordem a cada situação. Esta é a maior força de transformação do universo; é a força que nunca o decepcionará.

Vamos dar à Terra a herança que ela merece. Vamos usar nossas forças alquímicas e transformar seu quintal em um jardim, voltando-nos para o pensamento puro de paz e harmonia. Você está pronto? Vamos à luta! Nós podemos!

✳ ✳ ✳

É quase madrugada. O sol está se erguendo nas Montanhas Sagradas do Taos, e os primeiros sinais dourados e vermelhos surgem no Oriente. Já é hora de terminar este capítulo, assim como este livro, apesar de eu ter mais coisas para compartilhar com vocês. Para isso, é preciso aguardar minhas próximas transmissões cristalinas. Sinto que é o bastante por ora. Quando esta obra estiver bem digerida, surgirão muito mais coisas para todos nós assimilarmos. Espero que as informações aqui contidas o ajudem em seu objetivo pessoal, interpessoal, profissional e planetário.

COM AMOR.

Glossário

ALMA – A centelha de espírito infinito dentro de cada indivíduo; o que detém a chama para a verdade e o poder supremo; o aspecto personalizado único da força cósmica.

ALMA SUPERIOR, SERES DE ALMA SUPERIOR – Aqueles que existem nos planos etéreos e estão alinhados e sintonizados com a fonte da luz espiritual; servem de guias e amigos espirituais não físicos no processo evolutivo de indivíduos e do planeta; seres avançados que originalmente habitavam a Terra e semearam as raças antecessoras; aqueles que formam a irmandade da luz.

AURA – Campo eletromagnético que cerca as formas de vida; força de luz da alma manifesta através do corpo; energia extensiva que rodeia o corpo humano e se altera em radiação e cor dependendo do estado de saúde física, mental, emocional e espiritual.

CENTRO DE ENERGIA – Região do corpo humano que apresenta força vital ampliada, em geral um plexo nervoso, ponto de acupressão ou chakra.

CHAKRAS – Centros de energia do corpo humano associados a vários estados de evolução, consciência, órgãos físicos, glândulas, cores e pedras; qualquer um dos sete principais centros de energia do corpo.

CONSCIÊNCIA INFERIOR, MENTE INFERIOR, EU INFERIOR – Inconsciente das qualidades e energias da alma; existente no estado insatisfeito do desejo; que busca satisfação apenas em fontes externas; egocêntrico, que se importa apenas com o eu; consumido por, e indulgente com, gratificação sensorial e prazer transitório.

CONSCIÊNCIA SUPERIOR, MENTE SUPERIOR, EU SUPERIOR – Sintonizado e alinhado com a fonte de poder e verdade dentro do eu; o aspecto neutro da conscientização que se identifica com a luz espiritual e se consuma através da manifestação criativa dessa luz por meio de pensamentos, sentimentos, palavras e ações.

CORPOS SUTIS – Aspectos do ser humano não físicos mas autênticos; as qualidades mais apuradas e etéreas; o corpo mental, o corpo áurico, o corpo astral, o corpo espiritual etc.

CRISTAIS – Formas geométricas tridimensionais da natureza cuja aparência externa espelha a perfeita disposição internalizada de átomos. A unidade das partículas que constituem os cristais vibra com uma harmonia cósmica em que se pode penetrar e serve à cura ou à evolução da consciência. Os cristais são capazes de refletir luz e cor puras canalizáveis de várias formas.

DIMENSÃO – Estado da realidade; nível de existência; esfera da consciência; de número infinito, pois cada dimensão sucessiva forma a base para a evolução progressiva da seguinte.

ENERGIAS INFERIORES – Referentes à natureza egocêntrica não evoluída ou às forças negativas.

ENERGIAS SUPERIORES – Referentes à alma, à verdade, ao amor e às forças positivas.

ESPÍRITO – Força de vida inteligente e onipresente que compreende e cria todos os estados manifestos e não manifestos da realidade; força cósmica eternamente existente, imutável e verdadeira; o denominador comum durante toda a criação; a centelha de vida, a luz, a verdade e a fonte de tudo o que é.

ÉTER, PLANO ETÉREO, ETEREAMENTE – Realidades não físicas existentes em dimensões mais elevadas; esferas espirituais habitadas por seres de uma linhagem mais celestial; pertencente a essas esferas.

FILHOS DAS ESTRELAS – Seres encarnados na Terra procedentes de outros planetas e/ou galáxias; artífices de luz que vieram para ensinar as leis e os princípios mais elevados do universo.

GRANDE SOL CENTRAL – A onipotente e eterna fonte de luz no centro do universo infinito, do qual irradia toda a criação panorâmica; força criadora do universo infinito.

MINERAIS – Elementos ou compostos químicos naturais que ocorrem na natureza e formam a crosta terrestre.

PEDRAS CURATIVAS – Quaisquer pedras, rochas ou cristais preciosos ou semipreciosos cujas propriedades curativas são conhecidas e usadas para equilibrar, recuperar ou manter o bem-estar físico, mental, emocional ou espiritual.

PEDRAS PRECIOSAS – Gemas cristalinas multicoloridas que em geral apresentam transparência e capacidade de refletir grande quantidade de luz e raios puros de cor; pedras mais bem aplicadas quando se tenta afetar ou curar corpos sutis; rubi, esmeralda, safira, água-marinha, topázio etc.

PEDRAS SEMIPRECIOSAS – Quaisquer pedras multicoloridas, em geral opacas; pedras que refletem cores e energias, mais bem aplicadas quando se tenta afetar ou curar desequilíbrios físicos, subconscientes ou emocionais; turquesa, lápis-lazúli, ágata, malaquita etc.

PLANO – Um nível de existência, uma esfera da consciência; uma dimensão da realidade.

PLANO CAUSAL – O nível primitivo de pensamento em que o espírito puro reduz sua frequência para se expressar de forma criativa na concepção de ideias; o pensamento que está conscientemente alinhado com a força cósmica e a utiliza; plano mental para manifestação física.

PLANO MATERIAL, FÍSICO OU TERRENO – Aspecto da criação em tempo e espaço de lento deslocamento, onde se cria a ilusão da forma.

RADIAÇÃO – Processo pelo qual se expõem cristais a quantidades intensas de raios X, alterando a estrutura molecular e mudando a forma natural da cor; cristais de quartzo transparente radiados para imitar o quartzo enfumaçado.

TERMINAR, TERMINADO – Chegar a um ponto; alcançar o completamento no ápice; quando as faces de um cristal se encontram para formar a ponta superior.

VÓRTICE ENERGÉTICO (VÓRTICE DE ENERGIA) – Poderosa força em espiral criada através da disposição de combinações específicas de pedras sobre os centros de chakra ou por meio do emprego de cristais em qualquer número de formas; abertura no éter destinada à canalização de forças cósmicas para o plano terreno.

WALK-IN – Espírito avançado que transfere sua identidade para um corpo adulto no qual o ocupante espiritual ali não mais deseja habitar; ser evoluído cujo propósito é ensinar e partilhar a luz espiritual.

Agradecimentos

Linda Bauer
: Pelo amor, compreensão e digitação do texto.

JaneAnn Dow
: Pela colaboração, apoio e encorajamento.

Stephen Bradley
: Pelas fotos das pedras, dos *layouts* e de Katrina.

Andrea Cagan
: Pela assistência na canalização e pelas informações sobre os cristais mestres.

Gary Fleck
: Pela consulta sobre o modelo e a numerologia do cristal guardião da Terra; pelo poema da crisocola e da malaquita.

Lafe Harrower
: Pelo modelo para as disposições das pedras.

Ingrid Rameau
   Pela consulta numerológica.

Duane e Twila Mattsson
   Pelo amor incondicional e apoio.

Orion, Serenelle e a Gang
   Por estarem sempre por perto.

Sananda Ra
   Pelo apoio, encorajamento e inspiração.

Simran
   Por dividir sua Mãe com o mundo.

Barbara Somerfield
   Pelo apoio contínuo, editoração e publicação, bem como por surgir em minha vida e tornar esta obra uma realidade.

Lee Valkenaur
   Fotógrafo do cristal guardião da Terra.

Rapa H. S. Khalsa
   Pelo amor e apoio.

Ben Levine, Shirin Strauss
   Pela revisão.

Charles Meidzinski
   Pela consultoria e informações.

ORION
   Pela fonte das informações contidas neste livro.

Sananda
   Pela inspiração.

Recursos

Cosmic Crystals, por Ra Bonewitz
Exploring Atlantis, por Frank Alper
Gemstones of the World, por Walter Schumann
Gem Therapy, por A. K. Bhattacharya
Healing Stones, por Joel Glick e Gloria Lorusso

PARA MAIS INFORMAÇÕES

Cristais de quartzo, disposições iniciais, intermediárias e avançadas das pedras de cura, bastões de incenso e informação sobre aulas e seminários também podem ser obtidos através do *e-mail* thecrystalacademy@gmail.com e da http://webcrystalacademy.com.